U0109744

基督教文化研究丛书

主编 何光沪 高师宁

七编 第 **4** 册

清代禁教时期华籍天主教徒的传教活动
（1721～1846）（下）

宾 静 著

花木兰文化事业有限公司

国家图书馆出版品预行编目资料

清代禁教时期华籍天主教徒的传教活动（1721～1846）（下）
／宾静 著 —— 初版 —— 新北市：花木兰文化事业有限公司，
2021〔民110〕
目 4+188 面；19×26 公分
（基督教文化研究丛书 七编 第 4 册）
ISBN 978-986-518-375-2（精装）
1. 天主教 2. 传教史 3. 中国
240.8   110000571

ISBN-978-986-518-375-2

9 789865 183752

基督教文化研究丛书
七编 第四册   ISBN：978-986-518-375-2

清代禁教时期华籍天主教徒的传教活动
（1721～1846）（下）

作　　者 宾　静
主　　编 何光沪 高师宁
执行主编 张　欣
企　　划 北京师范大学基督教文艺研究中心
总 编 辑 杜洁祥
副总编辑 杨嘉乐
编　　辑 许郁翎、张雅淋　美术编辑 陈逸婷
出　　版 花木兰文化事业有限公司
发 行 人 高小娟
联络地址 台湾235 新北市中和区中安街七二号十三楼
　　　　 电话：02-2923-1455 ／传真：02-2923-1452
网　　址 http://www.huamulan.tw 信箱 service@huamulans.com
印　　刷 普罗文化出版广告事业
初　　版 2021 年 3 月
全书字数 373460 字

定　　价 七编 9 册（精装）台币 22,000 元

清代禁教时期华籍天主教徒的传教活动
（1721～1846）（下）

宾静 著

目次

第四章　皇亲官员的传教活动

清政府严禁天主教之时，虽然经过"礼仪之争"，天主教徒不能祭孔祀祖，对知识分子传统的人生路线——"学而优则仕"——大为不利，士大夫们对天主教的兴趣降低，信奉天主教者以普通民众为主。然而，此段时期内，仍有一些皇亲官员们加入天主教，例如皇室宗亲苏努家族、德沛、官员赵昌、马若瑟等。他们的身份地位比普通民众较高，其传教活动与普通民众相比，亦有其不同之处。

第一节　皇亲官员的传教概况

一、皇亲苏努家族的传教及入教

自明末基督宗教再次传入中国以来，外籍传教士们一直致力于结交士大夫等上层人士，以期扩大天主教在中国的影响，加快传教速度，最初信教的中国人中就不乏皇亲贵族、出名学士、各级官吏。然而，进入清代，这一现象却渐趋衰弱。虽然康熙年间，皇室家族中有满族将领因信教夫人的劝导而领洗入教，[1]但是，清中期的"礼仪之争"及朝廷禁传天主教后，皈化上层阶级的难度日益加大，这段时期内宗室苏努家族等上层社会人员的入教，知名度

1　《耶稣会传教士洪若翰神父致国王忏悔师、本会可敬的拉雪兹神父的信（1703 年 2 月 15 日于舟山，浙江省境内的中国港口，距宁波有 18 法里），[法]杜赫德编《耶稣会士中国书简集》（一），郑德弟、吕一民、沈坚译，大象出版社，2001 年，第 292-293 页。

甚高，成为天主教在华传播史上的重要事件之一。对此，早期陈垣先生在其《雍乾间奉天主教之宗室》[2]中较详细的论述了苏努家族的世系、获罪原因、处罚措施、奉教热诚等；方豪先生也在其《中国天主教史人物传》中列有"苏努、苏尔金、勒什亨、鲁尔金、书尔陈、库尔陈、乌尔陈、木尔陈等"及"图钦、图敏、魁敏、窝什布等"专条[3]，说明苏努家族成员的获罪及入教情况；冯佐哲先生的《清宗室苏努举家信奉天主教》[4]，对他们的入教情形也作了进一步阐述；其他有关内容则散见于相关论文中[5]，所引史料均主要立足于中文档案。本章在前述论文的基础上，以《耶稣会士书简集》为主，结合中外文资料，对苏努家族主要成员入教的具体状况、主要传教方式及特点等进行探讨，尤其侧重他们的传教活动与方式，从一个侧面反映天主教在当时上层社会中所取得的成绩，阐明这种以家庭主要成员为中心并向外辐射所形成的信教家族，在禁教时期为天主教的发展发挥的作用。

（一）苏努家族的遭遇

苏努，满洲镶红旗人，努尔哈赤长子褚英之曾孙。康熙时，以镇国公和贝子的身份历任宗人府左宗正、镶红旗满洲都统、纂修玉牒总裁官及奉天将军。胤禛继承帝位后，苏努被封为贝勒，第六子勒什亨授为领侍卫内大臣，但不久其家族即遭罪，噩运连连。先是儿子勒什亨与乌尔陈于雍正元年（1723）获罪离开京城赴陕西从军，并被囚禁于西宁。接着，苏努本人及全家于雍正二年（1724）五月被发遣到右卫（今山西省右玉县，满语称为富尔丹），后又迁到离城两法里的乡下新堡寨，几至破产。苏努死后，更是和允禩等人一起被削爵除名、抄家、戮尸扬灰，贬为庶人。

《清世宗宪皇帝实录》、《雍正朝上谕内阁》及《雍正朝上谕八旗》中的记载显示，苏努家族的获罪主要是因与允禩、允禟等关系密切，有为之谋继

2　陈垣：《雍乾间奉天主教之宗室》，载《陈垣学术论文集》（第一集），中华书局，1980 年，第 141-164 页；或载陈垣等著：《民元以来天主教史论集》，（台北）辅仁大学出版社，1985 年，第 33-55 页。

3　方豪：《中国天主教史人物传》（下），中华书局，1988 年，第 47-54、222-229 页。

4　冯佐哲：《清宗室苏努举家信奉天主教》，《紫禁城》1990 年第 1 期，第 8-9 页。

5　如周轩：《清代宗室觉罗流放人物述略》，《故宫博物院院刊》1994 年第 1 期，第 57-58 页；鲁人：《雍正时期的"教难"探讨》，《中国天主教》1998 年第 2 期，第 42-43 页；周轩：《清代教案与新疆流人》，《西域研究》2004 年第 3 期，第 46-47 页等。

皇位之嫌。首先，1723年，苏努第六子勒什亨与第十二子乌尔陈被罚充军。勒什亨的罪名是没有执行雍正帝的旨令，从允禩那里追讨其在康熙当政时搜刮的不义之财，使之得以未离开京城去从军，雍正认为他"对九阿哥（指允禩）比对他的主子皇上尽心"，并"指责他从前和九阿哥的关系……命他和九阿哥一起去从军"；乌尔陈的罪名则是因陪勒什亨进宫见皇上，希望能向皇帝求情，结果被指为擅自入宫，被定以一起出发去充军。[6]当然，勒什亨和允禩的关系也的确非同一般。例如，马国贤神父解释在陕西同勒什亨关在一起的允禩时说："这个亲王被怀疑向他（指勒什亨）违法地提供了资金去购买那些礼品，这些礼品过于豪华，任何私家个人都负担不起"，而这些"礼品"都是勒什亨从澳门买来打算献给康熙皇帝的。[7]

一年后，雍正以苏努为允禩、允禟等人的同党，革去贝勒，与其子孙一起发往右卫。[8]随即又不许他们在右卫居住，令其迁往荒野处不得离开，遂居于新保寨。[9]1725年初苏努逝世后，苏努家族陆续被查出的罪名有：一、与允禩、允禟、吴尔占等结党拘逆，使得宗室内互相仇陷；二、苏努任奉天将军八年期间，听任驸防兵丁散居，败坏盛京风俗；三、其子鲁尔金流放山东时，纵容家人出入无忌；四、其子乌尔陈等背弃祖宗，私入西洋邪教；五、苏努于康熙皇帝的朱批谕旨内任意涂写，悖逆已极。[10]于是，雍正四年（1726）正月上

6 《耶稣会传教士巴多明神父致本会某神父的信（1724年8月20日于北京）》，[法]杜赫德编：《耶稣会士中国书简集》（三），朱静译，大象出版社，2001年，第14-15页；以及《雍正朝上谕内阁》，浙江书局重刊版，卷4，雍正元年二月初十日；卷20，雍正二年五月十四日："伊弟乌尔陈指称武备院奏事入内，于朕前显露愤恨之容，勒席恒系获罪之人，例不得奏请训旨，而乌尔陈将伊兄引入紫禁城内，重弟兄之情，轻君臣之义，如此之人，何可容留京师，是以将乌尔陈同伊兄一并发往军前。"

7 [意]马国贤著：《清廷十三年——马国贤在华回忆录》，李天纲译，上海古籍出版社，2004年，第106-107页。

8 《雍正朝上谕内阁》，卷4，雍正元年二月初十日，（台湾）商务印书馆影印文渊阁《四库全书》本，1986年。

9 《耶稣会传教士巴多明神父致本会某神父的信（1724年8月20日于北京）》，[法]杜赫德编：《耶稣会士中国书简集》（三），第47页；[法]樊国梁：《燕京开教略》（中篇），载辅仁大学天主教史料研究中心编：《中国天主教史籍汇编》，（台北）辅仁大学出版社，2003年，第385页中称为"新堡子"。

10 详见《雍正朝上谕内阁》，卷23，雍正二年八月二十二日；卷30，雍正三年三月十三日；卷32，雍正三年五月二十六日；卷49，雍正四年十月二十七日；卷

谕："着将允禵、苏努、吴尔占革去黄带子，并令宗人府将允禩、允禵、苏努、吴尔占名字除去。"[11]同年 8 月，除第六子与十二子早已被监管于北京外，另外五个儿子及长孙均被流放到各省，其他子孙安置在右卫从军。[12]1727年初，查抄苏努一切家产。[13]随后，朝臣又议奏将苏尔金、库尔陈正法，未获准。[14]直至乾隆登基后，才准许在监中尚活着的世子能与家人团聚，虽准许他们重返北京，但只允许他们束红腰带。[15]

　　1726 至 1727 年间，雍正帝对苏努及其一家所发布的若干谕旨中，只有三份影射到他们的天主教信仰问题（1727 年 5 月 28 日、6 月 8 日和 9 月 10日的圣旨）[16]，其他大部分均与政治斗争有关。可见，苏努家族获罪的主要因素是政治问题，而不是信仰问题。[17]

52，雍正五年正月十七日；卷 56，雍正五年四月初八日、十九日；卷 58，雍正五年六月十四日；卷 59，雍正五年七月二十五日；卷 64，雍正五年十二月二十二日等。

11 《雍正朝上谕内阁》，卷 40，雍正四年正月初五日。亦可参见（清）蒋良骐：《东华录》，中华书局，1980 年点校本，第 450 页，"廉亲王允禩狂悖已极，允禵、苏努、吴尔占结党拘逆，靡恶不为，四人着革去黄带子，并除去宗人府名字。"

12 《耶稣会传教士巴多明神父致本会某神父的信（1726 年 8 月 24 日于北京）》，[法]杜赫德编：《耶稣会士中国书简集》（三），第 79 页。

13 《雍正朝上谕内阁》，卷 52，雍正五年正月十七日。又《耶稣会传教士巴多明神父致本会杜赫德神父的信（1727 年 9 月 26 日于北京）》，[法]杜赫德编：《耶稣会士中国书简集》（三），第 94 页。

14 阎宗临著，阎守诚编：《传教士与法国早期汉学》，大象出版社，2003 年，第 194-195 页。

15 Lettres èdif. T. XIII, p.365-366. [法]穆启蒙：《中国教友与使徒工作》，侯景文译，（台北）光启出版社，1978 年，第 143 页。

16 [捷克]严嘉乐：《中国来信（1716-1735）》，丛林、李梅译，大象出版社，2002 年，第 173 页。

17 一些学者亦认为如此，参见陈垣：《雍乾间奉天主教之宗室》，《陈垣学术论文集》（第一集），第 143 页："苏努曾助允禩谋继位，大为雍正所忌，实为获罪之唯一原因"，第 146-147 页："勒什亨罪状，计分三款，而皆与奉教无关。第一款为袒护允禵。允禵为康熙第九子，亦尝谋继立，至是发往西宁，而勒什亨阴尼之。第二疑为记载档案。以直笔而获罪……"；[法]樊国梁：《燕京开教略》（中篇），第 386 页："皇上甚怒苏努一家，不惟怒其奉教，亦由仇党诬陷之故。考之当时，仁皇帝晏驾后，久有叛党多人，谋废雍正皇帝，而立其弟。事觉，皇上将弟发往西宁府之青海充军，即有人捏诬苏努王与叛党同谋"；方豪：《中国天主教史人物传》（下），中华书局，1988 年，第 49 页："援庵先生谓勒什亨罪

　　但是，苏努的后代在嘉庆、道光年间仍屡屡被发遣伊犁，这倒确实与家族内部一直沿习天主教密切相关。嘉庆年间，"正当天主教徒重新陷入危难和悲哀之中时，当局惊骇地发现，外国异教甚至存在于皇室成员之中。不仅如此，他们的一些子孙竟然申明他们已准备好为他们的天主教信仰牺牲。这种情形并不是第一次出现。传教士在他们的信件中频繁地谈起王室成员和朝臣中间所发生的变化，但是，他们也常常不得不描述，这样高贵的皈依者是如何受到异教徒君主的铁腕手段的，被朝廷放逐，流放至遥远的地区"。巴多明神父于 1724-1736 年，Benoit 于 1770 年所写的信件，充满了对这些受尊敬者的特殊兴趣，1805 年的事件则是这个悲伤故事的再一次反复。[18]嘉庆十年八月（1805 年 9 月）伊犁将军松筠奉谕旨办理苏努的子孙，魁敏、窝什布、图钦、图敏等人私习西洋教案件：

> "图钦、图敏俱系苏努曾孙。雍正年间，苏努因犯罪革黜宗室，降为红带子。是该二犯本属罪人子孙，理宜安分守法，乃敢私习洋教，经该部再三开导，犹复始终执迷不悔，情殊可恶。图钦、图敏著革去红带子，并于玉牒内除名，发往伊犁，枷号六个月，再行充当折磨羌

状有三，皆与奉教无关；又谓勒什亨与乌尔陈之奉教均在获罪以后，甚是"；冯佐哲：《清宗室苏努举家信奉天主教》，《紫禁城》1990 年第 1 期，第 8 页："苏努平日与允禩、允禟等人结好，彼此往来密切，并卷入了康熙诸子的皇位之争，协助允禩谋取皇位，故深为胤禛忌恨。等雍正即位后，据说苏努又介入了允禩、允禟谋废雍正帝的斗争，因此更为雍正帝所不容。再加上苏努的好几个儿子在康熙末年就信奉了天主教，并与葡萄牙传教士穆敬远（Joannes Mourao）来往密切。而穆敬远又与允禩、允禟关系密切，穆敬远曾向允禩、允禟教授拉丁文，后来又与允禟一起到过青海西宁。穆敬远还是苏努儿子勒什亨和乌尔陈的授洗人"；[法]伯德莱著：《清宫洋画家》，耿昇译，山东画报出版社，2002 年，第 12 页："胤禛登基时改元为雍正。在他那短暂的临朝年间，他被迫与其众多的兄弟们明争暗斗，其中有些人接受了基督宗教的归化。宗室成员苏努被牵扯进一次阴谋活动中了，同时涉案的还有他们的宗教顾问——耶稣会士穆敬远（Jean Morao）"。等等。对此问题，徐宗泽先生则有不同看法："苏努一家获罪之原因，虽系助允禩谋继立事，然此苟非借端，亦不过原因之一，而奉教亦系其中之一原因也。"见其《中国天主教传教史概论》，上海土山湾印书馆 1938 年，第 252 页；穆启蒙在其《中国教友与使徒工作》第 133 页中亦说："雍正即位后，以极残残酷的手段铲除异己，尤其对苏努一家，因其信奉天主教守正不阿故。"

18 J. J. M. de Groot, *Sectarianism and Religious Persecution in China*, （台北）成文出版社 1970 年重印，第 395 页。

使。魁敏、倭什布亦坚称不愿出教，甘心受罪，著销去旗档，发往伊犁，枷号三个月，再行充当折磨差使。图钦等四犯自外生成，情同背叛，俱永远不准释回。并著该将军不时稽查，如该犯等或在配脱逃，及有别项滋事之处，即行恭请王命正法。……伊犁惟铜、铅两厂差使较苦，俟枷号满日，分发铜、铅厂处所，充当折磨差使。"[19]

九年后，图钦、图敏、窝什布病故，魁敏开始声称自己因是自幼习教，当年刑部开导时一时糊涂，执迷不悟，蒙皇上恩诏，真心出教。但未得到嘉庆帝的恩准。[20]道光二年（1822），伊犁将军庆祥遵旨再次讯问时，魁敏"称真心出教，痛自改悔，今蒙查讯，感激涕零"，同时，亦踮跨十字架，于是，道光帝谕旨准将其释回，交该旗严加管束，不时查察，不许出外滋事。[21]

1835年，孟振生神父（Mgr. Mouly）至蒙古时，发现苏努的后代只剩下穷无恒产的四位弟兄，三位住在北京，一位住在离北京四十华里的山区，住宅简朴而窄小，却有十五口人。他们很欢迎孟主教；在主教借宿的房间内有一座祭台，虽然简陋却很清洁，供有一尊圣母抱耶稣像，是他们的祖先奉教时，耶稣会的神父们送给他们的，曾供奉在北京的府第。这个家庭严守圣教规诫，毫无顾忌；"他们所束的红腰带是旗人的标志，能使他们不受欺诬"。[22]

道光十八年（1838），居住于兴平则门外正法寺的苏努第四代图四（即图升阿）、图五（即图明阿），以及在昌平州燕子口地方居住的苏努第五代洪大（即文盛）、洪二、洪五等人被官府拿获，罪名是沿习天主教。图四不愿出教，被革去红带子，玉牒除名，发遣伊犁，图五则因卧病在家获免，而洪大等人则情愿出教，免议其罪。两年后，图四之子文六（即文宠）、文八（即文宽）及堂兄文馨、文盛，胞伯图兴阿等被发现仍在诵习天主教，遂被革去红带子，

19 嘉庆十年八月二十二日《伊犁将军松筠奏为钦奉上谕办理习教获罪宗室图钦等人枷号及分发折磨差使折》，中国第一历史档案馆编：《清中前期西洋天主教在华活动档案史料》（以下简称《档案史料》）（第二册），中华书局，2003年，第876页。

20 嘉庆十九年十一月十七日《伊犁将军松筠陕甘总督长龄奏报传习西洋教遣犯魁敏悔悟折》，《档案史料》（第三册），第1011-1012页。

21 道光二年闰三月二十八日《伊犁将军庆祥奏报讯明魁敏出教改悔情形折》及道光二年四月二十六日《内阁奉上谕魁敏习天主教现实心改过著准其释回交该旗严加管束》，《档案史料》（第三册），第1175、1176页。

22 *Annales de la Propag. de la Foi*, T. X. p.115. 转引自[法]穆启蒙：《中国教友与使徒工作》，第143-144页。

玉牒除名，发往伊犁，并枷号三个月。女眷亦因其"举家世习天主教，未便仍留京城，致滋萌蘖，比照迁徙人家口随行律"，随同各男犯一体发往伊犁，交该将军酌量安置。[23]

苏努虽未入教，但他两位夫人均领洗成为天主教徒。以苏努的儿子为第一代计算，天主教在其家族中至少一直延续到了第五代。弛禁天主教之后，信奉天主教成为合法，若无其他天灾人祸，其后代子孙应可继续他们的信仰。由此可知，苏努家族是天主教在家族内部一代一代传习下去的一个典型，其皇族身份令他们在教会内部成为知名人士，使他们对天主教信仰的坚持事迹广为流传，成为其他教徒坚定信念的榜样。而且，苏努家族的传教以内传为其主要途径，这是以往的研究关注不多之处。

（二）苏努家族内部的传教及入教

在苏努一家身处逆境，且雍正已开始禁止天主教之时，他的家庭成员，包括妻子、女儿、儿媳、孙子等多人却纷纷接受洗礼成为正式的天主教徒，甚至他家的奴仆也有不少人公开入教，并大都对天主教表示出了坚定的信仰[24]。而且，苏努贵为清太祖努尔哈赤之四世孙，与雍正为从昆弟行，这一身份与地位的家族加入天主教，在当时来说，不能不说是天主教在华传播史上的一件大事。

1. 家族主要成员之间的传教

苏努家族的主要成员当然不是一开始都是天主教徒。首先对天主教产生兴趣的是苏努的第三子苏尔金。他在武备及文事中都出人头地，康熙帝晋升他为公爵，大家都以为他会成为他父亲爵位的继承人。作为朝廷官员，他可以称得上是博览了儒家、佛家、道家的各种著作，但始终对灵魂、来生及造物主等问题未能得到满意的答案。1707年，苏尔金无意间从庙会购得《论人的灵魂》

---

23 道光十八年二月十四日《兵部尚书管顺天府事朱士彦等奏请将续获传教人犯洪大等交本旗看管折》，第1222页；道光二十年九月二十六日《宗人府等衙门奏报会同审明官役查拿习教人犯尚无藉端滋扰折》，《档案史料》（第三册），第1283-1286页。

24 [法]宋君荣著：《有关雍正与天主教的几封信》（《第四十三号信件：对信奉天主教亲王的迫害》），沈德来译，罗结珍校，载杜文凯编：《清代西人见闻录》，第160页：在处理乌尔陈等亲王时，负责审判的官员发现，"亲王的王妃、公主、仆人、女佣、小王子和小公主一共一百四十多人，都宣称他们是天主教徒，他们甘愿与若望、方济各一道同受正法。"

（毕方济神父的《灵言蠡勺》）一书，兴趣盎然，又令仆人购置其他"天主堂"印制的书，在与巴多明、苏霖等神父多方接触之后，认识了天主教。[25]

虽然苏尔金是这个家族中第一个认识天主教的，但却不是第一个入教者。家族中的首位天主教徒是书尔陈，苏努的第十子。在苏尔金的影响下，其他兄弟也开始接触到天主教。1719年，苏努的第十子书尔陈被派往征讨厄鲁特，出征之前，请苏霖神父为之受洗，取圣名保禄，成为苏努家族中最早进教的主要家庭成员。书尔陈在受洗之前已经"准确无误地遵守了上帝的法规，……他做祈祷、读圣经、教导他的家人，他家里已有好几人在他之前受了洗"。受洗之后，他"一回到军营就写信给父母，劝他们和全家人都归依入教"。[26]

苏尔金在接触了天主教义之后，"完全沉浸在基督真理之中"，"经常和他的父亲苏努亲王及兄弟们谈论基督教的好处"，并"非常起劲地劝说他们，向他们宣扬基督教义，催促他们至少读一下基督教义的基本原理"。得到书尔陈领洗的消息后，苏尔金"责备自己反而落后于弟弟，最初是他把关于基督教理入门知识教给弟弟的"。不久，1721年8月15日，他全家都受了洗。苏努的第十一子库尔陈"受了他两位哥哥的榜样的感动，信服了基督教理，也要求受洗，教名是方济各（François）。"[27]

书尔陈、苏尔金、库尔陈三位亲王入教之后，不仅仅只在各自的家庭中宣扬天主教，还"每天聚在一起商讨推动基督教事业。他们认为如果他们的父亲苏努亲王不入教，他们就不会有很大进展。"在这种情况下，他们为让父亲苏努入教，颇下了一番功夫。首先，已在听基督教理、但尚未入教的大哥"满怀热情又小心谨慎迂回曲折地打动父亲的心灵，启发父亲产生入教的愿望"[28]，既而，大哥又设法让苏努与已是天主教徒的约瑟夫亲王（这里指德沛）见面，并抓住有利时机，不停地跟父亲谈天主教的奥义，使其终于"愿

---

25 《耶稣会传教士巴多明神父致本会某神父的信（1724年8月20日于北京）》，[法]杜赫德编：《耶稣会士中国书简集》（三），第4-6页。

26 《耶稣会传教士巴多明神父致本会某神父的信（1724年8月20日于北京）》，[法]杜赫德编：《耶稣会士中国书简集》（三），第7-9页。

27 《耶稣会传教士巴多明神父致本会某神父的信（1724年8月20日于北京）》，[法]杜赫德编：《耶稣会士中国书简集》（三），第10页。另见[法]穆启蒙：《中国教友与使徒工作》，第134-135页。

28 《耶稣会传教士巴多明神父致本会某神父的信（1724年8月20日于北京）》，[法]杜赫德编：《耶稣会士中国书简集》（三），第13页。

意见传教士了"。这一变化使得苏努入了教的子孙们非常高兴，"甚至还没有入教的子孙们也很高兴，尽管他们一直还没有任何表示想要当基督徒，他们仍热切希望他们的父亲能归信入教，以便仿效他可少冒些危险。"[29]此外，书尔陈的独生子因受苏努宠爱，在苏努府中敢于与其自由说话，"经常地和老亲王谈论基督教真理"，并"抓住一切机会给老亲王讲基督教义的大道理。"[30]虽然他们已经认识到，作为家族之长的苏努一旦入教将带来的重大影响，因而不遗余力的劝其接触天主教义，但最终苏努也未领洗入教。

雍正元年（1723）福建教案发生后，苏努家的儿孙们仍悄悄到教堂去听弥撒，"余下的时间，他们就回到府邸里读《圣经》，开导他们的家人，各人带着家眷一起做祈祷"。[31]苏努第八子的儿子，一位二十六岁的亲王，长期"仿效叔伯们热忱虔诚地奉教。他还教导他家里上上下下所有的人同样做，他家里已经有好几个受了洗。"[32]

接着领洗的是苏努的第十二子乌尔陈，当他得知要与勒什亨一起去从军时，出宫之后，"首先想到的是去教堂要求受洗，而不是回去安排家事"。[33]他与勒什亨受洗后，开始了一种新的生活：做祈祷，读圣经，开导家人们，"他们给家里写信，急切地要家里人去听道受洗。"[34]而若瑟（乌尔陈）在危难之际，还让他的仆人嘱咐"他所有的朋友们为他祈祷上帝"[35]。

自1724年苏努一家被流放开始，家族主要成员在先入天主教者的影响下，几乎都成了天主教徒，先后入教的主要成员可参见表4-1。

---

29 《耶稣会传教士巴多明神父致本会某神父的信（1724年8月20日于北京）》，[法]杜赫德编：《耶稣会士中国书简集》（三），第16-17页。

30 《耶稣会传教士巴多明神父致本会某神父的信（1724年8月20日于北京）》），[法]杜赫德编：《耶稣会士中国书简集》（三），第31-32页。

31 《耶稣会传教士巴多明神父致本会某神父的信（1724年8月20日于北京）》），[法]杜赫德编：《耶稣会士中国书简集》（三），第18页。

32 《耶稣会传教士巴多明神父致本会某神父的信（1724年8月20日于北京）》），[法]杜赫德编：《耶稣会士中国书简集》（三），第31页。

33 《耶稣会传教士巴多明神父致本会某神父的信（1724年8月20日于北京）》[法]杜赫德编：《耶稣会士中国书简集》（三），第15页。

34 《耶稣会传教士巴多明神父致本会某神父的信（1724年8月20日于北京）》，[法]杜赫德编：《耶稣会士中国书简集》（三），第16页。

35 《耶稣会传教士巴多明神父致本会杜赫德神父的信（1727年9月26日于北京）》）[法]杜赫德编：《耶稣会士中国书简集》（三），第107页。

表 4-1　先后入教的苏努之子[36]

排行	本　名	教　名	受洗年月	付洗人	受洗地	禁所	年　岁
一	苏尔拜	方济各-沙勿略	1724 年 7 月 6 日	费隐神父	北京	右卫	1724 年 8 月 4 日卒于右卫，59 岁
二	禄尔金	若望	1726 年 7 月	书尔陈	右卫	右卫	
三	苏尔金	若望	1721 年圣母升天节		北京	右卫、北京	1727 年 11 月 13 日卒于北京，近 60 岁
四	赫世亨	若望	1726 年 7 月	苏尔金	右卫	甘州、开封	
六	勒什亨	类思	1723 年圣诞节	穆敬远神父	西宁	西宁、北京	1727 年，49 岁
七	鲁尔金	伯多禄	1726 年 7 月		右卫	右卫、济南	1727 年 9 月 16 日卒于济南
十	书尔陈	保禄	1719 年	苏霖神父	北京	右卫、南京	1727 年卒于南京，35 岁
十一	库尔陈	方济各	1721 年		北京	右卫、北京	
十二	乌尔陈	若瑟	1723 年 4 月		北京	西宁、北京	1727 年卒，33 岁
十三	木尔陈	若翰达尼老	1725 年	路易·范神父*	右卫	右卫、苏州	

【苏努的五子和八子早逝，九子福尔陈未入教，先后禁于右卫、太原。*路易·范神父为中国籍耶稣会士樊守义。】

苏努一家被流放后，家庭主要成员几乎都先后入教。正如方豪先生所指出的："康熙诸子争立之事在先，苏努父子信教在后，教会与此政治上之斗争，实无关系。"[37]

---

36 参考陈垣：《雍乾间奉天主教之宗室》，第 161-162 页；方豪：《中国天主教史人物传》（下），第 53 页；冯佐哲：《清宗室苏努举家信奉天主教》，第 9 页，以及[法]杜赫德编：《耶稣会士中国书简集》（三），第 7、8、10、16、30-32、38、67、72、91、130 页，十三子木尔陈的教名在此书中为斯坦尼斯拉斯（Stanislas）。

37 方豪：《中国天主教史人物传》（下），第 49 页。

苏努家族的主要成员在遇到突如其来的变故之后，多以同为天主教徒者互相鼓励，站于同一立场上，同生共死。如在得知苏努第十子书尔陈被捕后，"库方济各公开站出来说：皇上知道我和我的十哥保禄（苏努十子书尔陈——译者）都是天主教徒，因此我应该被抓受绑。这个排行十一的库方济各和他的十哥曾经约好，如果受到迫害，一个被告发，那么另一个也要挺身而出，同生共死。"[38]但是，家族内部人员众多，在受到如此剧烈的变故打击之下，也有人会背教，"鲁伯多禄（苏努之子鲁尔金——译者）不久前才受洗礼，所受训导甚少，他口头上表示弃教。他的长子保禄以为他也可以这样做，就一声不吭地出去了。"[39]但是，当他们得知苏尔金及一些仆人在官员的审问下仍坚持信仰，并做好殉教的准备之后，"鲁伯多禄和他的儿子"，"也前去申明他们并没有表示要弃教，他们向官员们一再交涉，才得以看到天主教徒花名册上写着他们的名字"。[40]

2. 其他家族成员间的传教

一般而言，在家族内部，首先成为天主教徒者多为各个家庭的男性成员，因为当时，男子可以与外界自由往来，从而接触到天主教义。然后，他们在各自家庭内部宣传天主教，促使自己的妻子、儿女们逐渐熟悉天主教义，并成为天主教徒。

率先入教的书尔陈，受洗之后马上给已经接受过教理的福晋写了一封信。"丈夫的信中对上帝的精神充满了感情"，"她深受感动，马上要求受洗"。受洗后取了教名玛丽亚[41]。苏尔金的入教，对家人的领洗产生了显著的推动作用。"家人们受主人的影响，尤其被这位亲王讲教的热诚所感动，也争先恐后要求受洗"，不久，他的全家都受了洗，其中有他的福晋（教名赛西莉，Cécile）。她又动员了其他夫人们入教，其中有她的妯娌们及她的儿媳妇（教

38　[法]宋君荣著：《有关雍正与天主教的几封信》(《第四十三号信件：对信奉天主教亲王的迫害》)，杜文凯编：《清代西人见闻录》，中国人民大学出版社，1985 年，第 150 页。

39　[法]宋君荣著：《有关雍正与天主教的几封信》(《第四十三号信件：对信奉天主教亲王的迫害》)，杜文凯编：《清代西人见闻录》，第 149 页。

40　[法]宋君荣著：《有关雍正与天主教的几封信》(《第四十三号信件：对信奉天主教亲王的迫害》)，杜文凯编：《清代西人见闻录》，第 150 页。

41　《耶稣会传教士巴多明神父致本会某神父的信（1724 年 8 月 20 日于北京）》)，[法]杜赫德编：《耶稣会士中国书简集》(三)，第 8 页。

名是阿涅斯, Agnès). 此外, 他的两个孙子托马斯(Thomas)和玛窦(Matthieu)
（一个六岁，另一个七岁），还有他的两个孙女都受了洗[42]。勒什亨和乌尔陈
入教之后，写信要求家里人受洗，而"他们的福晋正等着她们的丈夫同意，
她们的姆娌玛丽亚福晋早就给她们传过道了，她们迫不及待地和她们的好几
个女儿和侍女一起进了教"。[43]而且，他们入教之后所发生的一些变化，也让
他们的妻子深感奇怪，并进而对天主教产生兴趣。例如，勒什亨的福晋在看
到他入教之后变化很大时，非常惊奇，勒什亨"对她作的关于基督教的介绍
深深打动了她的心，以至于她决定进教"。[44]

丈夫们成为受惩罚的主要目标后，妻子们更是接替了他们的角色，成为
家族内部坚定信仰、影响他人入教的主要力量。被流放至富尔丹后，苏尔拜
的福晋戴雷莎曾请求仆人费朗索瓦·周经常去看望她留在北京的女儿，并转
告她对女儿的要求："我要她做的首要的事，就是始终保持对上帝的敬畏，
每个月都要去做圣事。"并对这个仆人提出同样的要求："永远不要忘记您
对上帝的承诺。"[45]苏努第五子早逝，其守寡的妻子被迫流放至富尔丹时，与
已是天主教徒的姆娌们、侄女们挤在一起，"她不断看到伟大的虔诚的榜样，
听她们的劝说，她很受感动，坚决要求受洗"[46]。

1726 年，朝廷派官员要求苏努家族的主要成员必须改变信仰。在进行逮
捕审讯之时，他们的妻子、儿女坚决要求要与他们在一起，纷纷加入天主教。
如在得知书尔陈、库方济各出事后，他们的妻子和女儿就准备当晚一起去找
官员们，德勒撒的母亲等人请求苏若望的妻子则济利亚给她起一个教名，"还
有那些女佣人和其他小姐们，都哀求则济利亚给她们每人起个教名"。在登
记天主教徒的姓名时，"库方济各十岁的儿子伊尼亚瑟和十一岁的若利普、

---

42 《耶稣会传教士巴多明神父致本会某神父的信（1724 年 8 月 20 日于北京）》），
　[法]杜赫德编：《耶稣会士中国书简集》（三），第 9 页。

43 《耶稣会传教士巴多明神父致本会某神父的信（1724 年 8 月 20 日于北京）》），
　[法]杜赫德编：《耶稣会士中国书简集》（三），第 16 页。

44 《耶稣会传教士巴多明神父致本会某神父的信（1725 年 7 月 20 日于北京）》，[法]
　杜赫德编：《耶稣会士中国书简集》（三），第 59 页。

45 《耶稣会传教士巴多明神父致本会某神父的信（1725 年 7 月 20 日于北京）》，[法]
　杜赫德编：《耶稣会士中国书简集》（三），第 63 页。

46 《耶稣会传教士巴多明神父致本会杜赫德神父的信（1734 年 10 月 15 日于北京）》
　[法]杜赫德编：《耶稣会士中国书简集》（三），第 146 页。

九岁的马蒂厄，还有八岁的托马去找官员们，表示情愿把他们的名字也列在花名册上"。当然，也会一些不合谐的声音发出，如"一个七岁的孩子看到他母亲被人检查很害怕"，就说他不是天主教徒。但"这个孩子被教训了一顿后回来了，他悔恨自己的罪过，哭着承认他是天主教徒"。[47]

从 1719 年书尔陈成为天主教徒开始，苏努家族入教的福晋子女主要人员可参见表 4-2：

表 4-2　苏努一家先后入教的福晋子孙[48]

	身　份	本　名	教　名	入教情况
苏努	正房夫人		安娜	1725 年左右入教
	二夫人			1724 年 12 月由书尔陈付洗，29 日死于右卫
苏尔拜	福晋		戴雷莎（Thérèse）	1724 年 7 月 14 日前入教
	长媳		德勒撒	
	次子	伊章阿[49]	彼埃尔（Pierre）	1724 年 7 月 14 日前入教

---

47 [法]宋君荣著：《有关雍正与天主教的几封信》(《第四十三号信件：对信奉天主教亲王的迫害》)，杜文凯编：《清代西人见闻录》，第 150-152 页。另，《耶稣会传教士巴多明神父致本会杜赫德神父的信（1727 年 9 月 26 日于北京）》，[法]杜赫德编：《耶稣会士中国书简集》（三），第 89-91 页。

48 参见[法]杜赫德编：《耶稣会士中国书简集》（三），第 8、9、16、31、32、38-39、55、63、67、72、87、91、143、146、157-158 页，《宋君荣神父致凯伦（Cairon）神父的信（1741 年 10 月 29 日于北京)》，《耶稣会士中国书简集》（四），第 250 页，[法]宋君荣著：《有关雍正与天主教的几封信》(《第四十三号信件：对信奉天主教亲王的迫害》)，杜文凯编：《清代西人见闻录》，第 150-152 页，以及方豪：《中国天主教史人物传》（下），第 53 页；冯佐哲：《清宗室苏努举家信奉天主教》，第 9 页。

49 冯佐哲先生在其《清宗室苏努举家信奉天主教》第 9 页中说到"苏努长子苏尔拜儿子库章阿、伊章阿与伊章阿儿子穆克登额"均为天主教徒，陈垣先生在其《雍乾间奉天主教之宗室》第 161-162 页中也提及"库章阿一人，见于谕旨，为苏努之孙，长子沙勿略之子。圣名及受洗年、卒年均不可考；禁于右卫及杭州"，方豪先生的《中国天主教史人物传》（下），第 53 页中说苏努"长子一家均在南堂费隐神父处受洗，……一子名方济各，一子名伯多禄"；可见，苏尔拜曾有两个儿子入教。但据《耶稣会士中国书简集》（三）第 143-144、156 页可知，苏尔拜的长子并未入教："另一位是刚刚到富尔丹就圣洁地死去的沙勿略亲王的长子，

媳妇		阿涅丝（Agnes）	同上
孙子	穆克登额		
禄尔金 二儿子	禄弼赫	让-巴蒂斯特	1724 年 7 月 13 日在北京入教
孙子	勒盛额		
苏尔金 福晋		赛西莉（Cécile）（或则济利亚）	1721 年领洗
其独子	苏尔屯	依纳斯（Ignace）	1721 年圣母升天节在北京入教
儿媳妇		阿涅斯（Agnès）	1721 年入教
两个孙子	其一为瑚穆尔图	托马斯（Thomas）和玛窦（Matthieu）	1721 年与两个孙女同时入教
赫世亨 儿子	勒尔臣	加布里埃尔·罗（Gabriel Lo）	1726 年三月由费朗索瓦·顾付洗
第五子 遗孀		乌尔绪尔·李（Ursule Ly）	1725 年左右入教，1732 年卒于右卫
勒什亨 福晋			1723 年后入教
鲁尔金 长子	勒泰	保禄	1726 年 7 月与另一兄弟同时在右卫付洗入教
勒禧 儿子	拉伸		1724 年 7 月于北京领洗
福尔陈 儿子	图尔泰	保禄·杜	1726 年于右卫由保禄·周付洗，外号"圣徒"
孙子	图亲		
书尔陈 福晋		玛丽亚	1719 年领洗
独生子	舒尔泰	米歇尔	1724 年 7 月 7 日于北京由费隐神父付洗
媳妇			1725 年左右入教

他被放逐到浙江省会杭州。从利益考虑阻止了他遵循父亲的榜样进教。他想像中，一旦政权有所变动，他将取得祖父以前的地位，他就是抱着这种虚无飘渺的希望一直没有进教"；"这位亲王是他家中惟一没有受洗的，他是方济各—沙勿略亲王的长子，名叫嘎荣加（Kajounga）……'不要以为我讲此话是理直气壮的，只是因为我没有受过洗，我在说现成话，有其他的原因使我不能受洗……'"。综上，若库章阿为苏尔拜长子，就未入教，若非长子，则未禁于杭州，因而此处苏尔拜次子本名疑为伊章阿，库章阿仍待考证。

库尔陈	福晋		卡特琳娜（Catherine）	1741 年左右去世，由宋君荣神父施临终礼
	四个儿子	其一为苏奇理	伊尼亚瑟、若利普、马蒂厄、托马	
乌尔陈	福晋		弗郎索瓦兹（或是戴蕾莎·侯）	1723 年后入教
木尔陈	福晋			1725 年入教
十六女			罗莎莉（Rosalie）	1736 年由路易·范神父付洗

【另外，还有一名直系后裔，教名玛丽（Marie）。[50]】

嘉庆年间，苏努的孙子图钦、图敏、魁敏因习教被革去红带子，发遣伊犁。道光年间，苏努第五代，即图明（疑为图敏，苏努孙）后代，是镶红旗包衣郭尔明阿佐领下红带子，他们的习教情形可参见表 4-3：

表 4-3　苏努第五代，即图明（疑为图敏，苏努孙）后代习教情形表[51]

父	子	习教情形	
		道光十八年（1838）	道光二十年（1840）
图升阿（图四）		革去红带子，玉牒除名，发遣伊犁	
妻李氏			沿习天主教，情愿出教免罪，随往伊犁
	文广	革去红带子，玉牒除名，发遣伊犁	
	文六（文宠）	情愿改悔	沿习天主教，革去红带子，玉牒末除名，发往伊犁充当苦差，枷号三个月
	文八（文宽）	同上	同上

50　《北京传教士晁俊秀（Bourgeois）神父的信（1773 年 9 月 18 日于北京）》，[法] 杜赫德编：《耶稣会士中国书简集》（六），第 10 页。

51　道光十八年二月十四日《兵部尚书管顺天府事朱士彦等奏请将续获传教人犯洪大等交本旗看管折》，第 1222 页；道光二十年九月二十六日《宗人府等衙门奏报会同审明官役查拿习教人犯尚无藉端滋扰折》，《档案史料》（第三册），第 1283-1286 页；

	妞儿		年幼未入教，随往伊犁
图明阿		因瘫废未到案	毕学源神父生前将经卷衣帽等赠予一份，遂运至坟屋与文八、文六、李氏念习，道光十九年七月内病故
图兴阿		情愿改悔	在家诵经，革去红带子，玉牒末除名，发往伊犁充当苦差，不准收赎，免枷号
妻赵氏			在家诵经，发往伊犁充当苦差，不准收赎，免枷号
	文磬		在家诵经，革去红带子，玉牒末除名，发往伊犁充当苦差，枷号三个月
	媳妇马氏		在家诵经，情愿出教免罪，随往伊犁
	孙女大妞、二妞		随去伊犁
關氏[52]			在家诵经，情愿出教免罪，随往伊犁
	文盛（洪大）		在家诵经，革去红带子，玉牒末除名，发往伊犁充当苦差，枷号三个月
	文瑞、文贵、文龄		逃亡未获

3. 家族仆人加入天主教的情况

苏努家族遭此变故之后，与之没有姻亲关系的仆人大多没有离去，明知加入天主教无甚益处，还是在主人们的影响下，纷纷领洗入教，并立场坚定。正如巴多明神父所说："榜样让我们去学好，但是德高望重的人树立的榜样影响力更大，亲王们和福晋们为别人做出了榜样。"[53]在榜样的影响下，

---

52 道光二十年九月二十六日《宗人府等衙门奏报会同审明官役查拿习教人犯尚无藉端滋扰折》,《档案史料》(第三册), 第1283页中，只称關氏为文盛之母，文盛为文八堂兄，文盛为谁之子不确定。

53 《耶稣会传教士巴多明神父致本会某神父的信（1724年8月20日于北京)》),[法]杜赫德编：《耶稣会士中国书简集》(三), 第40页。

苏努家族的家人们自然深受其影响，成为天主教徒。如在"全部仆人都被召到卫队那里，盘问他们是不是天主教徒"时，"全体天主教徒都很坚强，一致承认是天主教徒。有两个人本来还不是天主教徒，却也说是。他们两人遂在第二天晚上接受了洗礼，一个取教名为若翰达尼老；另一个为方济各（此为仆人方济各之教名——译者）。殉教的愿望促使另外十个仆人也要求领洗，因此他们也受到了洗礼"。[54]在检查北京的亲王府第时，官员们"遇见另外四个仆人，其中有一个是若瑟亲王的仆人。他们都承认是天主教徒，并肯定地说他们的主人也是"。[55]可见，主人的入教大大触动了仆人们的信仰基础。

正当清政府因礼仪等问题开始严厉禁止天主教传播之际，苏努家族在获罪前后，却接连不断地成为天主教徒。流放之前，苏努及其子孙、家人们有三百左右，"大部分都受了洗。有好几个还只是聆听教理者，他们来不及受洗了，他们只能等到了流放地以后再受洗"；[56]流放之后，1727 年 9 月，苏努的全体家人曾被押回过北京，虽然人数已经大大减少，但"一共有一百九十四人，几乎都是基督徒"。[57]在雍正严厉禁止天主教传播时期，苏努一家竟敢公开与皇上谕旨作对，必然受到严惩。"据说苏努全家，包括他的儿子、孙子、曾孙等一起有三十九人被处死，其妻妾、女儿和媳妇等全部被当作奴仆，分给了其他王公贵胄。""尽管如此，苏努一支宗室的后代并没有改变信仰，直到清末仍有人笃信天主教。"[58]这说明，苏努家族成员的入教，并非趋炎附势，其内部的传教在此过程中发挥了重要的作用。

54　[法]宋君荣著：《有关雍正与天主教的几封信》(《第四十三号信件：对信奉天主教亲王的迫害》)，杜文凯编：《清代西人见闻录》，第 149 页。

55　[法]宋君荣著：《有关雍正与天主教的几封信》(《第四十三号信件：对信奉天主教亲王的迫害》)，杜文凯编：《清代西人见闻录》，第 155 页。

56　《耶稣会传教士巴多明神父致本会某神父的信(1724 年 8 月 20 日于北京)》，[法]杜赫德编：《耶稣会士中国书简集》(三)，第 39 页。

57　《耶稣会传教士巴多明神父致本会杜赫德神父的信(1727 年 9 月 26 日于北京)》，[法]杜赫德编：《耶稣会士中国书简集》(三)，第 127 页。

58　冯佐哲：《清宗室苏努举家信奉天主教》，《紫禁城》1990 年第 1 期，第 9 页。另，方豪：《中国天主教史人物传》(下)，第 53 页："苏努曾孙图钦、图敏等至嘉庆十年（1805 年）仍坚决信教，不畏压抑"；Nicolas Standaert (ed.), *Handbook of Christianity in China*, Volume one: 635-1800, p. 465. 在说到华籍神父朱里官于 1752 年被流放至山东西北部时，正值"约瑟夫·苏（苏努家族）1757 年成为山东所有部队的将军"之时，于是"北京的耶稣会士们请他照顾朱。"

（三）其他华籍天主教徒对苏努家族的帮助

苏努家族遭流放之后，他们无法派任何家人到北京来，却非常渴望能从京城得到些许援助，包括精神上的支持。此时，在京的外籍传教士们也希望能有忠实的天主教徒去看望及慰问他们，但在禁教令下，外籍传教士不可能再公开活动，显然无法完成这项任务。于是，能为亲王们提供经济支持，为之做圣事，并与其他人发生联系的就只有可能是华籍天主教徒了，虽然有些时候是受到了外籍传教士的差遣。

首先，外籍传教士们"选中了一位热诚的天主教徒，他叫杨伯多禄，是个很有功德的青年。他一心殉教，死而无怨。他感谢天主委派他去送信"，而且，"他圆满地完成了任务"，"与亲王和王妃都谈了话，还跟主要的仆人进行了商量"[59]。其次，定居在富尔丹（右卫）的五六家基督教家庭的领头人马克·纪（Marc Ki），与另一位基督徒受亲王们之托来向北京的传教士们问好，传递信件，并说明他们的处境[60]。1725 年 4 月，又有一位叫托马斯·汤（Thomas Tem）的年轻基督徒来京传递信息与巴多明神父，并带回了亲王们留在北京照管家产的人所凑的两百两银子，以及整整一骡驮的食物[61]。在苏努一家被流放的这些年里，为其提供帮助的家族外的华籍天主教徒可参见表 4-4。

表 4-4 苏努一家被流放过程中，为其提供帮助的家族外的华籍天主教徒[62]

姓 名	教 名	外文名	身 份	活动概述	备 注
	马克·纪	Marc Ki	士兵	1725 年 1 月，与另一基督徒（其亲戚）同到北京带信给巴多明神父，问好，并带回	山西人。是定居在富尔丹的五六家基

---

59 [法]宋君荣著：《有关雍正与天主教的几封信》《第四十三号信件：对信奉天主教亲王的迫害》），杜文凯编：《清代西人见闻录》，第 155 页。

60 《耶稣会传教士巴多明神父致本会某神父的信（1725 年 7 月 20 日于北京）》，[法]杜赫德编：《耶稣会士中国书简集》（三），第 45-49 页。

61 《耶稣会传教士巴多明神父致本会某神父的信（1725 年 7 月 20 日于北京）》，[法]杜赫德编：《耶稣会士中国书简集》（三），第 52-53 页。

62 据[法]杜赫德编：《耶稣会士中国书简集》（三），第 45-49、52-57、59-60、65-67、75、117-118、121-122、126-127、131、139、155、158 页；费赖之：《在华耶稣会士列传及书目》，冯成钧译，中华书局，1995 年，第 413、414、681 页汇成。

				些版画等圣物。此后多次帮助在富尔丹的亲王们。1735年12月至北京，代亲王们请求在京传教士能为他们派神父，并带回传教士从法国等地募集来的接济。	督教家庭的领头人。
	托马斯·汤	Thomas Tem	医生	1725年4月，由北京带了两百两银子和整整一骡驮食物送至新堡寨。1725年6月2日晚上，带了两封信给巴多明神父。之后又去过新堡寨两次，给保禄亲王带去一些援助，并将他们的问候带给北京的神父们 1726年7月，被误认作是家人而跟随保禄亲王从富尔丹到北京。	江西人。平日在北京行医，决定从北京带些援助给苏努一家。
樊守义，字利和	路易·范	Louis Fan	神父	雍正年间和乾隆初年，几乎每年赴西宁慰问苏努全家，携北京诸神甫之巨金往赠，归途则访问教区。1725年，终为苏努第十三子及其他四十人授洗。1726年被派至新堡寨住了七八天，主持圣事。返京途中，应邀访问了北方几个教区，即宣化府（Suen-hoa-fou）大都口（ta-ton-keou）和Sa-tching等教区。1736年1月至富尔丹，为亲王们主持圣事，为苏努之幼女授洗。	中国耶稣会士
	依纳斯·高	Ignace Cao	看守	1727年6月负责看守若望、方济各亲王，将他们的情况告之传教士。	
何天章，字起文	罗萨里奥	François-Xavier a Rosario	神父	足迹曾至边外，访问雍正帝遣发边外之宗室诸王，并以北京诸神父拯救之财物赠之。1727年从陕西传教回	中国耶稣会士

				京，带了一些钱，与另一基督徒一起至富尔丹看望留在那里的女人们。	
龚尚实，字观若	达鲁克	Pierre-Thomas da Cruz	神父	1727 年 11 月和 12 月，两次进入保禄亲王的牢房，使其得以忏悔，并写信告之在京的传教士们关于亲王的一些情况。随后去视察福建省的各个教区。	中国耶稣会士

　　此外，成为天主教徒的家人们也尽可能的帮助被困的亲王们，据《耶稣会士中国书简集》卷三所记，这些家人的主要活动见表 4-5。

表 4-5　《耶稣会士中国书简集》卷三所记，身为天主教徒的家人们对被困亲王们的帮助[63]

姓　名	外文名	活 动 概 述	备　注
弗朗索瓦·周	Fran çois Tcheou	1725 年 1 月，与马克·纪商定由他们去北京。尽力弄到一些衣服、银两给亲王家送去。1725 年 6 月末，看望巴多明神父，告之其苏努家的情况。	平时负责与当地的基督徒联系。
若望·赵	Jean Tchao	1725 年 4 月，凑钱及食物给托马斯·汤带至新堡塞。1726 年 8 月，被获准给在刑部监狱的亲王们送饭并看望他们。	保禄亲王留在北京照管家产的人之一。
若望·吴	Jean Ou	走了一天路去迎若望亲王的囚车，并跟至衙门、监牢。	若瑟亲王的家人。
弗朗索瓦·张	François Tcham	1725 年将巴多明神父收集的圣物捎回，并带回复信	
彼埃尔·杨[64]	Pierre Yang	1727 年 4 月送信给亲王们。之	亲王们从前的亲信，由

---

63 [法]杜赫德编：《耶稣会士中国书简集》（三），第 47、49、61-63、69、75-78、85、95-96、107-108、138-139 页。

64 即宋君荣在信中所记的杨伯多禄。见[法]宋君荣：《有关雍正与天主教的几封信》（《第四十三号信件：对信奉天主教亲王的迫害》），杜文凯编：《清代西人见闻录》第 155 页。

		后又负责把传教士们筹集的钱送去给亲王。	在京的传教士派出。
范路易	Louis Vang	1727 年 5 月从富尔丹至北京，告知传教士们亲王们的情况。	由斯坦尼斯拉斯亲王家派出。

表 4-4、4-5 中，对苏努家族施以援手的有华籍神父及普通教徒，当然还有在京的外籍教士，尽管他们无法离开京城，亲临流放地，但仍尽力为他们提供物质、精神上的支持，尤其是设法筹集资金，交由华籍教士、教徒带去。苏努家族突然从地位显赫的皇亲跌落成阶下囚，经济上显然一时适应不过来，何况，离京之时非常仓促，无法将在京的财产立即变卖携带，后来又遭查抄，维持一家上百口人的生计着实困难。此时在京教士所提供的资金愈发显得弥足珍贵，令他们对天主教会心存感激。同时，他们或是全家被困在一个陌生之地，或是单独被监禁，与周围隔离，处于孤立的困境之中，对未来充满恐惧与不确定。其他天主教徒、神父们的探望、安慰，送来一丝温暖，令他们在情感上进一步倾向天主教，不管在肉体上遭受怎样的打击，也会在精神上继续坚持下去。从某种程度上说，天主教此时已成为他们惟一的精神支柱。反过来讲，他们对天主教的这种坚持，又成功成为其他教徒的榜样，尽管传教士们有意无意的促成了这个典型的形成。

在外部天主教徒的帮助、内部天主教徒的不断传播教义的情况下，1727年把苏努的全家人都押回北京送给其他亲王时，这近两百人人几乎全都是天主教徒[65]。

二、其他入教的皇亲官员

苏努家族事件虽然主要是源于政治斗争，但在天主教徒中仍产生了不小的影响。尽管有人害怕祸事会延伸到自己身上，因而避开一段时间，甚至"皇室中的一些跟受迫害的亲王们的另一支系的亲王曾经接受了许多教理，已经表现得很积极了，马上就一下子停止了"[66]，但仍有人坚持信奉天主教，或是要求尽早得以受洗。

---

65 《耶稣会传教士巴多明神父致本会杜赫德神父的信(1727 年 9 月 26 日于北京)》[法]杜赫德编：《耶稣会士中国书简集》(三)，第 127 页。

66 《耶稣会传教士巴多明神父致本会杜赫德神父的信(1727 年 9 月 26 日于北京)》[法]杜赫德编：《耶稣会士中国书简集》(三)，第 114 页。

（一）皇亲德沛

除了苏努一家外，皇亲、官员中仍有其他信教之人。由于其特殊的地位和身份，使得他们在皇亲、官员中传教有着出身平民的天主教徒们所没有的优势。苏努的儿子们劝其父亲入教时，曾提及请一位约瑟夫亲王来协助他们。这位约瑟夫亲王与他们的父亲是同辈，其年龄和身份在苏努亲王的眼中有着子侄们不可与之相比的说服力。他"对基督教很了解，很郑重其事地讲授基督教理"，而且，"他讲得那么动人心弦，以至于老亲王也想去听听基督徒们的祈祷"[67]。据陈垣先生考证，此名亲王即为简亲王德沛[68]。

德沛亲王，字济斋，为清显祖塔克世之五世孙，是舒尔哈齐的玄孙，与苏努同系，也与雍正为从昆弟行。康熙三十九年（1700），德沛应袭镇国公，雍正十三年（1735），封三等镇国将军，授兵部左侍郎，历任古北口提督、甘肃巡抚，1737年擢湖广总督，1739年调闽浙总督，三年后调迁两江总督，统辖江苏、安徽、浙江三省。乾隆十七年（1752）薨，年65岁。著有《易图解》、《实践录》、《鳌峰书院讲学录》各一卷、《周易补注》八卷。[69]

1718年，德沛与他夫人玛利亚和女儿保辣一起受洗，但对自己的皈依保守秘密，只有他的亲信和仆从知道他是天主教徒。而且，很少与外籍神父来往，只请遣使会的华籍神父苏保禄到他府上去。因此，大多数人都不知道他是教徒。虽然他不公开声明自己是天主教徒，但在自己的辖区，他尽可能不实施迫害教会的法令，为此，神父们称他为"中国教会的保障和传教士的安慰"。[70]

乾隆年间，"惟湖广有某宗室奉教，为苏努之从弟，勒什亨之堂叔，圣名若瑟，乾隆初年，做该省总督，从容坐镇，不容属下地方官仇教，较他省为平安"。[71]当时，德沛在湖广"提倡道学，振兴文教，特聘夏观川先生（力恕）

---

67 《耶稣会传教士巴多明神父致本会某神父的信（1724年8月20日于北京）》，[法]杜赫德编：《耶稣会士中国书简集》（三），第16-17页。

68 详见陈垣：《雍乾间奉天主教之宗室》，载《陈垣学术论文集》（第一集），第164-183页，或载陈垣等著：《民元以来天主教史论集》，第56-73页。

69 钱仪吉编：《碑传集》，载沈云龙编：《近代中国史料丛刊第九十三辑》（921），（台北）文海出版社，1973年，第212-213页；陈垣：《雍乾间奉天主教之宗室》，载《陈垣学术论文集》（第一集），第164-165页。陈垣先生以德沛所著的这些学说证明其是天主教徒。

70 [法]穆启蒙：《中国教友与使徒工作》，第145-146页。

71 萧若瑟：《天主教传行中国考》，河北献县天主堂，1937年排印本，第370-371页。

为江汉书院山长。同时晏一亭先生（斯盛）官巡抚，振教宣风，士习翕然丕变。王常屏驺从，诣书院与诸生讲学，俨如寒素，温言巽语，人咸坐春风中，不知为本省制府也。一时人文称极盛焉"。[72]德沛大力提倡文教，一方面与其自己对文化事业的兴趣相关，另一方面也借此形成了对天主教较为有利的文化环境。

德沛亲王任湖广总督期间当在 1738 年左右，京城发生刘二教案后，官方在各地张挂禁教告示，引起风波。当时的襄阳府知县得知磨盘山地区有大批基督徒们开垦荒地，逮捕了几名为首者。可是没多久，"军官和虔诚的基督徒赵诺贝（Nobert Tchao）前来寻找该知县，在对他的行径作了最严厉的指责之后，他又向该知县索要教徒们签署的文件，并对此人说：'难道您不知道我是基督徒吗？但您可能不知道的情况，便是该省总督和所有官吏，都如同我一样是基督徒'"。吓坏了的知县明确许诺将不再骚扰基督徒们。[73]

（二）官员赵昌

这段时期内，尽管禁教日严，仍有天主教官员继续信教。雍正初，官员赵昌被捕入狱。康熙年间，他经常办理西洋之事，与外籍传教士自然熟悉，并"久愿进教，因有阻碍，未得领洗。至是，在患难中，抚今追昔，颇多感伤，由是进教之愿益切。欲见神父不得，幸得守监之武员，徐某奉教，为之代洗，圣名若瑟。时赵昌年已七十五矣"。[74]耶稣会士冯秉正在其给赫苍璧神父的信中详细描述了赵昌的入教。"我这里是讲赵昌（Tchao-tchang）或赵老爷（Tchao-Laoye），他在非常神圣的三位一体节（très-sainte Trini-tè）前夕于受洗水中得以重生"，而且，"他在很久之前已于心中成了基督宗教的信徒。但出于人道方面的考虑，却一直使其受归化的时间推后"。[75]

赵昌被关入东直门监狱后，在京外国耶稣会士为了能给他举行洗礼，颇费了一番功夫。首先，因顺天府尹对监狱倍加看守，只让四门提督中本区的门官为囚犯带去食物，所以，耶稣会士在修会成员中找到了这些提督之一的

72　（清）赵慎畛撰：《榆巢杂识》，徐怀宝点校，中华书局，2001 年，第 153 页。

73　《中华帝国 1738 年的宗教形势》，[法]杜赫德编：《耶稣会士中国书简集》（四），第 190-191 页。

74　萧若瑟：《天主教传行中国考》，第 357 页。

75　《耶稣会士冯秉正神父致同一耶稣会的法国传教区会长赫苍璧神父的信（1751 年 10 月 10 日于北京）》，[法]杜赫德编：《耶稣会士中国书简集》（四），第 66 页。

亲属周若瑟（Joseph-Tcheou），让其"在不信基督者之中传播教法。"一日，一位姓徐者听到了周若瑟的传道，受到触动，他是四门提督之一者的儿子，"决定使用上帝曾为从事归化而使用过的手段来学习教法正义"。一年后，即雍正二年（1724），他受洗成为天主教徒，教名若亚敬（Joachim）。[76]

获知其子加入天主教后，徐若亚敬的父亲非常生气，将儿子一家赶出家门。徐若亚敬"不断地祈求上帝归化其父亲，经常领圣体，不断地请求我（神父）为此目的而提供弥撒圣祭"。雍正七年（1729）末，父子俩开始有了接触。耶稣会士决定"动用一切手段归化徐门官，这完全是为了日后利用其职务之便，以实施让其著名的朋友（指赵昌）接受洗礼的计划"。并让周若瑟和潘沙勿（略）（Xavier Pan）为归化徐门官而劳作。于是，"他们经常前去拜访'九门提督'，他们迎合一切使他感到高兴的事端，各自轮流请他赴宴……他们在三个月的持续期间内，只向他讲述那些使他感兴趣的事，或者是使他感到愉快的事。最后，当他们发现他对他们已怀有好感时，便冒险地与他交谈在世俗命运方面能做的很少一点事、生命的脆弱性、死亡的无法预料和死后的处境，提督（门官）显得洗耳恭听，他已经相当深入地进入到他们的感情世界中了"。一番思想斗争之后，"上帝选择了他，将他作为赵老爷精神上新生的手段，甚至是为了使他擦亮眼睛，并在见到教法之光时能睁开双眼"。[77]

同时，赵昌亦与一同被关押的一名鞑靼官员一起"当着徐提督的面谈论基督教。赵老爷对基督教有着非常熟悉的理解，具有一种天生的和颇具说服力的辩才，用非常典雅和非常深奥的言辞，来论述该宗教箴言的神圣性"。一番话使得徐提督立刻找到周若瑟问道。时机成熟，徐提督答应周若瑟，为赵昌行洗礼。一个周六的清晨，赵昌接受洗礼，取圣名若瑟（Joseph）。[78]数日后，徐提督将冯秉正神父通过周若瑟拿来的一个十字架和圣牌转交给赵昌，告诉他说"有一种与圣牌密切相关的全面的赦罪，他可以在死亡时获得它，其条件是只要他对其罪孽有一种真诚的告解，他在可能的情况下应心口相一

---

76 《耶稣会士冯秉正神父致同一耶稣会的法国传教区会长赫苍璧神父的信（1751年10月10日于北京）》，[法]杜赫德编：《耶稣会士中国书简集》（四），第67-68页。

77 《耶稣会士冯秉正神父致同一耶稣会的法国传教区会长赫苍璧神父的信（1751年10月10日于北京）》，[法]杜赫德编：《耶稣会士中国书简集》（四），第69-70页。

78 《耶稣会士冯秉正神父致同一耶稣会的法国传教区会长赫苍璧神父的信（1751年10月10日于北京）》，[法]杜赫德编：《耶稣会士中国书简集》（四），第71-72页。

地诵念如下祈文：'耶稣（Jesus）马利亚（Maria），若瑟（Joseph）！可怜我！'就行了"。[79]

（三）官员马若瑟

1768 年发生剪辫案[80]，各地搜捕出天主教的历书、十字架等物，朝廷遂张贴告示，要求天主教徒自首。此时，出身于名门望族的马若瑟，"是帝国六部的成员"，受与他为难的李（Ly）姓同事的压力，于 12 月 31 日前往户部上书："遵刑部布告令，我宣布，我和我家族自三代以来均为基督教徒。我们祖先早在辽东（Leao-tong）家乡时就已信仰基督教。我们与我们的祖先一样，认为此教为值得追随的正教，我们将坚定和执着地继续信仰之。"在大臣们的审问下，他始终承认是基督徒，并声称将至死不渝当下去，数日后，乾隆帝批复："马违抗朕意，理应以犯罪论处，以儆效尤。然恐惧使之眼开，使之脱离基督教，朕有鉴于此予以宽宥，仍留仟他守备一职。钦此。"[81]。重新任职后，马若瑟仍继续出入教堂，公开表示信仰基督教。

1770 年 6 月 9 日，首辅大臣之子、"额附"福隆安向皇帝奏报，马若瑟仍与以前一样公开信奉基督教，恳求陛下惩治这位官员。乾隆帝认为不必小题大做。第二天，福隆安又向皇上请愿，担心不依法指控马若瑟，别的行政官员会指责他本人失职，万一此事告到刑部，必会依律严惩。如果皇上想饶其一死，请陛下将其流放。于是，乾隆帝宣布了判决：马若瑟"继续公开信仰他曾向朕许诺予以抛弃的基督教，从而欺骗了朕，为此应依律严惩；但鉴于该员犯罪实出幼稚天真而非恶意，朕饶其死罪。着交予兵部主事们处置，将其杖责六十，发配伊犁交予当地某位大人为奴。"[82]

79　《耶稣会士冯秉正神父致同一耶稣会的法国传教区会长赫苍璧神父的信（1751 年 10 月 10 日于北京）》，[法]杜赫德编：《耶稣会士中国书简集》（四），第 74 页。

80　详见[美]孔飞力：《叫魂——1768 年中国妖术大恐慌》，陈兼、刘昶译，三联书店，1999 年。

81　《汪达洪（Ventavon）神父致布拉索神父的信（1769 年于中国）》，《晁俊秀神父致某贵妇人的信（1769 年 10 月 15 日于北京）》，[法]杜赫德编：《耶稣会士中国书简集》（五），第 146、155-156 页。另见《蒋友仁神父给加德神父的信（1770 年 8 月 26 日于北京）》，朱静编译：《洋教士看中国朝廷》，上海人民出版社，1995 年，第 232 页。

82　《传教士蒋友仁神父致嘉类思神父的信（1770 年 8 月 26 日于北京）》，[法]杜赫德编：《耶稣会士中国书简集》（五），第 236-237 页。

（四）其他皇亲官员

政府的禁令没有彻底阻止宗室、士大夫的入教，耶稣会士的信件及清朝档案中不时可以看到他们的踪影。乾隆年间，传教士曾提及巴多明神父举行洗礼的人中，"包括今天在位皇帝的一位兄弟"。[83]宋君荣神父在信中报告说，京师成立了一种修会或教会，接受相当数量的充满热忱与虔诚的基督徒，从 20 岁到 40 岁不等，"在该教会的最优秀成员中，我们拥有四名年轻的基督徒王公，其他数名是出自名门的人士，两名秀才，还有一名青年从九岁起便被我收留到身边并培养他从事各种修持"。"宗室中有五个家族都成了基督徒。这些家族之一的族长是赵若望（Jean Tchao），……其长子保禄王子紧随其足迹"，他们为了让若望妻子入教，努力尝试了一切，坚信应该为此而向上帝奉献特殊的祈祷、圣体、苦修和施舍财物。最终，宋君荣神父为她洗礼，取教名德勒撒（Thérèse），终生以典型的基督徒方式生活。其中，若望王子的虔诚心最高，利用自己的学识尽力向外传教。"他以上帝的赐福而利用了自己在汉语和鞑靼语方面的高深知识，使耶稣—基督赢得了一大批忠实信徒。"[84]

1764 年，韩国英神父"为一位年轻的亲王施了洗礼，此人来自那个以殉教者著称的家族中的另一支系。这位亲王是该支系第一个受洗的人。他已经把他的两个兄弟也争取了过来，后者正准备领受获得新生的圣事。"[85]五年后，他为这名年轻亲王的两名兄弟施了洗礼。同年，另一个葡萄牙神父利用其医生身份为一名临终的亲王福晋行了临终圣事。[86]乾隆三十三年（1768）左右，汪达宏神父称几个要求受洗的异教徒中，"有两个系黄腰带的年轻人，被他们的弟弟说服了，……他们的弟弟五、六年前就入了基督教"。[87]嘉庆十

---

83 《沙如玉（Valentin Chalien）神父致韦塞尔（Verchère）神父的信（1741 年 10 月 10 日于北京）》，[法]杜赫德编：《耶稣会士中国书简集》（四），第 240 页。

84 《宋君荣神父致凯伦（Cairon）神父的信（1741 年 10 月 29 日于北京）》，[法]杜赫德编：《耶稣会士中国书简集》（四），第 250-252 页。

85 《韩国英（Pierre-Martial Cibot）神父致德尔维耶（Dervillé）神父的信件摘要（1764 年 11 月 7 日）》，[法]杜赫德编：《耶稣会士中国书简集》（五），第 90 页。

86 《尊敬的韩国英（Cibot）神父致尊敬的 D 神父的信（1771 年 11 月 3 日于北京）》，[法]杜赫德编：《耶稣会士中国书简集》（五），第 265 页。

87 《传教士汪达宏神父给布拉索神父的信（1769 年写于中国）》，朱静编译：《洋教士看中国朝廷》，第 218 页。另见《汪达洪（Ventavon）神父致布拉索神父的信（1769 年于中国）》，[法]杜赫德编：《耶稣会士中国书简集》（五），第 147 页。

八年（1813），巡视中城御史嵩安等在拿获天主教犯左文奎等的奏折中，提及其家中的"经卷内有红黄带子王公大人字样"，[88]这些事例说明，此时仍有宗室成员陆续成为天主教徒。

另外，为维护本民族传统，保证满族的统治地位，朝廷曾三令五申不许旗人入教。可是，除了有宗室成员陆续领洗入教外，直至嘉道年间，仍搜出一些入教的旗人，有些还出自奉教家庭。虽然有人在严刑下背教，但可以肯定的是，禁教时期，旗人中亦有人在传教。1770 年 6 月 13 日，圣体瞻礼节前夕，官员马若瑟已因是天主教徒而受罚，但仍有几个品级不同的鞑靼官员"依然一如既往地参加了最先的晚祷"，节日那天，一早就来教堂领圣体，参加祈祷、讲道、大弥撒、仪式队伍及延续至下午的其他节日仪式。[89]

嘉庆十年（1805）搜捕到的天主教徒中，有"正蓝旗汉军步军校佟澜素习西洋教"，[90]还有"佟湉佐领下副参令李庆喜潜习西洋教"，[91]不过，在刑部审讯下，"步军校佟澜、色克、舒敏，副参领李庆喜等"，均表明自己"听受西洋人的摇惑，甘心入教，实是上负皇上天恩，下给旗人丢脸，我们俱愿痛加改悔，断不敢稍存阳奉阴违之心，自取重罪"，"并即当堂脚踏十字架"，表示出教。[92]1840 年湖北教案中被捕的传道员于保禄，出生于荆州府一旗人奉教官宦之家，满族官员称其只要背教即可释放，并恢复贵族身分，但他最终于两年后在被关押处死去。[93]

京城的钦天监是华籍教徒比较多的地方。此处外籍教士比较集中，受其影响的入教者远比其他政府部门多。例如，乾隆三十三年（1768），北京天主教略起风波时，钦天监有 20 多位加入天主教的下级官吏被告发。11 月 18 日至 19 日夜间，他们被刑部传讯，被分成 7 个家族，其中，包氏家族的为首者

88　嘉庆十八年十一月初十日《巡视中城御史嵩安等奏为拿获天主教犯左文奎等请交刑部认真核办折》，《档案史料》（第三册），第 995 页。

89　《传教士蒋友仁神父致嘉类思神父的信（1770 年 8 月 26 日于北京）》，[法]杜赫德编：《耶稣会士中国书简集》（五），第 253 页。

90　嘉庆十年五月初七日《管理西洋堂大学士禄康等奏报查明正蓝旗汉军佟澜传习天主教执迷不悟请旨交刑部审办折》，《档案史料》（第二册），第 844 页。

91　嘉庆十年五月初九日《正蓝旗汉军都统额勒登保等奏报失察旗下官兵潜习洋教请交部分别议处折》，《档案史料》（第二册），第 845 页。

92　嘉庆十年五月十七日《大学士董诰等奏为审拟旗人习教一案各员已知悔改可否施恩免罪请旨折》，《档案史料》（第二册），第 856 页。

93　[法]穆启蒙：《中国教友与使徒工作》，第 172-173 页。

是伊纳爵·包（Ignace Pao），"在二百年前，这一家族在北京最早信奉基督教"。利玛窦神父曾寓居此家族祖先家。他的答辩让官员们认为"这是好的和真正的教义"。最后的判决是："将违反法律、宣扬基督教之七家族族长革职。至于其他五人，依照律法，其错已由其父或其兄承担，故不再追究。应当禁止他们中的任何人再宣扬基督教。如不知悔改，当严惩不贷。另在北京五城和所有地区，张贴告示，警告所有基督教徒，如不自首，将受严厉制裁。所有平常贴告示处均应张贴此告示。"[94]道光十八年（1838），钦天监上奏，请旨将信奉天主教且不愿改悔的孙锦堂、孙锦瀛革去天文生顶戴，并刑部严审。[95]

朝廷其他部门也有天主教徒存在。雍正年间，耶稣会士在述说对苏尔金亲王的审问时，曾提及一位当官的天主教徒罗朗·赵（Laurent Tchao），而且，他藏有天主教的书[96]。这类书籍一旦被查获，不仅会被销毁，主人也会受到牵连。1736年4月，在皇宫瓷器库任职的小官若瑟·汪（Joseph Ouang），利用职责之便探听到不利消息，立即派人告知巴多明神父，"有一个指控基督徒的奏本呈给了皇上"[97]。

这些事例从一方面表明，禁教期间，天主教在中国上层社会仍有一定影响，除了苏努一家之外，皇亲贵族及各级官员们仍有一些继续信奉并加入天主教，可以利用职务之便向传教士及时传递朝廷有关天主教的信息，也能因自己的受教育程度较高而积极对外传教，宣传解释天主教义。

第二节　皇亲官员的传教方式及特点

清代禁传天主教时期，外籍传教士大多被驱逐出境，或是隐秘的潜入各

94　《晁俊秀神父致某贵妇人的信（1769年10月15日于北京）》《汪达洪（Ventavon）神父致布拉索神父的信（1769年于中国）》，[法]杜赫德编：《耶稣会士中国书简集》（五），第145-146、152-153页。另见萧若瑟：《天主教传行中国考》，第388页，"将钦天监衙门，奉教职官七八员斥革"。

95　道光十八年四月十六日《管理钦天监事务工部尚书敬徵等奏请将习教之本监天文生孙锦堂等革去顶戴交刑部审拟折》，《档案史料》（第三册），第1226-1227页。

96　《耶稣会传教士巴多明神父致本会杜赫德神父的信（1727年9月26日于北京）》，[法]杜赫德编：《耶稣会士中国书简集》（三），第113-114页。

97　《耶稣会传教士巴多明神父致本会杜赫德神父的信（1736年10月22日于北京）》，[法]杜赫德编：《耶稣会士中国书简集》（三），第163页。

地，为被朝廷严密监视的获罪宗室成员传教显然危险太大，而华籍传教士虽然所冒风险稍小，但毕竟人数少，不可能长期在流放地为惹人注目的宗室服务，因而，苏努家族上百家人的入教与一般入教民众相比，有其自身的特色。而其他的皇亲官员们，身份及所处地位亦与普通民众相比，相差较大，因而具有其自身的传教方式及特点。这是以前的研究关注较少的方面。以下主要以苏努家族为例来进行阐述。

一、家族成员的影响

（一）家族内部的传教

皇亲官员内部的传教主要通过夫妻、父子、母女、兄弟、姐妹等亲属以及主仆关系来实现。

1. 苏努家族内部的传教

苏努的第二子苏尔金刚接触天主教后不久，"就由学生变成了老师，甚至成了一个热烈的传道者。他怀着巨大的热忱，不仅使自己的兄弟、他们的妻儿发生了转变，而且还在自己的家臣和仆人中争取了许多人信基督的圣教，其中一部分人在他被发配之前就受了洗礼，另一部分人则在他被放逐之后受洗。……他也对他们进行了透彻的基督教道德教育，并以自己一生圣洁的言行为他们做出了典范，从而使这一批新的信徒能被人称为初始基督徒的代表"。[98]每次节假日，家人们聚会在一起祈祷上帝时，苏尔金总是以最悲伤的口吻劝告家人让深入他内心的信仰也深入到他们心中。"在家里，他经常把孙子们、家人们和奴婢们召集起来，向他们读圣经，给他们讲解创世纪的故事，上帝的的儿子降世为人，他的痛苦受难，他的光荣升天，及其他奥义神迹……最后他教他们必须相信的和付之于实践的一切。即使被戴上了锁链，关进了牢房，他仍热诚地忙于做这些事情。"[99]巴多明神父在参观书尔陈家的小教堂后，问及其是否能争取到一批人到耶稣基督这边来时，他回答说："已经争取了好几个人，有男的，也有女的，有他家里人，也有他兄弟家里和侄辈家里的，他们一心等着这个教堂举行祝圣仪式，一些人是为了受

98　《严嘉乐从北京寄给布拉格尤利乌斯·兹维克尔的信（1727 年 11 月 28 日）》，[捷克]严嘉乐：《中国来信（1716-1735）》，第 58 页。

99　《耶稣会传教士巴多明神父致本会杜赫德神父的信（1728 年 9 月 15 日于北京）》，[法]杜赫德编：《耶稣会士中国书简集》（三），第 136 页。

洗，另一些人是为了做祈祷。" [100]

比较典型的一个例子是苏努的第十六女。她被夫家休弃后送至富尔丹，当时，她把她家的灾难和自己的不幸都归咎于天主教。但是，渐渐地，兄嫂身上的忍耐和平静使她深受感动。其兄长斯坦尼斯拉斯·木向她讲解教理，并以其他入教的兄长为例，说他们为了同一信仰受苦难，一起在天堂享有同样的幸福，并且，"他们肯定在天堂祈祷上帝启示您跟随他们的榜样，您还怕上当受骗吗？"在这些理由和榜样的震撼以及嫂嫂们的榜样和劝说下，她终于开始读教导天主教理的书，并最终由范神父为之付洗 [101]。

流放期间，家族的主要成员们更是经常相互鼓励，以坚定各自的信仰。他们聚集起来，"一起读虔诚的书，一起背诵祈祷词，互相鼓励遵循基督教道德，尤其是在他们的信仰经受各种艰难考验时要坚定不移。女眷们也同样是这么做的。在街上就能听到他们放声高唱平时教堂里唱的赞美诗"。[102]苏尔陈的独生子依纳斯亲王（Ignace）病好之后，"劝告他的兄弟们坚定信仰，坚持承受暂时的痛苦，以后必定会得到永久的幸福"。[103]苏尔金在押往北京时，要求他的夫人"每天教导我孩子和我家人履行他们的义务。我们的行为要和在上帝面前一致，也就是说我们不能背着上帝做任何事情。……多加注意用基督教的道德教育我们的孩子们及其后代们，让基督教义在我们家里延续下去"。[104]关在北京的家族成员"白天花大部分时间做祈祷，夜里也祈祷得很晚，他们大声祷告，连街上都能听到。他们把圣像贴在牢房的墙上，非基督徒们以为是欧洲人的像"。[105]

---

100 《耶稣会传教士巴多明神父致本会某神父的信（1724年8月20日于北京）》[法]杜赫德编：《耶稣会士中国书简集》（三），第23页。

101 《耶稣会传教士巴多明神父致本会杜赫德神父的信（1736年10月22日于北京）》，[法]杜赫德编：《耶稣会士中国书简集》（三），第157-158页。

102 《耶稣会传教士巴多明神父致本会某神父的信（1725年7月20日于北京）》[法]杜赫德编：《耶稣会士中国书简集》（三），第58-59页。

103 《耶稣会传教士巴多明神父致本会某神父的信（1726年8月24日于北京）》[法]杜赫德编：《耶稣会士中国书简集》（三），第78页。

104 《耶稣会传教士巴多明神父致本会杜赫德神父的信（1728年9月15日于北京）》，[法]杜赫德编：《耶稣会士中国书简集》（三），第136-137页。

105 《耶稣会传教士巴多明神父致本会杜赫德神父的信（1727年9月26日于北京）》，[法]杜赫德编：《耶稣会士中国书简集》（三），第117页。

2. 官员马若瑟家内部的传教

乾隆年间，官员马若瑟如此叙述了自家亲人的入教情形："臣十九岁时，尝居关外老家，一名叫 Na-Lang-go 者劝吾祖上信奉基督教。吾父追随吾祖父，臣亦随吾父。受洗后，我立誓宁死不背弃上帝，不背弃皇帝，不背弃吾父母。臣到京已一十八年，历任数种官职，时时去天主教堂。"[106]因奉教问题降职后，马若瑟仍经常去教堂祈祷，取了家里的祖宗牌位，供上了基督徒的圣像，不时请欧洲人到家里来，"索德超（Bernard）神父新近还来为他全家举行了领圣体的仪式"。[107]

长期以来，马若瑟是北京教堂圣体修会和圣心修会这两个修会的成员，甚至还是助理员，这个修会至少有三名亲王及多名官员[108]。马若瑟一家基本都已成为天主教徒，其妻子、堂兄弟马若布（Ma Jobe）、战死沙场的儿子安德烈（André）、儿媳和孙女们都是基督教徒，收养的孙子苏·马蒂亚斯（Lao matthias）入了教。而且，受马若瑟本人的影响，他所拥有的好几户奴隶家庭都信奉了基督教，某些兵士也加入了基督教[109]。去流放地之前，他勉励妻子要照顾好守寡的儿媳，注意让孙女们好好接受基督教教育，今后嫁给道德高尚堪为榜样的基督徒。在流放地，马若瑟帮助一位叫莱翁·白（Léon Pé）的基督徒获得了在流放中所能指望的最好的外境，此人亦是因信教而被发配到伊犁的。[110]

3. 其他旗人家庭内部的传教

嘉庆年间的军官佟澜，"系正蓝旗汉军庆存佐领下委署步军校，年四十

---

106 《晁俊秀神父致某贵妇人的信（1769 年 10 月 15 日于北京）》，[法]杜赫德编：《耶稣会士中国书简集》（五），第 156 页。

107 《传教士蒋友仁神父致嘉类思神父的信（1770 年 8 月 26 日于北京）》，[法]杜赫德编：《耶稣会士中国书简集》（五），第 236 页。

108 《耶稣会传教士尊敬的韩国英神父致某先生的信（某年 6 月 11 日于北京）》，[法]杜赫德编：《耶稣会士中国书简集》（六），第 2 页。

109 《传教士蒋友仁神父致嘉类思神父的信（1770 年 8 月 26 日于北京）》，[法]杜赫德编：《耶稣会士中国书简集》（五），第 239-240 页。《蒋友仁神父给加德神父的信（1770 年 8 月 26 日于北京）》，朱静编译：《洋教士看中国朝廷》，第 234、236 页。

110 《传教士蒋友仁神父致嘉类思神父的信（1770 年 8 月 26 日于北京）》，以及《关于马若瑟之死的一封信》，[法]杜赫德编：《耶稣会士中国书简集》（五），第 242、255-257 页。

七岁，……自我祖佟士相、父佟福俱习西洋教。我七岁时，我父母先后物故。我自幼就跟随我父亲入教，时常到天主堂磕头。至入此教，并无别故，不过不敢作奸盗邪淫之事，死后可以飞升。我妻子、女儿亦俱入教"。[111]他和副参领李庆喜俱"系自伊祖入教，迄今三辈"，而舒敏、色克则"自伊父入教，迄今两辈"，他们的"妻子兄弟亦俱随同入教，只知天主劝人行好，所以举家倾心遵奉，并不知这是有干例禁之事"。[112]

（二）家族亲属之间的传教

此外，家族之间的联姻或是家族之间的往来，也使得天主教在不同的家族中得以传播。在流放地富尔丹，斯坦尼斯拉斯（Stanislas）亲王的夫人受洗之后，高兴之余，"派了一个家人到北京去催她父亲去听她指定的一个人讲授基督教教理"。[113]仆人之间也尽可能在教徒之间通婚，以确保他们不会因与异教徒联姻而失去信仰。把苏努的全体家人押回北京时，家奴中有七八个天主教徒年轻姑娘，"福晋们马上把她们嫁给了他们家中的年轻的基督徒"[114]。这样形成的天主教徒家庭，大大增加了天主教在其家中一代一代传下去的可能。

道光十九年（1839）于荆州旗营拿获入教的旗人官禄，原为抱养民人之子，由镶黄旗满州讷苏砝额佐领下前锋升任本镇骁骑校，道光二年（1822）打仗受伤，奉旨准其入于另户满州，由骁旗校升任镶白旗满州防御，年老伤发，蒙恩给以全俸，他的入教情形与其婚姻密不可分。"官禄之故妻依特默氏，系正蓝旗满州倭克济布佐领下已故甲兵德兴阿之女，曾受伊母传习天主教。嫁后，官禄亦随同念经，并传及子女儿媳。查依特默氏母家今已绝嗣。所有现获习教各犯均系官禄之亲属，惟步兵明升因曾帮同官禄之子依克精阿贸易，故亦染习。在教之人，俱各另有念经名字。"官禄之子依克精阿更被穆姓司铎任为协办会长。其他入教的亲属包括：精祥妻马佳氏、依克

---

111 嘉庆十年五月初七日《管理西洋堂大学士禄康等奏报查明正蓝旗汉军佟澜传习天主教执迷不悟请旨交刑部审办折》，《档案史料》（第二册），第844页。

112 嘉庆十年五月十七日《大学士董诰等奏为审拟旗人习教一案各员已知悔改可否施恩免罪请旨折》，《档案史料》（第二册），第856页。

113 《耶稣会传教士巴多明神父致本会某神父的信（1725年7月20日于北京）》，[法]杜赫德编：《耶稣会士中国书简集》（三），第67页。

114 《耶稣会传教士巴多明神父致本会杜赫德神父的信（1727年9月26日于北京）》，[法]杜赫德编：《耶稣会士中国书简集》（三），第127页。

精阿之妻康吉尔氏，讷清布之寡妻余库尔氏，升额那之寡妻依特默氏，女五儿联芳之寡妻依特默氏等。[115]不过，这几人在官方的刑讯下，均表示悔过而出教。

（三）对家族外部人员的传教

在其家族内部成员逐渐加入天主教的同时，他们并不满足于此，转而开始向家族外部的人员传播天主教。苏努第十子书尔陈"不仅教导他的家属和家人入教，他还满腔热情地向其他亲王和旗营里的军官宣传基督教，让他们也喜爱上基督教教义，使他们解除了戒备心理，成了基督教的热情维护者"。"他在旗营中起了传教士的作用。他还以身作则，这比他热情的传经布道更有效。"[116]在退伍之后，他更是"全身心地投入到基督教事业中去"，而且，"不再满足于开导家人们，他开始争取和他关系最密切的亲友。他极其关心非教徒亲王们的濒于死亡的孩子们，他亲自去看他们，给他们的父母们解释他的孩子受洗之后死去是多么幸福，然后，他就给濒临死亡的孩子付洗"。[117]

勒什亨在获罪之前，"到处赞扬基督教，即使在他和人臣们坐候皇上召见的时候也不例外"。他"不断地积极宣扬基督教"，回到家里，还"告诉他那几位信基督教的兄弟们他如何与反对者们说理的"，同时，"要求兄弟们给他提供新武器，让他更好地和信仰的敌人论战"。[118]方济各亲王动身去充军时"期望用信仰的真理去教导富尔丹的老百姓，为耶稣基督争取一大批人"[119]。勒什亨和乌尔陈领洗后，"就在西宁地方进行传教活动，不久，附近村落里有多人奉了教"。[120]对于他们的传教情况，路易·范神父赞扬道：

---

115 道光十九年九月二十六日《荆州将军德楞额等奏报访获审拟驻防旗员官禄等潜习天主教各犯等事折》，《档案史料》（第三册），第1246-1248页。

116 《耶稣会传教士巴多明神父致本会某神父的信（1724年8月20日于北京）》[法]杜赫德编：《耶稣会士中国书简集》（三），第8-9页。

117 《耶稣会传教士巴多明神父致本会某神父的信（1724年8月20日于北京）》[法]杜赫德编：《耶稣会士中国书简集》（三），第13页。

118 《耶稣会传教士巴多明神父致本会某神父的信（1724年8月20日于北京）》[法]杜赫德编：《耶稣会士中国书简集》（三），第11页。

119 《耶稣会传教士巴多明神父致本会某神父的信（1725年7月20日于北京）》[法]杜赫德编：《耶稣会士中国书简集》（三），第57页。

120 张泽：《清代禁教期的天主教》（增订本），第24页。

"若望亲王、保禄亲王和方济各亲王是最高道德的典范，他们在宣讲教理方面具有令人敬佩的热情和才干，深深地打动了非基督教徒的心。"[121]

当然，在家族成员——无论老少、男女、主仆——都纷纷加入天主教的过程中，不排除受集体的影响，以及从众心理在其中所产生的作用。苏努事件中，亲王们所表现出的对天主教的坚信并准备为之殉教的决心，着实成为其亲属、仆人甚至其他天主教徒的榜样，以至于上级官府都担心富尔丹的民众中，"好多人受了亲王的榜样和言论感动也进了基督教"。[122]家族内部仆人们的入教在很大程度上都是受其主人的影响，"苏尔金等人带动了其仆人信奉天主教"。[123]关押于北京之时，乌尔陈认为关在一起的仆人马小二的不幸，是因为他还不是天主教徒，于是每天为之讲道，使他学会了祈祷[124]。同时，这名仆人也发现，"天主教是唯一真实的宗教。他亲眼看到王爷的耐心，看到王爷宁死也不肯弃教，而只要王爷放弃其信仰，不但可以官复原职，还能够接受清帝国给予他的新的荣誉和巨大财富。这位青年亲眼所见的这一事件，在他的心目中真是一个伟大的奇迹。于是，他便决定受洗，纵然是死，也在所不辞"。[125]主人们不仅仅只是劝导仆人们入教，还不失时机的鼓励已入教的仆人们坚定他们的信仰。被押至宗人府时，乌尔陈在见到仆人若望·吴（Jean Ou）后，责备他说："您不了解苦难的价值，而您还是基督徒！受苦难是到幸福的永恒中去的保证，你不要泄气，不管要付出多少代价，要始终坚持信仰，永远不要放弃为上帝效劳。"[126]

家族成员对天主教的坚信也深深影响到其他的天主教徒。杨伯多禄看望他们并回到京城后，流着泪向在京的传教士们"叙述了亲王、王妃、小姐、

121 《耶稣会传教士巴多明神父致本会某神父的信（1726 年 8 月 24 日于北京）》，[法]杜赫德编：《耶稣会士中国书简集》（三），第 67 页。

122 《耶稣会传教士巴多明神父致本会某神父的信（1725 年 7 月 20 日于北京）》[法]杜赫德编：《耶稣会士中国书简集》（三），第 63 页。

123 [法]宋君荣著：《有关雍正与天主教的几封信》（《第四十三号信件：对信奉天主教亲王的迫害》），杜文凯编：《清代西人见闻录》，第 156 页。

124 《耶稣会传教士巴多明神父致本会杜赫德神父的信（1727 年 9 月 26 日于北京）》，[法]杜赫德编：《耶稣会士中国书简集》（三），第 105 页。

125 [法]宋君荣著：《有关雍正与天主教的几封信》（《第四十三号信件：对信奉天主教亲王的迫害》），杜文凯编：《清代西人见闻录》，第 160 页。

126 《耶稣会传教士巴多明神父致本会某神父的信（1725 年 7 月 20 日于北京）》，[法]杜赫德编：《耶稣会士中国书简集》（三），第 61 页。

仆人和奴隶们的英雄情操"，并说："他们所有的人都希望并要求殉教，他们都是真正的天使。"[127]医生托马斯·汤也向在京的神父们说亲王们的"温和、耐心令人备受鼓舞，看到他们处于那么痛苦的困境之中，毫无怨言，不能不令人肃然起敬"，并认为，"戴上锁链这种灾难似乎本应该使亲王们惊惶失措，可是却是我比他们所有人更痛苦，反而是他们以坚定不移的勇气，以他们对主的旨意的完美的服从来安慰我"[128]。这无疑都坚定了这些教徒信教的决心，而在他们的宣扬下，入教家族的事迹将会在天主教徒以及非天主教徒中广为传播，并有可能感化异教徒们。在审讯苏尔金亲王时，他所表现出的平静、从容不迫，甚至引起了刑部一位官员对天主教的兴趣[129]。而保禄亲王的耐性及其关于天主教真理的谈话还感动了两个岗哨之一，并最终归信了天主教[130]。

当这个宗室家族于乾隆年间被从流放地召回北京后，他们依然处于苦难之中，因为有人拒绝归还他们的财产和恢复其出身而赋予他们的特权，但是，他们仍然"在那里以其虔诚而取悦基督徒们，教化那些非信徒，而非信徒则成了其勇气和毅力的见证人"。[131]

官员马若瑟的儿子安德烈在衙门工作时，"把公务以外的所有空余时间都用于继续钻研基督教，激励基督徒，教育缺乏知识的信徒或使他们重新履行职责，他还常常慷慨解囊帮助穷人。……在北京传教士的教堂附近买了一所房子收容无家可归的贫苦基督徒，"不仅设法为其提供物质食粮，还为其提供精神食粮；他常亲自去教育他们、安慰他们、激励他们，使他们作好思想准备以便卓有成效地领受圣事"。而且，他还是教堂的讲授教理者，利用夜晚部分时间教育和勉励基督徒们，同时，也是教堂培养起来的音乐督导之

---

127 [法]宋君荣著：《有关雍正与天主教的几封信》（《第四十三号信件：对信奉天主教亲王的迫害》），载杜文凯编：《清代西人见闻录》，第 155 页。

128 《耶稣会传教士巴多明神父致本会某神父的信（1725 年 7 月 20 日于北京）》，[法]杜赫德编：《耶稣会士中国书简集》（三），第 59-60 页。

129 《耶稣会传教士巴多明神父致本会杜赫德神父的信（1727 年 9 月 26 日于北京）》，[法]杜赫德编：《耶稣会士中国书简集》（三），第 113-114 页。

130 《耶稣会传教士巴多明神父致本会杜赫德神父的信（1728 年 9 月 15 日于北京）》，[法]杜赫德编：《耶稣会士中国书简集》（三），第 139 页。

131 《耶稣会传教士君丑尼（Loppin）神父致波兰王后——洛林女公爵告解神父拉多明斯基（Radominski）的信》，[法]杜赫德编：《耶稣会士中国书简集》（四），第 271 页。

一，在很短的时间内培养成了出色的乐师。"除了无微不至地教育学生外，他还承担了衙门里艰辛的公务，剩下的时间用于探望病人、使动摇的基督徒坚定对真正的上帝的信仰、接济穷人、争取异教徒归信基督教……"因而，人们都担心年轻的安德烈会被繁重的工作压垮。1768 年中期，安德烈应召入伍，赴云南作战，出发前，他首先想到的是到蒋友仁神父那里做一次退省，为他开创的慈善事业提供经费，使之能继续运作，剩余的钱全作了施舍。在军队里，每当安德烈能把几名基督徒聚在一起时，总要和他们一起默诵祷文，然后对他们讲一次话，提醒他们履行宗教义务，警惕罪恶的场合，并以最动人的劝导振奋他们的宗教热忱。在写给家人的私人信函里，只谈对上帝的虔诚和热爱，以及争取异教徒归信基督教的愿望。最后，为救一名陷入流沙坑的新信徒，以致自己也掉进了流沙坑。[132]

二、建立小教堂

鉴于皇亲官员们的身份和地位，他们有实力在家中腾出地方来敬供天主像，甚至建起教堂来做礼拜。在北京，"苏尔金和书尔陈的宅舍里，均有天主像和敬供天主的地方"[133]，苏尔金在"自己府邸内造了一座独立的小教堂"，"一天两次召集全家人在这教堂背福音、做祈祷，他在那里向家人们讲道"。[134]库尔陈"也学若望的样儿，在自己的府邸造了一座教堂，让听他讲道的福晋、女儿、女仆们在那里受洗，接受其他圣事"。[135]教堂里挂着圣像、十字架，摆放着所有基督教徒们常用的物件。他在这里大张旗鼓地宣扬被放逐地教会[136]。这样，他们在府中便有了固定的专门宣传天主教教义的场所。

132 《传教士蒋友仁神父致嘉类思神父的信（1770 年 8 月 26 日于北京）》，[法]杜赫德编：《耶稣会士中国书简集》（五），第 245-252 页。

133 [法]宋君荣著：《有关雍正与天主教的几封信》(《第四十三号信件：对信奉天主教亲王的迫害》)，杜文凯编：《清代西人见闻录》，第 156 页。

134 《耶稣会传教士巴多明神父致本会某神父的信（1724 年 8 月 20 日于北京）》，[法]杜赫德编：《耶稣会士中国书简集》（三），第 9 页。

135 《耶稣会传教士巴多明神父致本会某神父的信（1724 年 8 月 20 日于北京）》，[法]杜赫德编：《耶稣会士中国书简集》（三），第 10 页。

136 《耶稣会传教士巴多明神父致本会杜赫德神父的信（1727 年 9 月 26 日于北京）》，[法]杜赫德编：《耶稣会士中国书简集》（三），第 84 页。

遭难之后，虽然经济实力大为减弱，但苏努家族的成员还是利用有限的资金来建教堂。1724 年，川陕总督年羹尧奏称："类思和若瑟（勒什亨和乌尔陈）进了基督教，还花钱造了一座教堂，还经常秘密地和穆敬远神父交谈。"[137]1725 年，流放到富尔丹新堡寨的家族主体"根据各家剩下的钱凑份子，盖一座小教堂"[138]，"几乎整天在他们公共的小教堂里祈祷上帝，或者教导刚刚受了洗的或准备受洗的人"[139]。此外，苏努的长子，嘎荣加（Kajounga）"为了让他母亲、妻子、儿女得到参加圣事的幸福，他自己让人搞了一个很像样的可以举办圣事的地方，他请那些害怕被搜查的人到他那里去参加圣事，鼓励他们，请他们放心，如果官员们追究起来，由他负责"。[140]这些无疑为他们提供了信教及传教的场地，坚定了他们对天主教的信仰，吸引了更多的人加入天主教。

道光年间，北京毕学源神父所经营的西洋人坟地有两处，　一在沙拉村，一在正佛寺。正佛寺地方坟屋卖给了苏努的第五代文广，文广于道光十八年（1838）因习教被发往伊犁。同时，毕学源神父与苏努的第四代图明阿素好，病重时将各种经卷，他所用过的衣帽等物送给图明阿一份，作为纪念。于是，图明阿将这些书物送至坟屋，与同辈李氏，后辈文八、文六等，时常来此念习天主教。[141]道光二十年（1840）访查时，这里有"正房五间，西房三间，房同桌椅齐备，壁上张挂俱系天主图象，似有念经传教情形，当将橱柜开看，

137 《耶稣会传教士巴多明神父致本会某神父的信（1724 年 8 月 20 日于北京）》，[法]杜赫德编：《耶稣会士中国书简集》（三），第 26-27 页。

138 《耶稣会传教士巴多明神父致本会某神父的信（1725 年 7 月 20 日于北京）》，[法]杜赫德编：《耶稣会士中国书简集》（三），第 63 页。

139 《耶稣会传教士巴多明神父致本会某神父的信（1726 年 8 月 24 日于北京）》，[法]杜赫德编：《耶稣会士中国书简集》（三），第 65 页。

140 《耶稣会传教士巴多明神父致本会杜赫德神父的信（1736 年 10 月 22 日于北京）》，[法]杜赫德编：《耶稣会士中国书简集》（三），第 156 页。

141 虽然道光二十年九月初四日《巡视西城工科给事中萨霖等奏报访获传习天主教人犯并经卷图像请交部讯办折》，《档案史料》（第三册），第 1266-1267 页中，文八称正佛寺西洋人坟地为其父图四所买，所有经卷、图像及夷装衣服也都是其父所留。但在九月二十六日的《定郡王载铨等奏报会同审明官役查拿传习天主教人犯尚无藉端滋扰情形折》及《宗人府等衙门奏报会同审明官役查拿习教人犯尚无藉端滋扰折》中，均说此地由毕学源卖给了文广，见《档案史料》（第三册），第 1277、1283 页。

内有铺盖十余床，枕头七个，并起出天主经卷大小六百一十本及十字架小铜人、念珠、夷装衣服等件"。[142]

虽然苏努家族成员从宗室转为平民转为觉罗又转为平民，几经变化，家族实力逐渐减弱，回京后也未能及时得到遗留的财产，但他们却仍能购买西洋人坟地，并将该处改为家族成员念习天主教之处，在代代之间相传天主教。当然，外籍教士对他们的关照也显而易见，从苏努家族刚遭流放之始，至回京之后，或是派人去行圣事，或是私下交往，给与天主教书籍，将此家族的归信视为天主教在华传教所取得的一大成果。

三、文化手段传教

传教士们到达中国传教之初，已认识到在这个国度里，利用文化手段来传播天主教是多么的重要。受过良好教育的苏努家族，传教时自然能充分认识并利用这一点。苏努的第十一子库尔陈（教名方济各，François-cou）利用自己的医学知识，在看病时宣传天主教，"他很会利用行医给予他出入富尔丹各家各户的自由，争取大人们归依入教，给濒死的孩子们付洗"[143]；"以向众人宣传耶稣基督及其神圣教理，以他的医术去救助那么多人的身心需要为己任。"[144]

获罪之前，书尔陈命人按他的意图在其府上画了一些画。"这些画是含义深刻、具有象征意义的铭言，每幅画都附有诗、句作解，均包含一条有用的道理，或者解释某一点教理。他用这种方式不易察觉地争取来看望他的客人，让他们听他讲上帝及其教理。"[145]

撰写、印刷并散发天主教义的小册子，也是传教士们经常使用的方法之一。禁教之时，这种方式变得愈发重要。因为神职人员缺乏，必须采用散发分籍的方式来传播教义、指导教徒的宗教生活。最先入教的苏尔金，便在看

---

142 道光二十年九月初四日《巡视西城工科给事中萨霖等奏报访获传习天主教人犯并经卷图像请交部讯办折》，《档案史料》（第三册），第1266页。

143 《耶稣会传教士巴多明神父致本会某神父的信（1726年8月24日于北京）》，[法]杜赫德编：《耶稣会士中国书简集》（三），第77页。

144 《耶稣会传教士巴多明神父致本会杜赫德神父的信（1727年9月26日于北京）》，[法]杜赫德编：《耶稣会士中国书简集》（三），第83页。

145 《耶稣会传教士巴多明神父致本会某神父的信（1724年8月20日于北京）》），[法]杜赫德编：《耶稣会士中国书简集》（三），第24-25页。

到此类书后才对天主教产生了浓厚的兴趣，并进而与传教士相接触[146]。之后，在向家人宣扬教义时，他亲自动笔撰写了"两本书，阐述了所有促使我们相信神的启示的动机及我在基督教书籍中读到的最明白最有体会的东西。……我顺其自然地编辑安排这本小册子的章节，我没有别的目的，只想自己说服自己以及激烈反对我的家人们"。[147]在"大家仔细读了这本小册子"后，"他们仍继续和他争论，不过没有以前那样固执了"，于是，这些家人们经常去教堂求教解惑，最终，其中的三四个人开始信服了[148]。流放之后，苏尔陈在由家人捎给在京传教士的信中，向神父们要"有关教导怎样做忏悔的书"[149]。此外，在苏尔金和库尔陈两兄弟拿出的十二卷宗教书籍中，还有"这两位信奉天主教亲王所写的赞扬宗教的辩护书，他们要在临终前将此书寄给皇帝"。[150]

道光二十年（1840），在苏努后代文广所拥有的正佛寺地方，搜出颇具规模的天主教经卷物件，应是毕学源神父赠予图明阿的，图明阿将它们放在此处，以便平时与家人一起在此诵习，不被外人发现。详细的清单如下：

> "《圣经直解》五十三部，每部八本；《直道自证》三部，每部四本，又一本；《初会问答》一本；《轻世金书》四本；《七克》一部，共四本；《慎思指南》五部，每部四本；《圣教切要》十六本；《圣教序论》十三本；《圣教悔罪经解》一本；《圣教早晚日课》十本；《圣年广益》二十三本；《圣经广益》二本；《圣教日课》二十七本；《默想规程》三本；《要理问答》五本；《圣教要理问答》十八本；《坚振要理问答》九本；《圣体问答》二本；《告解问答》四本；《默想指掌》

146 《耶稣会传教士巴多明神父致本会某神父的信（1724 年 8 月 20 日于北京）》，[法]杜赫德编：《耶稣会士中国书简集》（三），第 4-6 页。

147 《耶稣会传教士巴多明神父致本会某神父的信（1724 年 8 月 20 日于北京）》，[法]杜赫德编：《耶稣会士中国书简集》（三），第 5 页。另参见《耶稣会传教士巴多明神父致本会杜赫德神父的信（1736 年 10 月 22 日于北京）》，[法]杜赫德编：《耶稣会士中国书简集》（三），第 177-196 页："若望亲王归信基督教的动机"。

148 《耶稣会传教士巴多明神父致本会某神父的信（1724 年 8 月 20 日于北京）》，[法]杜赫德编：《耶稣会士中国书简集》（三），第 7 页。

149 《耶稣会传教士巴多明神父致本会某神父的信（1726 年 8 月 24 日于北京）》，[法]杜赫德编：《耶稣会士中国书简集》（三），第 69 页。

150 [法]宋君荣著：《有关雍正与天主教的几封信》（《第四十三号信件：对信奉天主教亲王的迫害》），杜文凯编：《清代西人见闻录》，第 160 页。

一本；《天神会课》一本；《涤罪正规略》一本；《圣神降临》一本；西洋字带图象大经四部；西洋字大小经三部；以上大小天主经卷共六百一十本。"

"十字架钉银人一个；小铜人一个；天主图象大小共十张；念珠大小四挂；天主图象小插屏一个；青缎金线绣金十字夷人方巾二顶；红短飘带二根；白长飘带二根；红绣花纱夷人坎肩一件；白黄边夷人坎肩一件；抽口单夷衣一件；抽口白夏布夷衣一件；大白绣金线花围桌一块；青围桌一块；花瓦单一块；白瓦单一块。"[151]

如此种类繁多的天主教书籍、物品，说明禁教时期，外籍教士仍在不遗余力的推进文化传教，翻译经典，或是著书立说，并将其刊刻出版，赠送给有需要者。而这一切，都必须在隐密中进行，以免官府发觉。

四、变通受洗仪式

苏努家族获罪之时，正是雍正严禁天主教之期。外籍神父无法自由出入，华籍神父来为他们主持圣事也风险太大，毕竟不是常事，所以，家族成员的受洗仪式很多时候是在没有神父在场的情况下，由先入教的德高望重者来完成的[152]。

1724 年 7 月，全家在出发去流放地前，方济各亲王即派一名太监向传教士们要求允许他在充军地传授教理和付洗，"请求传教士从各教堂尽可能地找到小圣像、十字架和念珠寄给他"。[153]1724 年到 1726 年期间，体现由家

---

151 道光二十年九月初四日《正佛寺村起获天主教经卷物件清单》，《档案史料》（第三册），第 1269-1270 页。

152 天主教的"七件圣事"之一即为"圣洗"。天主教称人有"原罪"，领受圣洗，即获赦免。在仪式举行前，受洗者须取一个天主教圣人的名字作洗名，是男性请一"代父"，是女性请一"代母"。仪式举行前，"代父"或"代母"站在受洗者身后，施洗者（神父）先呼受洗者的洗名，在他额上注水，同时诵念洗礼经文："我奉圣父、圣子和圣灵的名给你施洗。"天主教规定，父母有责任使其子女诞生后受洗。过去教徒家庭的小孩生下后 3~8 天内即抱至教堂受洗。现在一般是孩子稍长大，在天主堂初步学习经文和基本教义后，在教堂受洗。成年人愿入天主教须先学习教义，并经神父考问，确认他有信仰，方可受洗。一般的受洗均由神父主持。

153 《耶稣会传教士巴多明神父致本会某神父的信（1724 年 8 月 20 日于北京）》，[法]杜赫德编：《耶稣会士中国书简集》（三），第 37 页。

族成员付洗入教这一特色的主要事件可参见下表 4-6，其中还未包括普遍的给孩子付洗的事件。

表 4-6　由家族成员付洗入教的主要事件表[154]

付洗人	付洗事件
书尔陈（保禄）	1724 年 12 月，为苏努的二夫人付洗
	1726 年 7 月，为禄尔金付洗
苏尔金（若望・苏）	1726 年阴历三月初四，为若望・鲁（Jean Lou）及其儿子加布里埃尔・鲁（Gabriel Lou）和彼埃尔・罗（Pierre Lo）付洗[155]
	1726 年，为阿涅丝・赵补洗礼时漏掉的程序
	1726 年七月，应赫世亨极其迫切的要求为其付洗
保禄・周（Paul Chou）	1726 年阴历三月初四，为保禄・杜（Paul Tou）付洗
	1726 年，为五个人付洗，起教名保禄
弗朗索瓦・顾（François Cou）	1726 年阴历二月初四，为赫世亨的儿子加布里埃尔・罗（Gabriel Lo）付洗
若瑟・蔡（Jeseph Cai）	1726 年六月初四，为赵夫人、刘夫人和李夫人付洗，起教名阿涅丝、苏姗娜、玛丽亚
赛西莉・杜、玛丽亚・李和卡特琳娜・南	1726 年六月初四，为六位妇女付洗，已婚妇女和未婚姑娘各一半

当然，这些付洗仪式并未因没有神父在场而变得简单。苏尔金在寄给北京神父们的信中说到："只要时间允许，我们都是要向受洗人讲授了他必须相信必须付诸实践的教理才给他付洗的。"[156]1726 年，中国籍耶稣会士路

---

154 [法]杜赫德编：《耶稣会士中国书简集》（三），第 55、72、91 页。

155 [法]杜赫德编：《耶稣会士中国书简集》（三），第 130 页说若望・鲁于济南逝世，该处若望・鲁应为苏努第七子鲁尔金，若如此，则鲁尔金及其两子为苏尔金付洗；但是，第 87 页提到苏努七子时称为"彼埃尔・鲁及其长子保禄"，与 91 页若望・鲁的儿子彼埃尔・罗同名，陈垣先生《雍乾间奉天主教之宗室》中则谓鲁尔金教名为伯多禄，故鲁尔金是否为若望・鲁仍待考。

156 《耶稣会传教士巴多明神父致本会杜赫德神父的信（1727 年 9 月 26 日于北京）》，[法]杜赫德编：《耶稣会士中国书简集》（三），第 91 页。

易·范（Louis Fan）神父前往新堡寨，为流放在那里的家族成员们做圣事，包括为那些在他到来以前受过洗的人补行仪式，一共有四十多个人，包括男女主人们和家人们"，同时，"为其他已经由保禄亲王付了洗的女眷们补行了教堂仪式"[157]。巴多明神父在写给本会神父的信中，对苏努家族内部主持的洗礼活动表示赞扬："我们相信保禄亲王的教理领受得很好，一定是按照教理主持洗礼的。"[158]可见，在那样一个特定时期，苏努家族由内部入教人员而非神父主持的洗礼仪式，亦成为一项特殊的传教方式。

而官员赵昌的洗礼，甚至是在非天主教徒者的主持下完成的。耶稣会士为关在监狱里的赵昌受洗做了大量工作，考虑到赵昌的年龄及监狱的艰苦条件，来不及等到可以接触到他的徐提督入教，他们便通过华籍教徒周若瑟，请对天主教义有一定了解的徐提督为其在狱中洗礼。一个周五的傍晚，徐提督进入监狱，试探性的问："您的说教使我获知教法是惟一的真宗，它可以使我们在死后变得幸福。但您尚未接受这种宗教，因为您尚未受洗，未举行洗礼就不能成为基督徒。"当赵昌表示想入教时，徐提督接着表示："如果您确实愿意领洗，您对自己一生中的所有罪孽都表示了诚挚的忏悔，那就对任何事都不要失去希望。我虽然尚不是基督徒，但我的一名朋友很早之前已经成为基督徒了，他对此有深刻的理解，曾向我断言说，我可以为您举行洗礼。"并让他念诵自己手中所执的一页纸上的文字，让他放心。第二天清晨，徐提督向赵昌"头上慢慢地淋装在一种瓷器中的水，同时口诵洗礼经文。他一直不停地淋水，一直到口诵这最后一句经文'亚孟（阿们）'为止，其意为 Amen（真诚）"。[159]

小　结

"礼仪之争"的风波后，天主教对中国士大夫的影响大为减弱，进入雍正统治时期，朝廷更是严令禁传天主教，此时潜入中国内地的外籍传教士，

---

157 《耶稣会传教士巴多明神父致本会某神父的信（1726 年 8 月 24 日于北京）》，[法]杜赫德编：《耶稣会士中国书简集》（三），第 66、67 页。

158 《耶稣会传教士巴多明神父致本会某神父的信（1726 年 8 月 24 日于北京）》，[法]杜赫德编：《耶稣会士中国书简集》（三），第 75 页。

159 《耶稣会士冯秉正神父致同一耶稣会的法国传教区会长赫苍璧神父的信（1751 年 10 月 10 日于北京）》，[法]杜赫德编：《耶稣会士中国书简集》（四），第 72-73 页。

缺少与上层阶级接触的机会，传教重点逐渐放于普通民众身上。然而，在这种情形下，作为宗室的苏努家族成员相继入教，却从一个侧面反映出天主教在当时的上层社会中所取得的成绩。特殊情况下，身为天主教徒的皇亲官员们还能利用他们的身份和地位，保护辖区内的天主教，保护被追捕的传教士。1737 年的教案引发了一场风波，陕西省一个全家都是基督徒的武官家庭退避到省府西安，在抓捕法国洛利姆（Lorime）主教和该省的宗座代牧孔嘉（Concas）先生时，人们让他俩藏身于这名基督徒官吏两姐妹的房间中，躲过知县的搜查。[160]

这些皇亲官员的家庭成员较多，在与多数人保持一致的心态影响下，男女老幼、主人仆人均纷纷入教，如此，便以家庭为单位形成一个天主教成员的集体，在集体的力量下一起经受外界的风浪，维持信德，进而借机向外传教。说明禁教时期，在朝廷的不断打击下，这种天主教集体或社团对坚持信仰起到一定作用。之后个别人士在家族成员逐渐凋零时背教，如魁敏，可能与当时势单力薄，缺乏集体的监督而向现实妥协有关。这种以家庭主要成员为中心并向外辐射所形成的天主教家族，在一定程度上扩大了天主教的影响，为天主教在此段时期内在中国的缓慢发展发挥了一定的作用。

此外，他们与普通教徒在传教方式及特点上相比，较为突出之处是有一定的经济基础，社会地位高，受教育程度好，对教义有较为深刻的理解，也许正因此，对天主教的坚持相对而言要认真得多，因而前期背教的情况比较少。然而，由于长期被流放，家族势力逐步削弱，经济、社会地位下降，子孙后代受教育的情况可能不如先辈，对教义的理解也不如前代，信教的情况向普通百姓靠拢，开始出现背教者。苏努家族成员在禁教前后对信仰坚持的变化，或许再一次证明了经济基础决定上层建筑这一放之四海而皆准的道理。

160《中华帝国 1738 年的宗教形势》，[法]杜赫德编：《耶稣会士中国书简集》（四），
　　第 189 页。

第五章 普通教徒的传教活动

清中期尽管全国禁教形势严峻，但仍不能使传教活动完全停止。一份官方文献指出："民人陷溺蛊惑于天主一教，既深且久，自直拿之后，稍知敬惧，然革面未能革心，节次官访各村从教之家，……不祀祖先，不拜神佛，仍复如故。……民间坚心信奉天主教之锢习，始终不能尽除。"[1]乾隆十一年（1746），福建巡抚周学健在一份奏章中声称，天主教"阳虽解散，而藏匿诡祕日引日盛"。[2]这段时期内，天主教徒的成份以平民百姓为多，职业分布更较广，更趋向于下层民众。为苏努一家和北京的传教士们之间传递信息的天主教徒马克·纪就说，在富尔丹"有好些基督徒，有的是手艺人，有的是当兵的"。[3]这种身份及地位使得他们的传教活动不易为官方所发现，有利于在基层民众中发展教徒。作为平民的普通教徒，大部分既无显赫的地位，也无充足的经济基础，在他们之间进行天主教的传播必然有其适应自身的方式及特点。

---

1 方豪：《中西交通史》（下），岳麓书社，1987 年，第 986 页。

2 乾隆十一年五月二十八日《福建巡抚周学健奏报严禁天主教折》，中国第一历史档案馆编：《清中前期西洋天主教在华活动档案史料》（以下简称《档案史料》）（第一册），中华书局，2003 年，第 89 页。另，（清）印光任、张汝霖：《澳门记略》，澳门文化司署 1992 年，第 86 页："雍正元年，浙闽总督满保复与闽抚黄国材疏陈其害，上纳之，敕令直省所建天主教悉改为公所，凡误入其教者，许以惟新，违者治罪。自是其教不敢显行，而余蔓潜滋，晋省、吴中子衿奉为神师，妇女受其秘戒，香、顺诸大邑，如紫泥诸材，至门悬十字。"

3 《耶稣会传教士巴多明神父致本会某神父的信（1725 年 7 月 20 日于北京）》，[法]杜赫德编：《耶稣会士中国书简集》（三），朱静译，大象出版社，2001 年，第 46 页。

第一节　辅助外籍传教士传教

大批天主教徒熟悉本地资源，容易采取各种方式来辅助外籍传教士入华开展传教活动。他们或者接迎、引导外籍传教士入华传教，为其提供居住等生活条件，或者陪同西方传教士在华进行传教活动，并在经济方面对他们的传教活动给予一定的支持。像这样的帮助"不仅仅发生在中国的西部。通过巴黎外方传教会的文献记载，我们经常可以看见天主教徒在当局压迫下如何帮助传教士"。[4]官府对此亦深感为难："虽口岸查禁未尝不严，而西洋夷人形迹诡秘，从教之人处处皆有隐匿护送，莫可究诘。"[5]

以乾隆十九年（1754）江苏张若瑟教案为例。当时缉获"引送窝顿张若瑟来往行教"的"有汪钦一、庄六观、倪德载、周景云、邹汉三、吴西周、沈马窦等犯"。据张若瑟供称：

> "前年有澳门住的中国人许方济各、并江西南安府人谢文山，领小的与刘马诺四月里到松江府周景云家，又有汪钦一领到常、昭二县倪德载、邹汉三家居住，如今刘马诺不知周景云送到那里去了。汪钦一们替小的料理行教，每年每人给他六两银子，如银子用完了，澳门做神父的寄来与小的用。上年系苏州从教的沈马窦替小的在广东带来。"[6]

他们的具体供词详见表 5-1。

4　Kenneth Scott Latourette. *A History of Christian Missions in China*, New York, The Macmillan Company, 1929, p. 166.

5　乾隆十三年八月初七日《闽浙总督喀尔吉善福建巡抚潘思榘奏为密陈严禁西洋人行教折》，《档案史料》（第一册），第 161 页。

6　乾隆十九年四月二十二日《两江总督鄂容安江苏巡抚庄有恭奏报拿获传教西洋人张若瑟等折》，《档案史料》（第一册），第 214-215 页。

表 5-1　乾隆十九年（1754）江苏张若瑟案供词表：[7]

姓名	籍贯	年龄	传教事项	斋单	其他	银钱	备注
谢文山，教名（谢因纳爵）	江西大庾县	六十四岁	乾隆十七年（1752），从澳门同许方济各伴送张若瑟、刘马诺，三月内由水路到镇江。乾隆十八年（1753）三月又到澳门，依会长季类斯要求，送李若瑟到松江周景云家。		乾隆十三年（1748），因西洋人工安多尼在苏州犯案，被拏，在江西审问。十四年（1749）五月，遇赦出监。	两次伴送共得盘费、谢礼银四十四两。	自幼入教
汪钦一	常熟县	五十七岁	乾隆十七年（1752）三月，在苏州与谢文山一起迎张若瑟、刘马诺，同到松江周景云、吴西周家。推荐邹汉三雇给张若瑟服侍。略懂西洋话，替张若瑟传教，到倪显文、徐圣章船上传过邹大观们十几个人。	周景云给与斋单一卷，分散与黄裕臣、邹汉二们，自己存的闻拏烧毁了。	曾在王安多尼案内犯事治罪。		原奉天主教
丁亮先	长洲县	六十九岁			乾隆十八年（1753），为奉西洋教的彭仁武带封书到京师天主堂傅姓收拆，并将傅姓给与的一封回书带给彭仁武，不知封的是斋单。	王安多尼案内旧犯		

7　乾隆十九年五月二十四日（1754 年 7 月 13 日）《西洋人张若瑟等供单》，《档案史料》（第一册），第 230-232 页。

邹汉三	昭文县	四十七岁	乾隆十七年（1752）七月，由汪钦一推荐服侍张若瑟，在吴祥生、吴西周、倪德载、黄裕臣家来往。	汪钦一给与斋单二十张，分与尤元长、沈士林各一张，余的听得要拏西洋人就烧掉了。	王安多尼案内牵连治罪。	一年得张若瑟工食银八两	向奉天主教
沈泰阶	南汇县	五十五岁	在吴西周家认得刘马诺，并受托租了一只船，雇了金多髻鬀替他摇载。	刘马诺交与一卷斋单，共传了吴大昌们四十多人，余的闻拏烧掉了。			原奉天主教
吴西周	奉贤县	四十一岁	由徽州人汪伊纳小将西洋人费地窝尼小领到己家，到周景云家住的张若瑟、刘马诺也曾到自己家，以后常常往来，不过借房子住。刘马诺在家传教的事，是不管他的。			张若瑟曾给过小的八两银子	祖上就从天主教
张玉英	南汇县	六十岁	由沈泰阶领了刘马诺到己家住过，并在家传教，有华兰宾们三十余人都来听讲经。	刘马诺交与过斋单，不曾派散，闻拏都烧掉了。			祖父原奉天主教
周景云	松江娄县	四十二岁	乾隆十七年（1752）四月里，汪钦一领了张若瑟、刘马诺到己家，又到吴西周家去的。他们传教的事，小的不管的。	斋单约二百余张，是唐元载交与的，转交汪钦一，自己不曾分派。			祖上奉天主教
沈马窦	江宁县	四十岁	乾隆十七年（1752），到常熟会见张若瑟，受托寄信到澳门天主堂，替会长季类斯带过银一百两。十八		向在广东生理，认得澳门天主堂。	共得季类斯盘费银二十两	

			年（1753）九月，替季类斯带过银四百两，交与刘马诺他们。			
倪德载	常熟县	四十三岁	乾隆十七年（1752）五月，汪钦一领张若瑟到我家住，他住的房子另是几间，彼此隔绝，他有时出去，由汪钦一、邹汉三同他走。十七、十八两年，都在我家过年。		一共得过张若瑟三十两银子	原奉天主教

此次涉案教徒大多自祖上便开始信奉天主教，而该次传教事件亦集中反映了华籍天主教徒们接引外籍传教士，并为其提供住处，赴广东携带银两等传教活动。以这次教案为例，再参考其他事件，可知普通天主教徒辅助外籍传教士的传教方式及特点有如下这些。

一、接引外籍教士进入内地

禁教开始后，避难至澳门的传教士们并未灰心。耶稣会士报告说，其中一位神父率先尝试了一下，看是否能在基督教明确被禁的情况下悄悄地返回中国，秘密维持曾公开进行的传教活动。成功后，他又返回澳门寻求帮助，其他神父开始循着他的路线前往中国，渐渐地重新回到曾被驱赶的地区。[8]

（一）接引的大致情况

清廷禁教之际，除非奉诏进入宫廷服务，否则，外籍传教士都不允许进入内地。如果没有普通天主教徒们的帮助，外籍传教士要想到达内地传教可谓困难重重，因而，接引外籍传教士进入中国这一任务多由他们来完成。顾铎泽神父于1727年从广州进入湖广省时，经常乘坐天主教徒的船，他们把神父带上隐蔽小船，派人给他带路[9]。1739年左右，广东逮捕往东京传教区的两名德国耶稣会士，其带路人叫黄奥定（Augustin Hoang），是一名充满虔诚心和非常熟悉宗教真谛的人，"曾将数名传教士领入中国内地"，其中包括君

---

8 《耶稣会传教士嘉类思神父致法兰西世卿诺瓦荣伯爵兼主教的信（1759年9月12日于中国）》，[法]杜赫德编：《耶稣会士中国书简集》（五），第76页。

9 《耶稣会传教士顾铎泽神父致本会某神父的信（1730年2月）》，[法]杜赫德编：《耶稣会士中国书简集》（三），第292-308页。

丑尼神父。[10]乾隆四十九年十二月（1785 年 1 月），据在粤管理书信之哆罗供称：乾隆四十八年（1783）三月内，有山东李姓教名吧哆啰吗，引二西洋人吧咖哩嗌吟哴和吧哩嘰哩咖往山东传教。九月内，那姓李的山东人又引二西洋人吧咖哩咈唎咖和吧咖哩呋哂，分别前往湖广和四川去传教。十二月内，又有江西人姜保禄要接西洋人咈嘣嘶喼噶往江西传教。本年四月内，有福建人蔡伯多禄、广东人谢伯多禄、谢禄茂与两个湖广人来请邀了四个西洋人（吧咖哩唢、吧咖哩噈嘛、吧咖哩嘈唔和吧咖哩唢呔咖唔呓）往陕西传教[11]。仅 1783 年，以广东为起点便发生了三起接引事件，此时距清廷严令禁教已近六十年，普通教徒对天主教的热忱之心并未因朝廷的禁令、严厉的刑罚、流逝的时间而泯灭。其后不久，1800 年至澳门的蓝若望神父，在其信中说道："予暂居此地，至多一载，以俟人来，引予至内地鉴牧所分派之处传教。"[12]说明当时的外籍教士对这种状况已有深刻认识，早已将之视为理所当然。接引的情况具体说来有以下几种不同，但起点多为与外国有接触的沿海地区，尤其是一口通商的广州。

1. 自我邀请

部分天主教徒有时因长期没有神职人员在本地主持圣事，主动前往广东邀请外籍教士进入内地。乾隆五十年（1785），山东被捕之天主教徒李松供认，他"于二十二年（1757）同广东人李刚义往广东澳门引西洋人梅神甫到山东，在临清、直隶、威县等处传教。此后，又曾代梅神甫寄过广东信数次[13]。同年在京自首的梅神甫称自己"二十七年到了澳门地方。……后来那三个人又将我私自领了进来。我到了广东，就有同教的人将我引到山东，我在山东住了一年半，才学会中国话，就在山东、直隶地方往返传教，已有二十三年"。[14]四川拏获

---

10 《耶稣会传教士君丑尼（Loppin）神父致波兰王后——洛林女公爵告解神父拉多明斯基（Radominski）的信》，[法]杜赫德编：《耶稣会士中国书简集》（四），第 266-267 页。

11 乾隆四十九年十二月初九日《两广总督舒常广东巡抚孙士毅奏报委员押妥西洋人哆罗赴京审办折》，《档案史料》（第二册），第 608-609 页。

12 《真福蓝若望行实致命纪略》，北京，1905 年版，第 6 页。

13 乾隆五十年二月初九日《山东巡抚明兴奏拏获西洋人及勾引传教人犯折》，国立北平故宫博物院文献馆编：《文献丛编》（第十五辑），国立北平故宫博物院出版物发行所 1937 年，第 11 页。

14 《军机大臣和珅奏报西洋人梅神甫前来自首请交刑部归案办理摺》，中央研究院历史语言研究所：《明清史料》（庚编第八本），中华书局，1987 年影印本，第 1544 页。

的外籍传教士吧咄哩呋哂，也于乾隆四十八年（1783）在广州十三行遇到"川省巴县民王国瑞正在粤延请西洋人"，后一同来到四川[15]。

嘉庆十年（1805）三月，天主教徒李如"至香山县属澳门地方买货，该处为西洋夷人聚居之所，建有天主堂，李如赴堂观看，适西洋人若亚敬在堂充当和尚，共谈习教之事，李如起意接引若亚敬赴原籍山西传教，若亚敬应允"。[16]

1814年，耶稣会被批准恢复。1832年北京教徒，1833年山东、河南、湖南、湖北、山西、陕西、江西的天主教徒纷纷要耶稣会总长路当（T. R. P. Roothaan）向教宗额俄略十六世，请求派遣耶稣会士来华传教，另有上海教徒98名，从张朴桥会口联名上奏教宗，要求教宗派耶稣会士来传教。[17]

2. 受托接引

这部分天主教徒中，有些受澳门会长的委托而开展活动。乾隆十九年（1754），江苏常熟所缉获的天主教徒由"澳门会长季类斯等指引行教"，并且一次就有安排地接引了四五人到内地："谢文山、许方济各，自澳门伴送伊等（指张若瑟、刘马诺、李若瑟等）至周景云、吴西周等家。龚安多尼系福建人宗来典伴送至沈飞云等家。费地窝尼小系苏州人汪伊纳小伴送至周景云、吴西周等家。"[18]

有些则是应本地天主教徒之需而进行接引活动的。乾隆三十二年（1767），江西庐陵县民吴均尚，主使万安县民蒋日逵前赴粤东，勾引西洋人安当呢都前往江西行天主教[19]。乾隆四十九年（1784）的蔡伯多禄延请西洋人一案，因"秦

15　乾隆五十年三月十五日《四川总督李世杰奏续西洋人讯明解京折》，国立北平故宫博物院文献馆编：《文献丛编》（第十六辑），国立北平故宫博物院出版物发行所，1937年再版，第22页。

16　嘉庆十年九月三十日《两广总督那彦成广东巡抚孙玉庭奏为拿获接引西洋人欲赴山西传教人犯审明定拟折》，《档案史料》（第二册），第877页。

17　丁宗杰：《上海天主教教务发展史》，《传教鳞爪》，天主教教务协进委员会，1949年，第11期，第1236-1237页。

18　乾隆十九年五月二十四日《两江总督鄂容安江苏巡抚庄有恭奏报审拟传教西洋人张若瑟等折》，《档案史料》（第一册），第221-222页。

19　乾隆五十年二月初五日《护理江西巡抚印务署布政使李承邺奏拿获传教西洋人折》，《文献丛编》（第十五辑），第13页。另，乾隆三十二年闰七月十三日《两广总督李侍尧、广东巡抚王检奏报拿获江西人蒋日逵及西洋人安当呢都等查办折》，《档案史料》（第一册），第257-258页："从前有西洋人林若汉在广陵县社下村买张若望房屋，供奉耶稣画像，有吴君尚等十数众信从入教。乾隆二十二年，林

伯多禄并焦姓托其转请西洋人前往（西安新修天主堂）住持传教"而被抓获[20]。

道光二十六年（1846），山西太原府祁县人程世直，随其父习天主教，同教之人常安鉴于山西天主教徒无西洋人指点，怕坏了教内规矩，给程世直信函，令其至山东找潘会章、胡汶章接请西洋人。程世直到直隶威县遇到同教李洛英，李洛英帮其雇人送他到山东天主堂，找到潘会章、胡汶章，遂邀请外籍教士牧若瑟一同坐车回山西，不料在直隶被捕。[21]

3. 因商顺引

部分天主教徒经常在外贸易，熟悉交通路线，在粤认识外籍传教士后，无法拒绝他们的再三恳请，于是顺便将他们带入内地。乾隆十九年（1754），四川被捕之外籍传教士费布仁供称，他在澳门遇到来澳贸易的四川商人王尚忠，偶然得知王曾入天主教，便再三央恳将其带至成都。乾隆十八年（1753）十二月，他们从澳门起身，沿途有人盘问，俱系王尚忠答应，并无阻挡。四月二十日到成都，二十二日引至李安德家，与王尚忠同住。王尚忠也说："因从前曾入天主教，偶然言及，伊即称是同教，必欲附伴来川，不能谢却，故此同来，因王尚忠与李安德同住，故寓李安德家。"[22] 又据乾隆五十年（1785）福建被捕之外籍传教士方济觉供认：乾隆四十八年（1783）十一月，他在澳门"遇见江西贵溪人姜保禄，系属习教之人，该犯询其有无洋人在彼行教，姜保禄答以现有李玛诺住居万安县刘林桂家，该犯随偕赴万安觅见李玛诺"[23]。可见，由华人来帮助外籍传教士入境，既方便又顺捷。

若汉因病回国。本年正月，蒋日逵往社下村买布，会见吴君尚，告以该村久无西洋人掌教，上年陈保禄自澳门回籍，知有西洋神父来澳，当给盘费钱一千二百文，嘱令邀请。"乾隆三十二年十一月十四日《两广总督李侍尧广东巡抚钟音奏报审拟违制入教之吴均尚等犯折》，同上书，第 279 页："乾隆二十七年冬间，吴均尚探知有万安县同教之蒋日逵前赴广东澳门买药，往托访查。嗣蒋日逵自粤回籍，覆以并无行教之人前来，吴均尚嘱其留心。"

20 乾隆四十九年九月初九日《广东巡抚孙士毅奏报拿获谢伯多禄并严拿蔡伯多禄等事折》，《档案史料》（第一册），第 381 页。

21 道光二十六年九月十四日《直隶总督讷尔经额奏报盘获哺嘲哂传教士牧若瑟解粤酌办并教民程世直等分别查办折》，《档案史料》（第三册），第 1327-1328 页。

22 乾隆十九年五月二十一日《四川总督黄廷桂四川提督岳钟璜奏报审办西洋人费布仁折》，《档案史料》（第一册），第 219-220 页。

23 乾隆五十年四月初五日《福建巡抚雅德奏报拿获天主教洋人方济觉审明解京并究拿习教各犯分别定拟事》，《档案史料》（第二册），第 727 页。

（二）接引路线

那么，这些高鼻深目的外籍传教士是如何通过层层关卡被接引入内地的呢？专攻教会史的方豪神父这样说：

> "雍、乾、嘉、道教难时期，各省教友赴澳门访求神父，屡见不鲜。余前往嘉兴车辐浜教堂，见有巨型麻袋及破铜勺各一，教友相传大麻袋系装西洋神父者；破铜勺系教友伪装乞丐，自浙经赣入粤赴澳门，率领神父潜行入境者。或夜行昼伏，或密藏舱底，以麻袋伪装货物云云。"[24]

上述对当时教士、教徒想方设法潜入内地情况的一番描述虽是相传，但有实物遗留下来，恐非虚假。一些文献资料的记载对了解此类秘密行动的方式及路线有一定的参考价值。道光年间，孟振生神父由澳门至京城花费了七八个月的时间，"途中恐人知觉，令从者将余扮为病人，每晨以茶颜面，使颜色黧黄。每休息旅寓，则以衲裰蒙首，面壁而卧。店伙恐染疫病，不敢逼视。如此周防，尚不免启人疑窦，几被查获者再。倘经发觉，则首领亦不保矣"。[25]《耶稣会罗马档案馆明清天主教文献》（第十二册）中，有一份《广东至北京路程表》，记载了广州至北京的路线，大体如下：广州——清远县——英德县——韶州府——南淮府——南安府——南康县——赣州府——万安县——太和县——吉安府——临江府——丰城县——南昌府——南康府——湖口县——彭泽县——池州府——繁州县——江宁县——应天府——南京——宿迁县——邳州——徐州——沛县——兖州府——济宁州——杨州府——高邮州——宝应县——淮安府——桃源县——东平州——仸上县——东昌府——临清州——吴桥县——交河县——沧州——□济县——青县——清海县——通州——武清县——北京顺天府。[26]历经广东、江西、安徽、江苏，到达北京，详细标明了

---

24 方豪：《中国天主教史人物传》（下册），第 186 页。

25 [法]樊国梁：《燕京开教略》（下篇），第 407 页。

26 《广东至北京路程表》，[比]钟鸣旦、杜鼎克编：《耶稣会罗马档案馆明清天主教文献》（第十二册），（台北）利氏学社，2002 年，第 409-421 页。据谭其骧主编：《中国历史地图集》（第八册）清时期图组之江西等地，此处的"南淮府"，应为"南雄州"，"太和"应为"泰和"，"繁州"疑为"和州"，"杨州"应为"扬州"。参见 http://www.guoxue123.com/other/map/zgmap/015.htm。此条路线由广东、江西、江苏进入山东后，又折回江苏，再次进入山东后，抵达直隶。在江苏、山东的反复，可能即是为了躲避各地的关卡。

上下两个地点之间，骑马或乘驿车大致的里程数，说明当时的耶稣会士早已对进京路线了如指掌，为后来潜入内地者提供了细致的参考资料。

1. 江西至江苏

在驱逐外籍教士的情况下，他们显然不可能大摇大摆的乘坐驿车，奔赴内地。大多数情况下，外籍教士均在华籍教徒的指引下，改头换面，乔装打扮，隐蔽在各种交通工具内，昼伏夜行。耶稣会士的信件相对详细的记述了这种情景。首先，看看卜嘉（Gabriel Baborier）神父在 1739 年左右如何到达内地。2 月 3 日，卜嘉首先到达了佛山，人们在那里为他准备了一口"棺材"，过关时，卜嘉必须自闭于棺材中，以便能更好藏身。这口"棺材"在向导徐相公（Hiu-siang-kong）的陪伴下，或乘船、或乘轿，经韶州、南雄，翻过梅岭，再经江西南安、赣州、玉山、杭州、苏州，最终于 3 月 11 日到达长洲，前往常熟。其间，他们一般在船上过夜，但在南安时，徐相公为排除馆驿的行主可能就卜嘉的身份而产生的怀疑，向他出示了"票"，也就是盖有官印的证书。尽管如此，徐相公仍令卜嘉返回"棺材"中，半夜两点，又将之抬到租来的船上，为怕被发觉，卜嘉有时甚至一天一夜未进水米。虽然在玉山过夜时，行主是一名优秀的天主教徒，卜嘉仍只敢在其他人都不在场的情况下，走出"棺材"，为这名新教徒，其母亲、妻子、长女们作忏悔。信中记述了两次官吏的审查，一次在韶州，官吏们仅仅从河岸向船舱里瞥了一眼；一次在杭州，卜嘉化装成赤贫的病人，从头至脚裹着一床破被子待在轿子里，幸运的是，城门官未检查轿子，却严格搜查了徐相公的小船。[27]

2. 江西至湖广

另外一个例子是法国君丑尼（Loppin）神父。1739 年 9 月 22 日，他从澳门出发，乘小船到达一个小岛上，换乘一名基督徒的新船，在三名教经先生的陪同下，沿江而上，到达韶州。为躲避检查，君丑尼上岸，扮成一个如同采集植物标本那样的人物，在距船 1 法里远的地方等待与船会合，然后到达南雄。在南雄，君丑尼一行遇到麻烦。在一名非常贫穷的名为多玛斯（Thomas）的教徒指使下，两名异教徒拦住他们，敲诈 200 镑钱，未得逞

---

27 《入华耶稣会士卜嘉（Gabriel Baborier）神父致其属于同一耶稣会的侄子巴博里耶（Baborier）神父的信》，[法]杜赫德编：《耶稣会士中国书简集》（四），第 246-249 页。另见[法]费赖之：《明清间在华耶稣会士列传（1552-1773）》，第 756-757 页。

后, 将其告官。教经先生打点了一名衙役, 说来自澳门的君丑尼正前往江西, 有特别公干, 声称两个中国人充作衙役, 借口他们拐带一名欧洲人, 向他们勒索一笔巨资。官吏逮捕了多玛斯, 放他们前行。此次险遇花费了君丑尼近12两白银。之后, 他们翻过五岭, 前往南安, 乘船到达赣州, 接着登上一名基督徒的船, 到达汉口, 于次年3月15日进入湖北山区传教。[28]

3. 江西至山东

乾隆五十年（1785）, 两广拏获了伴送西洋人至山东的鄂斯定。他于"乾隆四十九年正月初四口, 到同教的江西人周多默寓所拜年, 周多默说起有山东邵姓、李姓在罗玛当家哆啰处请了两个西洋人往山东传教, 一路需人照料, 要该犯伴送同去。初六日, 周多默带该犯到哆啰楼上见两个西洋人, 一名吧哂哩啞口度, 一名吧哩叽哩哂, 周多默议给该犯工食花边银二十元, 先交三元, 又另头棉衣一件, 约定正月十三日动身, 邵姓、李姓先赴南雄等候。到十三日下午, 周多默叫该犯鄂斯定取了铺盖先自下船, 起更后, 周多默同两个洋人到船, 随即开行。二月初间, 泊船南雄河下, 周多默上岸寻着邵、李二人, 雇备轿子脚夫。是夜, 西洋人在船上耽搁, 次日过岭。周多默送到江西南安, 即回广东, 令该犯同邵、李二人送至山东。三月底, 到山东滕县南沙河地方, 邵、李二人以该处距他家不远, 不用该犯同去, 该犯即起身转回"。此"勾引伴送情形, 历历如绘"[29], 从中可以看出天主教徒们在接引外籍传教士入内地时是如何的小心谨慎。

4. 湖南至陕西

乾隆四十九年（1784）, 华籍天主教徒焦振纲、秦禄延请西洋人前往陕西传教。蔡伯多禄向哆罗请了四个西洋人改换衣装, 与湖广衡州人刘保禄、高要县人谢禄茂等一同伴送, 先入广西, 再经湖南衡州、湘潭, 至湖北襄城时被发现[30]。蔡伯多禄等人采用的办法是每到一个传教点, 即由当地教徒接手再

---

28 《耶稣会传教士君丑尼（Loppin）神父致波兰王后——洛林女公爵告解神父拉多明斯基（Radominski）的信》, [法]杜赫德编:《耶稣会士中国书简集》（四）, 第258-264页。另见[法]费赖之:《明清间在华耶稣会士列传（1552-1773）》, 第981-982页。

29 乾隆五十年三月十五日《两广总督舒常巡抚孙士毅奏拏传教之鄂斯定等解京归案折》,《文献丛编》（第十六辑）, 第29-30页。

30 乾隆四十九年九月初九日《广东巡抚孙士毅奏报拿获谢伯多禄并严拿蔡伯多禄等事折》, 第381页。

送到另一个传教点。因此，未到湘潭前，蔡伯多禄已离船转回广州，留有书信嘱托他人伴送，可惜此次未获成功。[31]

5. 湖南至山西

嘉庆十年（1805）四月间，山西天主教徒李如欲将澳门的若亚敬神父接引自山西传教，他的打算是：

> "至南海县属佛山地方，先雇麦丙忠船只，言定送至乐昌县地方交替，给与船价番银二十圆，并浼倪若瑟伴送至湖南地方，许给工银十圆。麦丙忠、倪若瑟各皆应允。李如当交倪若瑟番银五圆，嘱其先赴麦丙忠船内等候。是月二十二日，李如复至澳门向若亚敬告知，若亚敬剃头易服，装作内地民人，携带经卷，随同李如雇坐不识姓名人小艇，于二十七日行抵佛山，走过麦丙忠船内开行。若亚敬一路捏病躺卧舱内。五月初七日，将至韶关，李如恐关役盘查，令倪若瑟坐船过关，自同若亚敬上岸，由僻路绕过韶关等候。倪若瑟船到，仍同下船开行。"[32]

不过，该项计划也中途夭折。在乐昌县河面，李如一行被乐昌县典史拿获。经此教案，"从前传教士所由之路径，业已为官场所晓，而其税关盘查又紧又密"，为此，李多林神父等人"试即取道福建来川，盖福建所管之兴化府，其时为四川传教会，统理教务，而为中国司铎李管治"。[33]但最后，嘉庆十八年（1813）四月间，李多林神父仍是由"广东云南偏僻路径至川，先在宜宾县落难沟之唐伯猴家住下传徒"。[34]

6. 福建至湖广

1835年12月，董文学神父往河南，德纳玛勒神父往四川传教，两人从澳门出发，乘教徒船只，沿海路于次年2月22日先至福建福宁府，3月，与四教徒陆行至江西建昌，再买舟经南昌驶往汉口，随后，德纳玛勒偕江西两使

---

31 详见乾隆四十九年八月十九日《署理湖广提督印务镇筸镇总兵永安抄录蔡伯多禄书信》，《档案史料》（第一册），第357页。

32 嘉庆十年九月三十日《两广总督那彦成广东巡抚孙玉庭奏为拿获接引西洋人欲赴山西传教人犯审明定拟折》，《档案史料》（第二册），第877页。

33 《真福列传》，第22-23页。

34 嘉庆二十年八月二十七日《四川总督常明奏报拿获西洋人传教之首犯徐鉴牧等分别审拟折》，《档案史料》（第三册），第1053页。

者赴四川，董文学则与安若望、张方济各一起乘教徒船，沿汉水西行，抵沙阳、安陆，至谷山茶园沟，8 月 10 日到达南阳靳冈，一年半后，回谷山茶园沟传教。[35]

由以上几个事例，可知禁教期间由广东潜入内地的路线至少有以下几条：一是经江西入江苏，二是经江西入湖广，三是经江西入山东，四是经湖南入陕西，五是经云南入四川，六是经福建、江西入湖广。也许是为了避免关卡检查人员对他们的频繁往来产生怀疑，也许是各次负责接引的教徒都有各自比较熟悉的地形，故而华籍教徒会因时、因地制宜，选择不同的路线进入内地。这些路线充分说明，当时各地的华籍教徒，都有可能为信奉天主教而不顾风险，赴粤接引外籍教士。毕竟几个月在路上行走，外籍教士难免会有被认出的危险，虽然他们已尽力用衣物遮盖全身装病，或是躲入封闭的空间，不让他人看见。当然，运气非常重要，有些外籍教士成功躲过历次盘查，有些则遭到失败，并进而引发新一轮查禁天主教风波。

二、陪同外籍传教士传教

外籍传教士在内地传教，需要熟悉地理环境、交通路线的本地人帮助，以方便躲避官府的追查，顺利到达偏远地区，为那里的教徒主持圣事。陪同他们四处传教的当然少不了华籍神父、传道员，但他们也负有传教专职，不可能长期陪同。因而，担此重任的更多的是普通天主教徒。乾隆十二年（1747），在江苏拿获的天主教徒中有名王斐理伯者，系外籍传教士"黄神父跟随传教之先生。"[36]另据记载，乾隆年间，耶稣会士晁俊秀等"在两位

---

35 成和德：《湖北襄郧属教史记略　刘董二位致命真福合传》，上海土山湾印书馆，1921 年，第 34-41 页，参见[法]P. Octave Ferreux C. M.，《遣使会在华传教史》，第 151 页。对此，道光二十年七月初三日《湖广总督周天爵湖北巡抚伍长华奏报访拿潜入内地传教西洋人董文学折》（《档案史料》（第三册），第 1261 页的记载是，董文学于道光十五年（1835）搭船过洋，十六年（1836）至福建滩头，"更衣服，改为姓董名文学，是年夏间行至沔阳州，与习教现获之鄢定幅会遇，旋于秋间至谷城县"。此后未提及曾赴河南事；不过，罗渔在其《中国天主教——河南省天主教史》（（台北）辅仁大学出版社，2003 年）第 6 页的记述是，董文学神父曾在鹿邑和南阳传过教；天主教台湾地区主教团宣圣委员会主编：《中华殉道圣人传》第 131 页，也记述其于 1836 年 8 月到达河南南阳，其河南传教区有 600 教友，1838 年奉命前往湖北。

36 萧若瑟：《天主教传行中国考》，第 382 页。

新教徒的帮助下"，上门传教，访遍了教徒们的家庭，还在满洲开辟了一个新教区[37]。1769 年，在安岳地区，陪同艾若望神父传教的有安德烈·杨（André Yang）、Oang-tse-Koui 和 Thang-pe-Kouen 等五名天主教徒，初学教理者安德烈·杨当时只有 17 岁，其父是教艾神父当地方言的一位基督徒。[38]

道光年间，原是喇嘛继而成为天主教徒的齐保禄，则在蒙古西湾子地区陪同孟神父、秦神父到各处传教，并归化了另一名甘肃出身的喇嘛 Sandachiemba，取名若翰。道光二十四年（1844），这名叫若翰的天主教徒即伴随秦噶哔（Gabel）和古伯察（Huc）两位神父往蒙古及西藏传教。[39]

清廷事实上放松禁教后，华籍教徒在陪同外籍教士四处传教时所冒的风险本应有所降低，但是，咸丰七年（1857）六月二十五日，两位天主教徒陪同曾神定神父（Montels）至福王州给病人付临终圣事，归途中被捕，立即执行死刑。[40]此时离 1858 年《天津条约》的签订已不足一年时间，这件事表明，随着清廷内忧外患的加剧，中外关系的日趋紧张，各级官吏加强了对任何不稳定因素的防范，天主教与外国息息相关，当然是需要防范的重点对象。他们对外国人的态度由警惕变为厌恶进而仇恨，甚至可能因此而牵怒于华籍教徒。

三、提供住处及传教场所

禁教时期，各处公开的天主教堂多被拆毁，进入内地的外籍传教士们不得不潜藏起来，私底下秘密传教，其住处及传教地点自然也必须非常隐蔽。1727 年进入湖广传教的顾铎泽神父，先后住于天主教徒的船上、家中。其中，丁姓和蔡姓天主教徒还特意为神父造了两间屋子作为避难所，成为附近

37 《法国耶稣会中国传教区主持晁俊秀先生给沙尔凡神父的信（1775 年 5 月 15 日于北京）》，朱静编译：《洋教士看中国朝廷》，第 239 页。

38 《艾若望先生对其在中国四川省遭受的迫害的叙述》，[法]杜赫德编：《耶稣会士中国书简集》（六），第 148-149 页。

39 [法]P. Octave Ferreux C. M.，《遣使会在华传教史》，第 171-173 页；[法]雅克玲·泰夫奈：《西来的喇嘛》，耿昇译，山东画报出版社，2003 年，第 52-53、60-61、100 页，此书称陪同秦噶哔和古伯察神父的旅行者为约翰（Jean-Baptiste），又名桑达钦巴（萨木丹净巴，Samdadchiemba）。

40 [法]P. Octave Ferreux C. M.，《遣使会在华传教史》，第 205 页。

天主教徒们聚会的场所[41]。而耶稣会士纪类思离开教堂躲避搜查时，"藏在离武昌五十多法里的乡下一个基督徒家里"。[42]四川重庆之华光楼圣堂充公后，"传教司铎皆在罗家驻扎"。[43]

（一）容留外籍教士

随着禁教的日益严重，外籍传教士潜入内地传教，更是以住于天主教徒家中为主。乾隆十二年（1747），江苏黄安多、谈方济各神父被捕处死后，"仍有传教士不断来往，亦居住教徒家中。先后城外三家，城内六家，共计九家，轮流供应"，这九家即城外的朱家、许家、殷家，城内的诸家、孙家、沈家、庄家、韩家等。[44]乾隆年间，当嘉类思神父等人重返内地时，原有的教堂基本上或被没收，或被用于非宗教用途，首位邀请他们的天主教徒的家就成了他们的教堂。[45]当时杭州唐若瑟（Joseph Tang）家，是外籍传教士当时惟一的藏身之处，而且还不太安全。[46]乾隆十一年（1746）五月内，山西霍州"于乡民张文明家拏获西洋人工苦含"。[47]乾隆十九年（1754），江苏被捕的外籍传教士张若瑟"在倪德载、黄裕臣、吴祥牛、许成九、庄五观各家往来居住，又到徐圣章船上行教"；刘马诺曾住于"松江周景云、吴西周家，在吴西周家传过教"；龚安多尼"到侯良臣、周景云、吴西周各家往来"；费地窝尼小亦"到松江吴西周、周景云们各家往来居住"[48]。乾隆三十四年（1769），福建福安县查得："黄元鼎、赵泰廉各因祖父在日曾经入教"，曾为"外籍传教士潘若色等"提供住宿，"并

---

41 《耶稣会传教士顾铎泽神父致本会某神父的信（1730 年 2 月）》），[法]杜赫德编：《耶稣会士中国书简集》（三），第 306 页。

42 《耶稣会传教士顾铎泽神父致本会某神父的信（1730 年 2 月）》，[法]杜赫德编：《耶稣会士中国书简集》（三），第 309 页。

43 [法]古洛东：《圣教入川记》，四川人民出版社，1980 年，第 70 页。

44 徐允希：《苏州致命纪略》，上海土山湾慈母堂印行，1932 年，第 85-88 页。

45 《耶稣会传教士嘉类思神父致法兰西世卿诺瓦荣伯爵兼主教的信（1759 年 9 月 12 日于中国）》，[法]杜赫德编：《耶稣会士中国书简集》（五），第 76 页。

46 《入华耶稣会士卜嘉（Gabriel Baborier）神父致其属于同一耶稣会的侄子巴博里耶（Baborier）神父的信，[法]杜赫德编：《耶稣会士中国书简集》（四），第 248 页，以及第 249 页，"我们下榻于一名基督徒的府上"。

47 乾隆十一年七月二十三日《山西巡抚阿里衮奏报查办传习天主教之西洋人折》，《档案史料》（第一册），第 97 页。

48 乾隆十九年五月二十四日《西洋人张若瑟等供单》，《档案史料》（第一册），第 228-229 页。

有林禀仔、罗若旦、黄士敬等，亦因先世俱系入教之人，皆与潘若色等交接容留"。[49]冯若望、李多林神父分别于乾隆三十八年（1773）、四十一年（1776）到四川后，长期住于李安德神父住所，传教途中，亦先后在教徒彭三桂、刘奇、蒋崇尧、柳枚、方可仕、刘继长、李珣等家留住十余日至数十日不等[50]。

即使是在查禁天主教甚严的 1784-1785 年和嘉庆朝，一些天主教徒仍不畏被捕、遭到流放，冒风险容留外籍传教士。乾隆四十九年十二月（1785 年1 月），陕西拿获了"窝留西洋人王亚各比之薛成林一犯"[51]。重庆江北之全家，乾隆时"所敬梅神父曾在其家看顾教友"，1806 年，"黄主教在此家病殁"。[52]乾隆末年，"徐鉴牧于炎天酷热之际，常在大山坪即孟家坡孟姓家避暑，行避静神工"。[53]

嘉庆十八年（1813），外籍教士徐鉴牧（李多林）至四川落难沟唐伯猴家居住并传教，其后，唐伯惠、唐光辉等八人至同教唐正玒家传教。[54]外籍神父蓝月旺于嘉庆五年（1800）十二月至广东肇庆府时，寄住在城外曾习天主教之倪老大即倪若瑟、李多默家，次年十一月，邀倪老大自粤赴湖北汉口镇，在向习天主教之王大伍家留住半年。[55]

华籍教徒不仅只是为外籍教士们提供一个容身之处，还尽可能创造条件，适应外籍教士的生活习惯，让离开家乡甚久的传教士们备感温暖。有些天主教徒因曾为许多欧洲人服务过，甚至想让外籍传教士在其家吃上略带欧洲风味的晚餐，吃饭时用上了餐刀和叉子。[56]可见，传教士们所带来的西方

---

49 乾隆三十四年九月二十四日《署理福建巡抚崔应阶奏报访获西洋人潘若色等审办情形折》，《档案史料》（第一册），第 292 页。

50 乾隆五十年二月初七日《兼署四川总督印务成都将军保宁奏拿获西洋人讯明解京折》，《文献丛编》（第十六辑），第 17-18 页。

51 乾隆四十九年十二月初十日《陕西巡抚毕沅奏报拿获传习西洋教之刘西满等审供解京折》，《档案史料》（第二册），第 616-617 页。

52 [法]古洛东：《圣教入川记》，第 74 页。

53 [法]古洛东：《圣教入川记》，第 77 页。

54 嘉庆二十年八月二十七日《四川总督常明奏报拿获西洋人传教之首犯徐鉴牧等分别审拟折》，《档案史料》（第三册），第 1053 页。

55 嘉庆二十年九月二十四日《护理湖南巡抚印务布政使翁元圻奏报访获西洋人潜入内地传教及习教各犯查讯大概情形折》，《档案史料》（第三册），第 1059 页。

56 《耶稣会传教士嘉类思神父致法兰西世卿诺瓦荣伯爵兼主教的信（1759 年 9 月12 日于中国）》，[法]杜赫德编：《耶稣会士中国书简集》（五），第 82 页。

文化已渐渐渗入民间，与广大平民百姓间的中国传统文化、生活习惯默默进行交流。

（二）提供传教场所

有条件时，普通教徒还私下里秘密建成圣堂及住屋，方便外籍教士活动。在湖北、湖南及河南三省传教的南怀仁主教，"常在夜间活动"，此时，"教友们齐集在一位教友领袖家，讲道以后听告解，黎明时作弥撒，天明便回到船上去他往。"[57]乾隆二十一年（1756），在江西地方，天主教徒吴均尚等为外籍传教士林若汉修成了天主堂。"同村已故之刘若汉带有西洋小昌宋国人林若汉即倭都越到村行教，吴均尚等公派银两，置买张若望兄弟房屋，改为天主堂，供奉耶稣画像，给林若汉居住，演说教理，煽惑远近愚民崇奉入教，凡归教之家，俱供有十字架并图像经卷，每月吃斋八日"。乾隆二十二年（1757），林若汉回国，"临行时嘱令吴均尚等小心奉教，所遗房屋不必拆毁，如有西洋行教之人肯来，指引到彼"。[58]乾隆末年至嘉庆初年，重庆教徒李姓者，因其资财殷富，设有一大经堂，"以作教友弥撒诵经之所"。1802年，"徐鉴牧曾在此经堂内"，黄神父及唐若望神父"亦在此经堂"。[59]

更多的时候，外籍教士所住之处，便是附近教徒们行圣事之所。湖北谷城的天主堂自嘉庆十七年（1812）拆毁后，外籍神父刘克来（刘方济各）与华籍神职人员何依纳爵遂"搬至孙瑞章家居住，仍与众人按期坐瞻"，直至嘉庆二十四年（1819）被捕。[60]嘉庆年间，贵州教徒赦开枝，把自己的住宅献给教会，改做圣堂。[61]嘉庆二十年（1815）年四月，外籍教士蓝月旺听闻查禁天主教，欲回西洋，六月到达衡阳县，在郭甫一家"开堂悬挂图像，自称神甫名号，令向天主位前礼拜念经，复先后诱允傅正伦、李三德、郭庭藻、郭万育、郭光耀、郭尊三、李耀彩、李添祚、李添本、傅人祚、傅尚经、罗必成、

57　[法]穆启蒙编著：《天主教史》（卷三），侯景文译，（台北）光启出版社，1975年，第272页。

58　乾隆三十二年十一月十四日《两广总督李侍尧广东巡抚钟音奏报审拟违制入教之吴均尚等犯折》，《档案史料》（第一册），第279页。

59　[法]古洛东：《圣教入川记》，第72页。

60　嘉庆二十四年十一月初七日《河南巡抚琦善奏为续获天主教人犯周观等审明定拟折》，《档案史料》（第三册），第1163页。

61　天主教台湾地区主教团宣圣委员会主编：《中华殉道圣人传》，第122页。

罗克章、罗允玉、罗申文、罗万庵等入教，并制十字架，每日在郭甫一家念经一次"。其后，至湖南耒阳县贺代贵家传教授徒。[62]

四、负责传教联络

在外籍传教士无法进行公开活动的情况下，很大一部分与教会及其他教士的联络工作就只得由不易受人怀疑的华籍天主教徒来完成。比如，在苏努一家被放逐到右卫时，京城的外籍传教士们就派了华籍天主教徒杨伯多禄带着信件、救济款去慰问亲王们，杨伯多禄也将亲王们的信带回了北京。[63]

此外，经常性的赴广东领取信件、钱物等工作也多由华籍天主教徒来完成。康熙年间便随梁弘仁神父至罗马、法国，并在法国居留下来的华籍教徒黄嘉略，能在那里收到四川教徒汪良斌捎给他的信。[64]说明当时国内已具备普通教徒往国外寄发信件的渠道。

乾隆年间，四川天主教徒张万效、湖广人刘内斯替外籍传教士冯若望多次赴粤领取盘费[65]。乾隆十一年（1746），福建巡抚周学健在奏折中声称："此等行教夷人来至中国，彼国皆每岁解送钱粮至广东澳门，澳门夷人雇倩本处土人，潜带银两密往四处散给。"[66]乾隆二十四年（1759），在江西被捕之郭伯尔纳笃，曾"先后遣徐世英两次寄信谢西满，会到番银一百员"[67]。此事的具体情形如下：乾隆二十三年（1758）二月内，伴送其至内地的高大斗转回澳门，"郭伯尔纳笃寄寓邵武民人吴永隆家，要盘缠银两，若有银信寄至赣州谢西满家，待徐世英来取。十月内石若瑟（会长）病故时，嘱弟石若呲寄番银一百圆与郭伯尔纳笃，于乾隆二十四年二月内，雇高西满将番银一百圆

---

62 嘉庆二十年九月二十四日《护理湖南巡抚印务布政使翁元圻奏报访获西洋人潜入内地传教及习教各犯查讯大概情形折》，《档案史料》（第三册），第1060页。

63 [法]宋君荣著：《有关雍正与天主教的几封信》（《第四十三号信件：对信奉天主教亲王的迫害》），沈德来译，罗结珍校，载杜文凯编：《清代西人见闻录》，第155页。

64 许明龙：《黄嘉略与早期法国汉学》，第30-31页。

65 乾隆五十年二月初七日《兼署四川总督印务成都将军保宁奏拿获西洋人讯明解京折》，《文献丛编》（第十六辑），第17页："以后冯若望常令同教之湖广人刘内斯赴粤取银。"

66 乾隆十一年五月二十八日《福建巡抚周学健奏报严禁天主教折》，《档案史料》（第一册），第86页。

67 乾隆二十四年十月初八日《福建巡抚吴士功奏报盘获西洋人郭伯尔纳笃现审拟并解赴澳门折》，《档案史料》（第一册），第240页。

寄去，高西满将银持至赣州，交谢西满转寄郭伯尔纳笃接收"。[68]可见教会与外籍教士的联系沟通均会事先有所安排，带至谁家，由谁领取等，当然，负责人都是天主教徒，以降低被外教人发现的危险。

其他的例子还有：在湖广的一名谨慎的天主教徒，曾在设立关卡严格搜查前，给嘉类思神父带去一个可用来藏匿装做弥撒用的全套器具的箱子。[69]19世纪，担任江南教区与澳门修诣院之间作采办货物和联络事宜的，是　名叫杜保禄的江南天主教徒。[70]

不过，清廷对西洋人的来往信件向来管理严格，"在京西洋人等呈寄广东粤海书信，仍着照旧例，官为寄往，交该督转交收领，该国如有来信，亦着该督寄京交往，该管西洋事务大臣转交收领，不准私行托寄"。[71]嘉庆七年（1802）至九年（1804），为在京西洋传教士索德超、南弥德寄信一事，两广总督不断与内务府之间发送咨文，请求互相核对：

> "南堂西洋人索德超、北堂西洋人南弥德等，呈寄广东澳门书信二封，相应照例移咨贵督，转交收领可也等因，到本部堂准此行司，即将发来洋信查明转发、收领、取具、给领日期及领状详情咨覆等因，计发洋信二封到司，奉此依经饬发南海县转给，收领、取具、给领日期及领状，申缴去后。滋据该县申称，遵将奉发洋信二封内一封遄差赍赴澳门同知，转给毕老爷收领，一封谕交洋商，转给吕宋行明诺收领。兹奉澳门同知并据洋商潘至祥，将收到洋信日期、印领、领状及洋人领状饬发到县"。[72]

---

68 乾隆二十五年五月二十二日《福建巡抚吴士功奏为查明西洋人郭伯尔纳笃并无开堂传教情形折》，《档案史料》（第一册），第246-247页。

69 《耶稣会传教士嘉类思神父致法兰西世卿诺瓦荣伯爵兼主教的信（1759年9月12日于中国）》，[法]杜赫德编：《耶稣会士中国书简集》（五），第83页。

70 丁宗杰：《上海天主教教务发展史》，《传教夜谈》，天主教教务协进委员会，1949年，第12期，第1393页。

71 嘉庆七年二月二十七日《两广总督吉庆为代转在京西洋人索德超呈寄广东澳门三巴堂书信致内务府咨》，《档案史料》（第二册），第820页。

72 嘉庆八年十一月十六日《两广总督倭什布为代为转寄在京西洋人索德超呈寄广东澳门书信事致内务府咨》，《档案史料》（第二册），第822-823页，另见嘉庆七年二月二十七日《两广总督吉庆为代转在京西洋人索德超呈寄广东澳门三巴堂书信致内务府咨》、嘉庆七年五月十二日《两广总督吉庆为代转在京西洋人索德超书信事致内务府咨》、嘉庆九年三月十九日《两广总督倭什布为代转西洋堂西洋人

　　然而，就在这些公文来往之际，外籍教士的某些信件却在私底下通过华籍教徒传递到了澳门传教士手中：

> "据署臬司事监法道刘溽禀称，峡江县知县和淦督同典史邓潮盘获广东新会县人陈若望一名，搜有西洋字书信十九封，汉字书信七封，并刻本天主教经卷等项，提解来省。臣率同司道查阅，西洋字书信内夹有直隶广平府至山东登州府海口地图一张，汉字书信内叙有主教患病，商议接顶之人，并赵家庄的东西账本定要烧吊各字样。讯据陈若望供，伊向在香山县澳门拜西洋人马诺为师，嘉庆九年八月二十一日，澳门掌教金安多呢给伊洋钱四十四圆，令送信至京，交钦天监监正索德超查收。九月二十九日到京。十月十二日，索德超给伊盘费银十两，西洋字书信十九封，汉字书信七封，嘱交金安多呢分发，并给伊刻本天主教经卷带回自看。伊不认识西洋字迹，不知所寄信内是何说话，因何夹有地图等语。"[73]

　　华籍教徒私传信件的做法，确实违犯了政府的有关规定。因而，嘉庆十年（1805），上述德天赐等西洋人通过华籍教徒陈若望私寄信件的案子发生，引起嘉庆帝的愤怒，令大臣议定取缔天主教章程，并颁发谕旨，亲自驳斥天主教的种种荒谬之处。最后，绝大部分在京传教士被押送回澳门，全国纷纷查拿天主教徒。

五、提供经济支持

　　外籍传教士在中国的传教活动，最初都得到了本国政府及教会的支持。乾隆十一年（1746）于福建被捕的外籍教士"白多禄每年食钱粮一百五十两，费若用每年食钱粮一百两，德黄正国等每年食钱粮八十两……夷人等皆受国王资给，故在中国衣食丰赡，用度宽裕"。[74]而且，有些传教士们还善于经营

　　　索德超寄广东洋信事致内务府咨》、嘉庆九年六月二十四日《两厂总督倭什布为查询西洋人明诺接办北堂等事致内务府咨》、嘉庆九年九月二十六日《两广总督倭什布为代转在京北堂西洋人南弥德呈寄广东澳门书信事致内务府咨》、嘉庆九年十二月初七日《两广总督倭什布为代转在京西洋人南弥德寄广东澳门书信事致内务府咨》等，《档案史料》（第二册），第820-822、824-827、829页。

73　嘉庆九年十二月二十九日《江西巡抚秦承恩奏为盘获西洋送信人犯陈若望解京审办折》，《档案史料》（第二册），第830页。

74　乾隆十一年五月二十八日《福建巡抚周学健奏报严禁天主教折》，《档案史料》（第一册），第86页。

这些款项。如康熙年间，马国贤神父准备在中国筹办圣学时，他的同行们和其他欧洲朋友寄给他一大笔钱，因为"在中国，土地出租的利息是一厘二，房屋出租的利息更高达一厘八"，于是，他把这笔资金作了投资，所收利息足够支付他每年的花费[75]。

在京的传教士经济状况比其他地方的传教士较为优裕，因为他们还有可能获得皇帝的赏赐，购买田地放租，衣食无忧。嘉庆年间的例子很好地说明了这一点。当时，北京的外籍教士因有皇帝赏赐，遂至"宛平县属立垡村河滩地卅六顷，陆续自置地十三顷，盖房二十二间。又在鹅房村置地卅余顷，盖房二十余间；苇甸村置地三顷，盖房卅十余间。立垡村现系西洋人高守谦、毕学源经管，鹅房村系西洋人福文高、李拱宸经管，苇甸村系南弥德、贺清泰、吉德明经管。高守谦等每年各到所管庄内看视庄稼二三次"。顺天府宝抵县人张宝武，租立垡村河滩地二顷，嘉庆九年（1804）入教后，又认租十三顷，"每年先交汤士选租二百川吊，次年种地，即在该处房后十房居住"。其他受雇看管庄稼的入教者有：孔大、孔禄，在鹅房村看管庄稼；白二、董沛，原在北堂雇工，嘉庆十六年（1811），由南弥德派往苇甸村看守果木，同庄居住的还有张大斗、李二、高三。[76]发现这些雇工均是天主教徒后，朝廷考虑到在京传教士的生活费用问题，未将田产变卖，而是交由顺天府管理，"官为征租"，"每年按季申解顺天府，转交管理西洋堂大臣当堂发给该西洋人，以资用度，其原置文券仍令自行收执，倘遇该西洋人实有修理堂房坟茔等项需用之处，许其呈明，将所置地亩自行变价，添补使用，此外，永不许另行私置地亩"。[77]

但是，清朝皇帝的赏赐一般只会给在京的传教士，其他地方的外籍教士不可能有此经费渠道，必须依靠来自外国的经济支持，或是本地天主教徒们在这方面对他们所做的贡献。雍正初年，福建福安县令对其总督说："高大的教堂皆是新建的，老教堂经过修缮也焕然一新。建造此等建筑需费巨额银

75 [意]马国贤：《清廷十三年——马国贤在华回忆录》，第 83 页。

76 嘉庆十六年十月十三日《刑部奏报遣送回国西洋人在京自置地亩房间请交内务府查办折》，《档案史料》（第三册），第 952-954 页。

77 嘉庆十六年十二月初九日《管理西洋堂事务处奏报将西洋人京城外地亩房间交顺天府季征租后发交管理西洋堂大臣当堂发给西洋人收领折》，《档案史料》（第三册），第 969-970 页。

两，这些钱都是民脂民膏。可怜的百姓其他所有花销都很吝啬，但在这一有害用途上出手却很大方：他们典押房屋，甚至出卖土地。"[78]

而且，中国开始禁教之后，传教事业显然难以及时得到境外的经济支援，同时，外国教会对在中国的传教事业也开始变得冷淡。"这些善良的神父只能向被父母抛弃的孤儿讲授教理，而他们自己难道不也被西方抛弃吗？罗广祥神父年复一年地盼望巴黎能给他寄些钱来，他现在已经费枯竭。"[79]如此这般，来自境内华籍天主教徒的支持在此段时期内就显得异常珍贵和重要了。乾隆时期，"传教应用要需，或出自中国信友已输未输之献仪，或出自某种善会之捐助"。[80]在江南工作的南怀仁（又名莪德国 Msgr. Gottfried von Laimbeekhoven）主教曾写道："教友争先供给我所需要的一切，他们对自己司牧的感情与尊重，是我称颂不尽的。"[81]上海附近，"小堂多，容易藏匿，而教友又富裕"，能供应传教士所需。[82]

嘉庆二十一年（1816）被捕的湖广随州塌石桥地方的天主教徒郭大建称，外籍神父蓝月旺听闻查禁天主教，想回西洋之时，附近入教的 15 人，各送给其盘费钱三五百文不等。[83]嘉庆二十四年（1819）逮捕了外籍神父刘方济各，他供称在湖北谷城传教时，"初次入会之人出钱一二百文，在刘方济各处报名，以后每次给钱二三十文，备办神前香烛使用"。[84]道光二十年（1840），遣使会士董文学于湖北谷城被捕，他在此传教时，同教人给以香烛钱二三十

---

78 《耶稣会传教士冯秉正神父致本会某神父的信（1724 年 10 月 16 日于北京）》，[法]杜赫德编：《耶稣会士中国书简集》（二），郑德弟译，大象出版社，2001 年，第 318-319 页。

79 [法]佩雷菲特：《停滞的帝国——两个世界的撞击》，王国卿等译，三联书店，1993 年，第 187 页。

80 [法]樊国梁：《燕京开教略》（中篇），第 395 页。

81 [法]穆启蒙编著：《天主教史》（卷三），侯景文译，（台北）光启出版社，1975 年，第 272 页。

82 丁宗杰：《上海天主教教务发展史》，《传教鳞爪》，天主教教务协进委员会，1949 年，第 11 期，第 1234 页。

83 嘉庆二十一年七月二十九日《兼署湖广总督湖北巡抚张映汉奏报查获湖南西洋人蓝月旺传教案内信从入教续经改悔各犯审明可否免罪折》，《档案史料》（第三册），第 1083 页。

84 嘉庆二十四年十一月初七日《河南巡抚琦善奏为续获天主教人犯周观等审明定拟折》，《档案史料》（第三册），第 1162 页。

文，为同教人病故超度，得钱数十文不等。[85]

　　发生教案时，华籍教徒亦尽可能贿赂兵勇等官吏，尽量降低损失。[86]乾隆十二年（1747），黄安多神父被捕之后，写信给省会长说："吾们在监约七个月，未有一人前来相助。谈神父又被病困，只愿为主吃苦，不愿其他。近有几个常熟教友，送来制钱三千，不久，神父们亦给五千，因此暂得支持。官长每日只给十三钱，实不敷支用"。[87]1769年，艾若望神父被捕后，天主教徒们把帮助他的钱放在荣昌县一户邱（Kieou）姓人家家里[88]。1823年，上海浦东金家巷本堂姚神父，半夜去给界沟湾病人终傅的途中，终傅箱被抢，送至上海县，箱内是圣油、礼仪经本、白衣、领带、苦像等圣物，教徒们为不使这些圣物流落，搜集了银洋八百元（那时至少要值三四百担白米），把终傅箱从衙门赎回。界沟湾陈家为出这笔钱，甚至卖掉了田亩，以致倾家荡产，陈家有一原本守贞的女孩，为使父母由大家得到一笔礼金，遂出嫁。[89]

　　外籍神父被判死刑后，当地的教徒不惜花费重金贿赂差役，收殓尸体，购买刑具等物件，妥为收藏，以兹纪念，待条件成熟时运至澳门。1816年，蓝月旺神父于湖南长沙被处死后，澳门主教想将其遗骸迁去澳门，一位名叫安德肋的教徒主动请命，回到长沙，与其他二人一起，贿赂墓地的守门人后，成功将蓝神父遗体移往汉中府，随后，由华籍神父尼各老运往澳门。[90]1820年，湖北刘克来神父被判绞刑，"武昌教友，即厚贿差役，购得刑具，及血衣绞绳等件，一并收存，留作纪念，后均寄往巴黎"。刘神父的尸首"初本瘗于法场附近之犯人义冢，旋由教友等，乘夜迁葬于城外红山（地在宝通寺对面），

85　道光二十年七月初三日《湖广总督周天爵湖北巡抚伍长华奏报访拿潜入内地传教西洋人董文学折》，《档案史料》（第三册），第1261-1262页。

86　《尚若翰神父就中华帝国1746年爆发的全面教案而自澳门致圣-夏欣特夫人的记述》，[法]杜赫德编：《耶稣会士中国书简集》（四），第331页。

87　徐允希：《苏州致命纪略》，第37页。

88　《艾若望先生对其在中国四川省遭受的迫害的叙述》，[法]杜赫德编：《耶稣会士中国书简集》（六），第160页。

89　丁宗杰：《上海天主教教务发展史》，载《传教鳞爪》，天主教教务协进委员会，1949年，第11期，第1235页。另见张泽：《清代禁教期的天主教》（增补本），第191页。

90　韩承良：《忠烈英魂：方济会中华殉道圣人小传》，（香港）香港天主教方济会，2000年，第24-25页。

立有碑石以志不忘。1868 年，田大司牧，类思命起圣尸，转运巴黎，敬置于圣味增爵堂内"。[91]1840 年，董文学神父受绞刑后，"有数教友奉代权命，不论代价若何昂贵，必须谋获尸具，遂重贿赂通值差人，于往葬时，绕经教友冢地，俾克以盛土假棺，调易正柩"，至于董神父的"祭衣刑具等物，亦为教友重价购得，现珍藏于巴黎色味路九十五号陈设室者，共二十件"。[92]

六、帮助规避风险

　　教案发生时，部分热心的华籍教徒，通过各种方式保护外籍教士，避免他们被官府抓获。有些教徒主动要求外籍教士避居其家。乾隆四十九年（1784），四川逮捕天主教徒时，"城都邻近教友，关心自己灵牧，曾修书信"，劝李多林神父"暂停照顾信辈之工，而到己处，以避锋凶"。[93]其后，李神父在逃匿过程中，陆续躲藏到几名教徒家中，在此危难躲藏之时，李神父还能接到教民传来的信，比如乾隆五十年（1785）正月十一日，在写信邀请自己避至其家的教民家中，"接得自己属下在城都隐藏者，所发之信，从知己之现在何处，业已为官所知，而此处之栖身，甚为不妥"，因而迅速"起身他往"。正月十六日，用午饭时，又接到被捕之冯若望神父的书信。[94]

　　有些教徒密切注意官府的动静，及时向外籍传教士通报信息，令其早日躲避。[95]1839 年，湖北谷城逮捕董文学神父时，正值举行大瞻礼圣事，正当讲道之时，"一个教友来送信，浑身跑得汗淋淋，口称神父事不好，谷城县官带了兵，顷刻一时就要到，捉拿神父教友们，送信教友是那个，热心快肠董大荣"。[96]此次官府搜捕董文学神父时，教徒们如何帮助他逃亡情形，在教会人士所撰写的《董圣人致命歌诀》中有相当生动的反映。这份明显是为宣

91　成和德：《湖北襄郧属教史记略　刘董二位致命真福合传》，第 14 页。

92　成和德：《湖北襄郧属教史记略　刘董二位致命真福合传》，第 55 页。另见[法]P. Octave Ferreux C. M.，《遣使会在华传教史》，第 158 页；天主教台湾地区主教团宣圣委员会主编：《中华殉道圣人传》，第 136-137 页，"传教员方安德先生更和教友们筹款，将董神父的衣服、刑具、棺木及尸体，向兵士们买下"，1858 年，由方安德的儿子方保禄帮忙，挖出棺木，运往浙江，1860 年运到巴黎。

93　《真福列传》，第 9-10 页。

94　《真福列传》，第 13 页。

95　《耶稣会传教士纽若翰（Neuviale）神父致同会布里松（Brisson）神父的信》，[法]杜赫德编：《耶稣会士中国书简集》（四），第 273 页。

96　《董圣人致命歌诀》，北京，1905 年版，8 页。

传董神父事迹而作的"歌诀"，从其语句的通俗易懂、无甚雕琢来看，传播受众应为当地的普通民众，故而朗朗上口，易于记忆，详细记述了董神父泛海来华及至被捕送命的经过。《歌诀》这样描述了董神父刚刚开始逃亡时，一些当地教徒，甚至是异教徒对他提供的帮助：搜捕当晚，董神父先逃至一户外教人家中——

> "神父饭毕将言问，请问各位兄台们，可有教友在这住，有劳费心来指明，外教答应有有有，有个会长李先生，就在对面林内住，离此略有五里程，黑夜山路难行走，一人难得往前行，吩咐我们把人送，董公回言说费心，神父告辞说多谢，改日再来感人情。两个伙计前引路，董公随后不离身。顺着山林往前进，不觉来到李家村。伙计二人来喊叫，口称大爷李先生，与你送个客来到，急速起来快开门，祖华闻听有人叫，那处贵客到来临。用手扒开门两扇，各位怎么夜晚行。口称请进客听坐，吩咐快忙燃着灯，连叫各位请坐定，喊叫厨房把茶烹。祖华一眼来看见，来的可是神父们，未曾说话眼流泪，两眼不住往下倾。今日谷城县来到，缚去教友两个人，主教神父都失散，寻了一天无信音，不知神父在那里，此时看见才放心。多蒙天主来照应，神父大人受了惊，祖华吩咐快热酒，二人言罢就回程，夜静更深不费事，一齐叫辞往外行，会长上前拦不住，真把邻右关了心。各位慢走不远送，改日酬劳来感情。不言众人他们去，今日事情紧得犯，山口扎的都是兵，日间路上不敢走，夜间山路难得行。我劝神父把须割，割了胡须好逃生。正割胡须又来信，县官转去又发兵，石花行里文武泛，巡司把总把兵行，观音堂内打公馆，明日一早把山寻。祖华闻听这个信，安排教友几个人，王广全与李自明，跟随神父徐先生，还有会长鄢廷福，其余教友记不清，一齐不往别处去，保着神父进山林。"[97]

最后，董文学神父被捕之时，"尚藏匿教友，闻讯俱出，啸聚附近教友，由会长李世朝率领，欲与差兵决斗，救护董牧。其时差兵大队，尚未至，固不难一鼓而下，董真福见之，急令勿前，嘱众人各自逃生，听彼被捕"。[98]此番

97　《董圣人致命歌诀》，北京，1905 年版，第 9-10 页。另见[法]P. Octave Ferreux C. M.，《遣使会在华传教史》，第 154 页。

98　成和德：《湖北襄郧属教史记略　刘董二位致命真福合传》，第 46 页。

与官兵争斗情景着实令人吃惊，虽然当时官兵少、教徒多是教徒们想救下董神父的有利因素，但与官兵为此事而正面发生冲突事件，在清中期的历次教案中甚为少见，普通教徒们对外籍教士的保护由此可见一斑。

此外，普通教徒甚至奉外籍教士之令，为开辟新教区而整户迁移至当地，通过自己的言行举止影响当地人民入教。例如，两户云南天主教徒受艾若望神父所聘，前往傈僳人居住区定居，引导他们认识上帝。在这个地方，艾神父认为确定天主教的最佳办法是：从四川迁移一些虔诚的家庭在此定居，通过频繁的交往，以潜移默化的方式向他们灌输天主教的真理。[99]

第二节　教徒自身的传教方式及特点

广泛分布于各地的普通教徒，往往会利用各种机会向周围的人传教。清廷禁教之前，他们便已经自发地在平民间开始了这项工作。1701 年左右，毕天祥神父和梁主教（Lyonne）到达四川成都附近时，那里"已有几个教友，他们在贫穷中热心传教救灵，不少人进了天主教"。[100]

禁教之后，公开传播教义危险太大，普通教徒们一方面伺机传教，一方面相互鼓励，保持对天主教的信仰。传教士们对此记述道，当神父不在的时候，天主教徒中的"绝大部分人都在互相支持，经常修持基督教的所有功课"。[101]那么，普通教徒们自有他们自己的传教方式及特点。

一、推行"家传"方式

"家传"是普通教徒传教的主要方式之一。利用中国封建家庭、家族作为传教的基地，在没有外籍传教士或华籍传教士的组织下，一些地方天主教

---

99 《艾若望先生对其在中国四川省遭受的迫害的叙述》，[法]杜赫德编：《耶稣会士中国书简集》（六），第 166 页。另见《赵奥斯定神父传》，北京，1905 年版，第 10 页，赵奥斯定神父与格来姚神父到腾越州边界时，"二神父，想了个法子，就是劝四川教友，往那里搬去几家，盼望那里的本地人，看教友的好表样，就敢奉教了。这个主意拿定了，诸事也安排好了。神父就到四川请教友，果然有几家愿意去的，也真见了效验了，因为教友搬去不久，苗子里头，就有十几家子，奉了教。"

100 [法]P. Octave Ferreux C. M.，《遣使会在华传教史》，第 81-82 页。

101 《耶稣会传教士君丑尼（Loppin）神父致波兰王后——洛林女公爵告解神父拉多明斯基（Radominski）的信》，[法]杜赫德编：《耶稣会士中国书简集》（四），第 268 页。

的传播很大程度上是在家庭内部完成的，父传子、夫传妻、主人传给仆人，或是互相联姻等，将天主教一代一代、一家一家的传播开来。例如乾隆三十三年（1768）拿获的河南桐柏县的天主教徒王象昇，"伊故祖原奉天主教，相沿至今，并非会长，惟伊妻曾氏及同居女婿刘永言、外孙刘春芳及工人方锦康、赵洪、宋文魁、刘得全、刘家全随同入教"。[102]这位教徒不但自己是从祖上继承天主教，还将亲邻一并带动入教。

（一）代代相传

禁教时期被捕的天主教徒，大部分在审讯时承认，他们自祖辈开始便已信奉天主教。乾隆十二年（1747），江苏查得"山阳县有民人宋从一、戴元亮，金匮县有民人梁酉、梁子奚等，……各犯俱系康熙年间伊祖父曾习天主教，该犯等相从，未经悛改，今每月逢五日持斋，口念'那（耶）苏'二字，并持奉十诫，系敬重天主，孝顺父母，不得邪淫偷盗等语。再四严究，实系祖父家传，……据审现在习教者，山阳县止有二人，金匮县十一人，俱系穷苦乡愚，沿袭未改，并无招引徒众惑众做会等事。"[103]

乾隆四十九年至五十年（1784-1785）被捕的大部分天主教徒，都在供词中说自家素习天主教，如戴加爵，"祖父以来俱传习天主教"。[104]刘必约嗣子刘臣、侄刘刚供称"祖传天主教"。杨生荣、韩守元、张儒、张文等72名，"亦系祖父相传习教"[105]。乾隆五十年（1785）在山东被捕之天主教徒李松，"家祖父以来俱传习天主教"[106]。

乾隆五十年（1785），两广查得的天主教徒多为自祖上开始传习天主教。南海县民潘声珑教名福爵，张沛宗教名达爵，"均系自幼随父习教，家有图像、经卷，虔心奉教，素为同教中推服。又南海、番禺、顺德、香山、高要、

102 乾隆三十四年二月初九日《河南桐柏县天主教案·阿思哈折三》，故宫博物院文献馆编：《史料旬刊》（第十二期），京华印书馆1930年，天四百二十三。

103 乾隆十二年六月二十六日《署理江苏巡抚安宁奏查确有民人习教但并无聚众诵经及西洋人在境等各情形折》，《档案史料》（第一册），第149-150页。

104 乾隆四十九年十二月二十四日《两广总督舒常等奏挐获西洋教案内戴加爵解京质讯折》，《文献丛编》（第十五辑），第4页。

105 乾隆五十年正月十二日《福康安奏审讯教案人犯分别解京折》，《文献丛编》（第十五辑），第7-8页。

106 乾隆五十年二月初九日《山东巡抚明兴奏挐获西洋人及勾引传教人犯折》，《文献丛编》（第十五辑），第11页。

乐昌、海阳、潮阳、惠来、普宁、新兴各县，并福建、安徽等省寄居粤东，有入教之吴瑜珍等八十二犯，均系祖父习教，或藏有遗存经卷、画像，或止口传经语，依期持斋念诵，并无转传别人"。[107]而福建被捕之天主教徒中，黎国琚、朱见良"系伊等故父从前俱与吴永隆之父奉教，伊等遂相沿吃素。涂德先系随同已故之妻伯吴远千持斋"。[108]

嘉庆十年（1805）广东拿获的天主教徒李如，"即亚立山，籍隶山西阳曲县，有已故伯祖母李梁氏，向习天主教，该犯祖父李玉章、父李纳及伯祖李阶，族人李玉粮等均同入教，李如亦自幼传习"。[109]嘉庆二十一年（1816）陕西拿获的天主教徒"王全忠、李绍棕供称实系祖父世习天主教"。[110]嘉庆二十三年（1818），山西逮捕的天主教"侯奇太、任治世籍隶平遥县，王温新、胡世义、范步青，俱原籍祈县，许裕原籍阳曲县，各由祖父相传沿习天主教，胡世义、范步青与伊兄范步文寄居该县，伙开面铺生意，一同习教"。[111]

道光十五年（1836），直隶宣化府赤城县捕得的天主教徒，"祖父素习天主教，不知始自何年，传自何人"，"温学展等均于其父在日跟随入教，念诵天主经语，并天主十诫，李文增向在赤城县租赁温学展房屋寄住，因见温学展习教念经，随亦自行诵习，侯帼青与温庭保故父温学忠认识，经温学忠口授经诫，郭士贤系伊故母所传，平素各自在家，每八日念经一次，吃斋两日"。[112]道光二十年（1840），董文学教案中被捕者，大多都是自祖上沿习天主教。[113]两年后，直隶被捕的天主教徒中，宛平县人陈二、董载德、恩白三

---

107 乾隆五十年三月十五日《两广总督舒常广东巡抚孙士毅奏报审明习天主教各犯分别定拟折》，《档案史料》（第二册），第 707 页。

108 乾隆五十年四月初五日《福建巡抚雅德奏报拿获天主教洋人方济觉审明解京并究拿习教各犯分别定拟事》，《档案史料》（第一册），第 728 页。

109 嘉庆十年九月三十日《两广总督那彦成广东巡抚孙玉庭奏为拿获接引西洋人欲赴山西传教人犯审明定拟折》，《档案史料》（第二册），第 877 页。

110 嘉庆二十一年二月十八日《陕西巡抚朱勋奏报拿获习教之王命举审明定拟并将失察官员查明议处折》，《档案史料》（第三册），第 1081 页。

111 嘉庆二十三年四月二十四日《山西巡抚顾格奏报访获天主教人犯审明定拟折》，《档案史料》（第三册），第 1117 页。

112 道光十五年十二月十六日《直隶总督琦善奏报审拟宣化府赤城县传习天主教人犯情形折》，《档案史料》（第三册），第 1202 页。

113 道光二十年七月初三日《湖广总督周天爵湖北巡抚伍长华奏报访拿潜入内地传教西洋人董文学折》《档案史料》（第三册），第 1262 页。

"世传供奉天主教"，江西卢陵县人曾彩和，江西万安县人周明德也均是"世传天主教"，至京城以剃头为业，与同教之人一起信奉。[114]

以上这些事例，可用下面的表 5-2 表示，比较直观地展示出华籍教徒如何用"代代相传"的方式将天主教作为家庭文化流传下来，而这些事例，仅是禁教百余年间发生的众多教案中的一小部分。

表 5-2　禁教时期被捕华籍教徒家传天主教情况举要

时间	地　点	人　物	奉教原因
1747	江苏山阳县、金匮县	宋从一、戴元亮、梁西、梁子奚	伊祖父曾习天主教
1784-1785		戴加爵、刘臣、刘刚、杨生荣、韩守元、张儒、张义等	系祖父相传习教
1785	南海县	潘卢珑、张沛宗	自幼随父习教
1785		南海、番禺、顺德、香山、高要、乐昌、海阳、潮阳、惠来、普宁、新兴各县，并福建、安徽等省寄居粤东的吴瑜珍等八十二犯	祖父习教
1805	广东	李如	祖父李玉章、父李纳及伯祖李阶、族人李玉粮等均同入教，李如亦自幼传习
1816	陕西	王全忠、李绍棕	祖父世习天主教
1818	山西	侯奇太、任治世籍隶平遥县，王温新、胡世义、范步青，俱原籍祁县，许裕原籍阳曲县	祖父相传沿习天主教
1836	直隶宣化府赤城县	温学展等	其父在日跟随入教
1842	直隶	宛平县人陈二、董载德、恩白三	世传供奉天主教

虽然嘉道年间，由于政府对天主教徒的惩罚颇为严厉，部分天主教徒被捕后受不了刑讯，转而改悔背教；但是，这种作为家庭文化而代代相传的天主教，在禁教百余年所发生的教案里屡见不鲜。有些人因查禁而终止了沿习，

---

114 道光二十二年三月十五日《步军统领恩桂等奏报拿获传习天主教人犯请交部审办折》《档案史料》（第三册），第 1288 页。

家里却还藏有天主教的经卷、图像、十字架等物，加上本身具有信教基础，故而在神父、其他教徒的影响下，容易再次入教。嘉庆年间的外籍神父蓝月旺，便成功地劝导曾有信奉传统的湖南衡阳县人郭甫一、随州塌石桥地方的郭大建重新入教。他们的父亲都曾是教徒，去世后未再传习。而他俩入教后，又带动家里的儿孙、附近的邻居入教。[115]若是整个家族均入教，则更容易在家族内部延续天主教传统。内蒙古东北"黑水"地区的忽必图（Kuliutu）村，1777年被一个已接受天主教归化的汉族难民家庭购买，该家族在那里扎根立足，至少在1842年之时，仍一直延续着基督教的传统。[116]

（二）亲友传播

家族之间复杂的亲戚关系令天主教得以在与天主教家庭有关的亲戚朋友们之间广为传播。起初，民众并未视天主教徒为异类，教外人士与教徒之间常有联姻发生。康熙刚刚禁教之时，马国贤在记述北京1719年后的"妇女小教堂"时就曾提到，一个异教徒"最近与一个基督徒结婚了"。[117]而他们之间的这种联姻，往往会将外教人引入天主教中。

禁教较严的乾嘉年间，这样的例子仍旧比较多。乾隆朝时，四川重庆的高姓天主教徒，住小河江北之东阳镇时，"与该镇李姓教友往来，因而得奉圣教。于是与李家联姻，信德尤为稳固"。重庆的另一李姓天主教徒，"至乾隆四十年即一千七百七十五年始奉圣教。其奉教之由，是因与罗家教友姻亲之故"。他家的李天福曾为会长，家中还出过司铎二位。[118]而江津骆姓天主教徒富有资财，"外姓之家皆乐与之结秦晋好，或因姻亲之故而奉教者颇不乏人"。[119]

---

115 嘉庆二十年九月二十四日《护理湖南巡抚印务布政使翁元圻奏报访获西洋人潜入内地传教及习教各犯查讯大概情形折》,《档案史料》（第三册），第1060-1061页；嘉庆二十一年七月二十九日《兼署湖广总督湖北巡抚张映汉奏报查获湖南西洋人蓝月旺传教案内信从入教续经改悔各犯审明可否免罪折》,《档案史料》（第三册），第1083页。

116 [法]雅克玲·泰夫奈:《西来的喇嘛》，第55页。

117 [意]马国贤:《清廷十三年——马国贤在华回忆录》，第84页。

118 [法]古洛东:《圣教入川记》，第72页。

119 [法]古洛东:《圣教入川记》，第73、75页。

乾隆五十年（1785），在甘凉拿获的天主教徒中有相互联姻等关系[120]。而且，一些新入教的天主教徒刚受完洗，首先想到的也是劝说他的亲人们入教[121]。有位天主教徒甚至影响到他身为白莲教徒的岳父，使其最终入了天主教，反响很大[122]。1783年，在四川，一个人皈依基督教，两年后，可能有300人受其感召而入教[123]。在安陆府的多宝湾，有个较大的天主教会口，自1744年2月以来，一年左右，由分布于深山之中零散的四五个天主教家庭，发展为20多个。[124]嘉庆朝时，直隶深州人李邵氏，17岁时聘与固安县人李国珍为妻，公公李大、婆婆李张氏、李国珍都奉天主教，结婚后，其夫教她天主真言，时常念诵，李邵氏也开始信奉天主教，丈夫病故后，她仍照旧习教。[125]

随着禁教局势日趋紧张，为避免外教人告发，或是为了维护自己的信仰，有的天主教徒只愿在教徒之间联姻。乾隆年间，赵圣修神父曾谈及在湖广地区遇到的一个青年女子，她是整个村庄里惟一的天主教徒，她"只允许其孩子们与男女基督徒订婚。一旦当她生下一子或一女，她都要负责使之立即领洗"。[126]当然，这种教徒之间的联姻，势必会加强后代对天主教信仰的坚持。例如嘉庆二十一年（1816），在山西泽州府凤基、屯留等县逮捕了天主教徒李成喜等人，"均由祖父相传沿习西洋天主教"，"李成喜家有祖父传留天主教经本、图像、木十字架，李成喜之妹王李氏，亦自幼随同习教，嫁与凤基县

120 乾隆五十年正月十二日《福康安奏审讯教案人犯分别解京折》，《文献丛编》（第十五辑），第7页："徐健供称教名安得力。与刘必约儿女姻亲"。

121《耶稣会传教士殷弘绪神父致本会杜赫德神父的信(1726年7月26日于北京)》[法]杜赫德编：《耶稣会士中国书简集》（三），第199页："这位新入教者一受完洗，就只想着让他母亲和他妻子也入教。"另见《嘉类思神父致同会入华会士吴君（Pierre Faureau）神父的信（1745年8月22日于中国）》，[法]杜赫德编：《耶稣会士中国书简集》（四），第309页，与非基督徒结婚的四姐妹，都想成为基督徒，二姐的丈夫甚至被其妻说服，他既是富翁又是文士，最终受了洗。

122《耶稣会传教士顾铎泽神父致本会某神父的信（1730年2月）》，[法]杜赫德编：《耶稣会士中国书简集》（三），第305页。

123 Kenneth Scott Latourette. A History of Christian Missions in China, p. 171.

124《嘉类思神父致同会入华会士吴君（Pierre Faureau）神父的信（1745年8月22日于中国）》，[法]杜赫德编：《耶稣会士中国书简集》（四），第309页。

125 嘉庆二十二年十二月十六日《巡视东城御史恒安汪彦博奏报访获习天主教之李邵氏等请交刑部办理折》，《档案史料》（第三册），第1107页。

126《耶稣会传教士赵圣修（Louis des Rolests）神父致布里松神父的信（1741年于湖广省柏泉山）》，[法]杜赫德编：《耶稣会士中国书简集》（四），第284页。

人王升为妻，王升之祖亦有传留天主教经本、神父、木十字架"。[127]嘉庆二十二年（1816），湖广襄阳府逮捕的天主教徒，基本上都有亲戚关系："刘作斌、王槐、邓恒开同父邓添榜籍隶均州，唐选同子唐文富、侄唐文才并胡文奇、曹礼、胡玉盛、张庭、田正刚、胡正帼、焦怀新籍隶谷城县，管文榜、吴以正、李祥富、廖世明、王可亮、沈兆万籍隶房县，彼此住居交界毗连，均有戚谊。"[128]

这种以天主教家庭为中心，向内延伸、向外辐射的传教方式，显然是华籍天主教徒传教的一种主要方式。当家庭中的上一代成员入教后，其子孙后代亦多会把天主教信仰视为家庭的一种文化传统而竭力加以维护与延续。同时，与其他家庭通过联姻等方式结成亲友关系后，这种文化传统又将继续在亲邻间扩大。

二、辅助本地神父

普通华籍天主教徒们在传教方面的另一主要工作是辅助本地的神职人员们传教。首先，提供给华籍传教士的薪金多由天主教徒们带回。乾隆五十年（1785）被捕之华籍传教士刘多明我，于"四十二年回至西安，每年得受西洋人番钱八十五圆，系由焦振纲、秦伯多禄二人带给刘必约，转寄该犯"。[129]同年，在江西拏获的天主教徒马士俊（教名马西满）也供称："三十二三四等年，娄保禄从广东贩货生理，带有银两，俱交马士俊，转寄同教山东德州军犯朱行义收交，嗣因娄保禄不复赴粤，自三十五年起，有广东人刘保禄，每年复托马士俊带付朱行义银两。"[130]其时，"每年有刘保禄、毛伊纳爵二人来广置买洋货，到京发卖，其洋酒等项，岸路难带，是他二人载到江西，交

---

127 嘉庆二十一年八月二十八日《山西巡抚衡龄奏为访获传习天主教人犯李成喜等审明定拟折》，《档案史料》（第三册），第1085-1086页。

128 嘉庆二十二年十二月二十五日《湖广总督庆保湖北巡抚张映汉奏报查获沿习天主教各犯到官改悔审明照例定拟折》，《档案史料》（第三册），第1111页。

129 乾隆五十年正月十二日《福康安奏审讯教案人犯分别解京折》，《文献丛编》（第十五辑），第6页。

130 乾隆五十年三月十七日《江西巡抚伊星阿奏拏获私习天主教马西满等讯明解部折》，《文献丛编》（第十六辑），第24页。另，同书同折，第25页："三十二三四等年，娄保禄从广东贩货生理，每年事交在山东德州充军的同教福建人朱行义板箱一支，内有银两，箱加封固，小的转寄朱行义收受，后来娄保禄不往广东，自三十五年起，有广东人刘保禄每年托小的转寄朱行义银两是实。"

与马西满粮船带去，并为人携送银信，托马西满沿途转交"[131]。

其次，普通教徒经常充当信使，传递信件，向教会及本地神职人员双方汇报情况。在四川工作的华籍神父李安德开始写日记后，"从 1747 年到 1752 年，报信者是 Jovita Qing，马青山和 Maigrot 的一个老朋友。Jovita 会将日记、不同的信件或文件带到那里。他还会从代理人那里把安德的薪金、礼拜所需的一些文章和他的信件带回给安德"。而当他年老后，马青山神父建议由 James Wang 来接替他的工作。[132]1754 年 5 月底左右，一位信使将一位中国耶稣会士写给上司的信，带至葡萄牙中国传教会副省会长费里克斯·德·罗萨（Felix de Rocha）神父处，报告了当时江南发生的教案，信中所未提及的详情由这名信使进行了补充。不久，第二个带信的人到达，并叙述了亲眼目睹的一些情况。[133]

普通教徒们送信的地点不仅仅只是澳门，有一次甚至送到了罗马。道光二十七年（1847），北京正定府传说两位西欧遣使会士林安当神父 Simiand 及神父 Privas 策划驱逐赵神父，使孟振生主教继任，两位中国神父信任了这种谣言，乃派人往澳门，以便迎回赵神父。"在起程的六七人中，有的折回澳门，别的死在路上，只有李村的吴老羊抵达罗马。教宗额我略十六世慈善的接见他，请他将教宗和平及服从的意思转告本国人；这是这次出使的唯一效果。"[134]

第三，利用他们赴粤的机会，帮本地的神父、教徒们寻访可以来传教的外籍传教士。乾隆三十八年（1773），四川天主教徒张万钟趁赴粤之机，帮李安德神父访得外籍传教士冯若望，并顺利带回四川。随后，天主教徒张万效在赴粤替冯若望领取盘费时，又遵其嘱托，带外籍传教士李多林一同来川[135]。

---

131 乾隆五十年三月十五日《两广总督舒常巡抚孙士毅拏获传教之鄂斯定等解京归案折》，《文献丛编》（第十六辑），第 30 页。

132 [法]沙百里：*The Chinese priest Andrew Li (1692-1775) apostle of Sichuan and the Support he received from French missionaries in Macao*，第 191、195、201 页。

133 《钱德明（Amiot）神父致本会德·拉·图尔（de la Tour）神父的信（1754 年 10 月 17 日于北京）》，[法]杜赫德编：《耶稣会士中国书简集》（五），第 39-40 页。

134 [法]P. Octave Ferreux C. M.，《遣使会在华传教史》，第 191-192 页。

135 乾隆五十年二月初七日《兼署四川总督印务成都将军保宁奏拿获西洋人讯明解京折》，《文献丛编》（第十六辑），第 17 页："李安德复于三十八年八月乘张万钟赴广之便，嘱令顺带西洋人来川传教。张万钟至粤，访之通事陈保禄，适有西洋人得冯尔定愿往，即薙发易服，改名冯若望，自携银三百余两，同张万钟来川。……四十一年秋，冯若望以所带银两将次用完，令张万效赴粤领取盘费，

乾隆五十年（1785），直隶被捕之天主教徒郝保禄，"自幼随父奉天主教……四十八年九月内，令安二赴广东接白伊二神甫"[136]。

三、积极广播教义

作为平民的普通天主教徒，行动不易引起官府的注意，而且，信息更为灵通，有能力准确地找到偏僻角落里的天主教徒，并为之主持圣事[137]。何况，天主教徒们还经常可以利用同乡、同事的身份来传教。例如，江南省凤阳县的万秀才，在热河行医时遇见天主教同乡医生，在他的开导下受洗。在其被推荐至太医院时，积极向其周围的人传教，天天催他们进教[138]。耶稣会士殷绪弘在其信件中也曾记载："一个充满信仰的老兵突然决定回家乡转一圈，劝说他的同胞们归信耶稣基督"。[139]

乾隆朝时，此类传教例子比比皆是。乾隆初年，澳门查得华籍天主教徒"林先生、周世廉等一十九人。而林先生蕃名咭吥叽吵，住持进教寺内，率其子与其徒专以传教为事。……向系林先生住居其中，以行医为名，实为传教。……一切进教之人，俱向林先生取经诵习。"[140]

并嘱以如有愿来内地之西洋人，即顺便带来。张万效至粤，取银二百两，复凭通事斯得纳宗接取冯若望素识之都费斯，改名李多林，一同来川。"另见《真福列传》，第15页，审问李多林神父时，"问曰，是谁引尔自澳门至四川，答曰，张万孝，问曰，那一月自澳门起身，答曰，十二月，……问曰，在省城住于何处，答曰，同冯若望齐住唐伯永家……"

136 乾隆五十年二月二十二日《直隶总督刘峩奏拿获梅神甫案内郝保禄折》,《文献丛编》（第十六辑），第19页。

137 《耶稣会传教士殷弘绪神父致本会杜赫德神父的信（1726年7月26日于北京）》，[法]杜赫德编：《耶稣会士中国书简集》（三），第205页提到：一个非常贫穷的天主教徒"有本事在最偏僻的角落，甚至在离北京半法里的偏远的破房子里发现生了病的基督徒……很少有人会被他漏掉，他非常准确地找到他们，为他们主持最后的圣事。"

138 《耶稣会传教士巴多明神父致本会杜赫德神父的信（1727年9月26日于北京）》，[法]杜赫德编：《耶稣会士中国书简集》（三），第124页。

139 《耶稣会传教士殷弘绪神父致本会杜赫德神父的信（1726年7月26日于北京）》，[法]杜赫德编：《耶稣会士中国书简集》（三），第199页。

140 （清）印光任、张汝霖：《澳门记略》，赵春晨校注，澳门文化司署1992年，第81-82页。另，（清）暴煜修：《香山县志》，乾隆十五年（1750年）刊刻，（台）学生书局，1965年影印本，第29页。

乾隆十九年（1754），据闽浙总督喀尔吉善奏报："闽省福宁府属福安一县城，城乡男妇向日崇奉天主教者甚多"，三月内，在"生员刘渭家中，复有男妇会集、讲解西洋邪教之事。三月二十一日会同营员，密赴刘渭家内，拿获回自吕宋、讲解教规之冯文子，并刘渭之亲戚邻右，同在伊家听讲教规男妇十余人，搜获刘渭家旧藏天主图像、十字架、经卷等件……冯文子系福安县桑洋村民人，祖上原崇奉天主教。文子年十四，跟随同县民人蔡灼之往吕宋贸易。……随搭多舡至厦，自厦回福安原籍。……生员刘渭等居住左近，素系同教，闻知冯文子自吕宋而回，必深悉天主教规，欲邀往讲解。文子亦欲借此为衣食之计，应允讲解……邀请冯文子讲教之已革监生郭承佑，民人刘宋观，并同听讲之男妇，均照违制律，各杖一百……"[141]这份奏章显示，热心传教的人中还有生员和监生。

1754 年传教士发自澳门的一封信中，提到了一名曾去日本的中国人的信教事件。当时，正值日本禁止天主教，要求进入日本的人都要践踏带耶稣像的十字架，这名中国人并不知道是怎么回事，回国后偶然向某些基督徒提起此事，这些基督徒马上利用这个机会，向他讲授天主教教义，最终使他归信了天主教。[142]

乾隆三十三年（1768），河南桐柏拿获的天主教徒，是出在京的天主教徒袁胡子（即袁花青）劝说而重新入教的。搜获的"监正谕单一张，乃乾隆四年袁胡子自京带给湖广会长刘在相照抄收藏，其洋佛画像小铜佛，皆袁胡子二十年在京天主堂带给，斋单亦系天主堂按月吃斋日期，每年冬季，袁胡子在京托人寄来，寄单之人皆系过往便人，姓名俱不记忆"。[143]也就是说，在其入教之后，袁花青仍年年与他们联系，并对其信教事宜加以指导。

四川永川的彭秀才也是其中一个典型。他"在圣会教书，热心敬主，传教尤虔。圣教传至大足、荣昌等县，皆赖此秀才"。彭秀才"为人倜傥，与大足龙水镇暨荣昌河包场之人皆有往来。可敬梅神父从中激之，且彭秀才善辩，一千七百八十年始感化龙水镇之蒋家，然后李家、黄家、龙家等皆同化入教，

141 乾隆十九年七月二十三日《闽浙总督喀尔吉善奏报传播西洋教之冯文子原系福安民人应请解原籍收管折》，《档案史料》（第一册），第 233-234 页。

142 《一封发自澳门的信（1754 年 9 月 14 日于澳门）》，[法]杜赫德编：《耶稣会士中国书简集》（五），第 22 页。

143 故宫博物院文献馆编：《史料旬刊》（第十二期），天四百二十一。

于是，圣教在龙水镇远近皆闻"。[144]

乾隆五十年（1785）被捕之"乐昌县民刘志名，教名思德望，不但自己吃斋念经，并招引潘连第、姚万从、姚万德至伊家一同学习，复将经卷、斋单交给钞录，希冀广传徒众"。[145]

乾隆五十年（1785）全国逮捕大量天主教徒后，教徒们仍在暗中秘密传教。四川乐至县的邓有万、杨玉山、屈辉昌、屈松现 4 人，嘉庆十四五六等年时，均从同县已故之丁阳文学习天主教，丁阳文或给与念珠、经卷，或口授课戒经文。[146]嘉庆二十一年（1816），在山西拿获的天主教徒中，"靳有余系由同县人已故连勇甫传授，郑根形、郑贵兴系由同县人已故崔泳枝传授"。[147]

1836 年，董文学神父在赴谷城途中所经过的湖北沙阳会口，是由一位四川教民开辟的。该名四川教民，"营商至此，忽思及为宣教事，久之，颇得邻近外教之信用之感情之新生矣，现信友颇众，皆厚遇之，而地方官长，适为同乡，以桑梓之谊，亦甚有感情，往来颇密切。凡教士至此，为成人付洗，备受欢迎。且谓尚怀大希望，将为信德，更开疆而拓土云云"。[148]

道光二十二年（1842）在直隶被捕的天主教徒，多数是被主动向外传教的天主教徒劝导入教的。例如，安徽安庆府人王泳，于道光十二年（1832）间被江西人沈振引入天主教，直隶天津县人郑兴然，道光十八年（1838）时由同乡王广太引入天主教，而王广太亦是道光十五年（1835）由素识的江西铅县人何大引入天主教的。[149]

四、自发组织习教

由于外籍教士或被遣送、或被处死，本地神职人员严重不足，无法照顾

---

144 [法]古洛东：《圣教入川记》，第 77 页。

145 乾隆五十年三月十五日《两广总督舒常广东巡抚孙士毅奏报审明习天主教各犯分别定拟折》，《档案史料》（第二册），第 707 页。

146 道光三年十一月二十九日《四川总督陈若霖奏报拿获先习天主教到官改悔后复行习教各犯审明定拟折》，《档案史料》（第三册），第 1178 页。

147 嘉庆二十一年八月二十八日《山西巡抚衡龄奏为访获传习天主教人犯李成喜等审明定拟折》，《档案史料》（第三册），第 1085 页。

148 成和德：《湖北襄郧属教史记略 刘董二位致命真福合传》，第 37 页。

149 道光二十二年三月十五日《步军统领恩桂等奏报拿获传习天主教人犯请交部审办折》《档案史料》（第三册），第 1288 页。

到所有有教徒的地区，教徒们无法获得正常的宗教生活。如何在不利的局势中保护自己的信仰，对于维护内地教会来说尤为重要。因而，不管出于什么原因信奉天主教，教徒们有机会总会自发地组织起来，约定好在某户人家中一起念经习教，条件成熟时更是自立堂口，传习天主教。

（一）聚众传习

有意思的是，这种自发地几户人家汇集在一起念经、传习天主教的现象在经过几次大规模教案后的嘉道年间比较普遍。嘉庆二十二年（1816），在湖广地区逮捕了一批天主教徒，他们平常这样一起传习天主教：

> "刘作斌等祖上曾习天主教，茹素诵经，相沿已久。刘作斌、邓恒开、王槐三家祖上各遗有十字架、铜像、经卷，其唐选等家并无流传经、像等物。该犯等幼时，经伊父祖嘱令，勿忘根本，如能习教，日后总有好处，并口授该犯等十诫、七祈求等经文，以每年正月初四及二月二十等日，名为大斋期。是日，同教者拣择一人当瞻礼领首，俱在领首家内，供奉耶稣天主铜像并十字架等物，念诵十诫、七祈求经文。领首人在前念诵，余人在后依次跪念。念完后，领首人用䴵捏薄饼，每人分给一个，闭目接吞，以为在生必蒙天主保佑，死后即入天堂。该犯等均各信从。先年系唐文才故父唐卓为领首，嗣唐卓故后，众人欲推刘作斌为领首，该犯不肯承当。嘉庆十八年，曾在在逃之唐文云家瞻礼一次"。[150]

道光四年（1824）于直隶宛平县拿获了杨育才等教徒，杨育才将西洋人给予的铜十字佛像供在他家空房内，与张文成、张文浩等人一同礼拜，并劝赵德明、张玉川等人随同礼拜。他们"每逢礼拜，不点香，只点蜡，张文成等公摊点蜡钱文，存于赵德明铺内，用完再摊"。[151]直隶通州人张玉松，米京城剃头为业，因世传天主教，道光十五年（1835）时，"在宣武门外皮库营地方，典得住房八间，陆续招赁素习天主教之王广太、董载恩、曾彩和、周明讲、王王氏、杨杨氏、张二妞在伊院内居住。伊屋内砌有土台，供奉天主像。

---

150 嘉庆二十二年十二月二十五日《湖广总督庆保湖北巡抚张映汉奏报查获沿习天主教各犯到官改悔审明照例定拟折》，《档案史料》（第三册），第1111-1112页。

151 道光四年十月十四日《工部尚书顺天府事陆以庄等奏报拿获传习天主教人犯杨继武等审明定拟折》，《档案史料》（第三册），第1183页。

王广太等常到伊屋内念经"。[152]贵州天主教徒何开枝，道光十八年（1838）
时，因徐王氏家屋宽余地僻，遂在其家设立经堂，何开枝将经本给众人看阅
解释，轮流念诵。[153]

几户教徒自发地组织起来，一起念经习教，无疑会巩固他们对天主教的
信仰，在周围环境不友好的情况下坚持将天主教在家中传习下去。

（二）私办教堂

天主教在中国传播之初，四处修建教堂以方便教徒们做礼拜，比较出名
的有利玛窦在肇庆修建的"仙花寺"等。即使在康熙禁教之初，1719 年后，
马国贤神父还在北京建立两个小教堂，并专为妇女使用。[154]

虽然在禁教时期里，中外传教士克服困难，暗地里四处传教。但中国太
大，相当一部分天主教徒散居各地，少数的神父们无法也不可能都能顾及到，
于是，天主教徒们便自己组织起来进行祈祷，甚至兴办教堂，尽管有的非常
简陋。然而，雍正十三年（1748）已颁发谕旨："凡民间有立愿广大，特欲兴
造者，必由督抚题明，方准营建。"[155]此时公开建造教堂当然不可能，只能
在私底下秘密进行。

1746 年福建教案，巡抚周学健在奏折中称："文人和平民都变得如此迷
恋这些布道人，以至于所有人都惟恐落后地争相邀请他们，竞相在家中接待
他们，甚至是争夺为他们秘密建造教堂的荣誉。"[156]于是，南怀仁主教在松
江，靠近黄浦江的汤家巷的一所小堂口安逝。[157]苏努一家的王爷们离开北京

---

152 道光二十二年三月十五日《步军统领恩桂等奏报拿获传习天主教人犯请交部审办
　　折》《档案史料》（第三册），第 1287 页。

153 道光十九年四月二十九日《贵州巡抚贺长龄奏报拿获天主教首从各犯审明定拟
　　折》，《档案史料》（第三册），第 1242 页。

154 [意]马国贤：《清廷十三年——马国贤在华回忆录》，第 84 页。

155 （清）赵慎畛撰：《榆巢杂识》，徐怀宝点校，中华书局，2001 年，第 35 页。

156 《尚若翰神父就中华帝国 1746 年爆发的全面教案而自澳门致圣-夏欣特夫人的记
　　述》，[法]杜赫德编：《耶稣会士中国书简集》（四），第 334 页。

157 [法]穆启蒙编著：《天主教史》（卷三），第 274 页："最后他（注：此处指南怀仁，
　　又名茇德国 Msgr. Gottfried von Laimbeekhoven）感觉终期已近，便退居到松江附
　　近的一个小堂口去，在那里安逝于主；给他送终的是一位老耶稣会士姚神父。"
　　另见丁宗杰：《上海天主教教务发展史》，载《传教鳞爪》，天主教教务协进委员
　　会 1949 年，第 11 期，第 1234 页，"最后他于一七八七年安逝于浦东之汤家巷

去各自的流放地时，曾经过一个有教堂的村庄。[158]北京附近的长城某个关口外，也有一传教区，整个村庄里的人基本都入了天主教，而且还建了一座小教堂，使得他们"可以自由地到那里聚会"。[159]乾隆十二年（1747），奉天承德县有"天主堂一座，归天主教之张八相等四十余人"。[160]道光二十七年（1847），在湖北江夏县拿获的外籍教士李若瑟供称，"道光九年，伊等渡海由广东曾至山西、陕西等省，并无一定住址。山陕地方都设有天主堂"。[161]可见各地私办教堂的情况几乎贯穿于禁教前后。

1. 北京地区

北京宝坻县人李天一之"父李文禄，向在家内供奉天主图像，李天一自幼即随父入教。乾隆十年，李文禄病故，李天一与同庄之张化陇、张其让、张其汉、张其端、田琦、张荣保、王廷秀接奉此教，各在本家持斋念经。至三十五年，李天一因在家拜诵，恐致亵渎，遂令张化陇等各出钱文，即在该犯家隙地内搭盖草房一间，赴京向天主堂西洋家人崔处讨取瞻礼单，并添买天主图像暨经卷，乐器等物，悬设堂内。迨四十二年，复有同村之张其刚，因身休多病，希图消灾获福，亦随同入教，与李天一等共有九人，每逢瞻礼日，都齐集教堂，诵经一日，至晚即散。教堂内所有惟香烛斋供，系摊钱公买"。[162]

嘉庆七年（1802）间，华籍教徒们"将海甸杨家井地方旧有西洋人寓处一所，改为圣母堂，分男女两堂。男堂会长六人，已故张廷贤，在逃之杨姓并

小会口内，送他终的，只有一位国籍耶稣会士姚公若望。"以及[法]费赖之：《明清间在华耶稣会士列传（1552-1773）》，第942页，"他退居到离松江不远，靠近黄浦江的汤家巷一所小堂口……姚若翰神父及时赶到，为主教施行了终傅圣事。"

158 《耶稣会传教士巴多明神父致本会某神父的信（1726年8月24日于北京）》，[法]杜赫德编：《耶稣会士中国书简集》（三），第74-75页。

159 《耶稣会传教士殷弘绪神父致本会杜赫德神父的信（1726年7月26日于北京）》，[法]杜赫德编：《耶稣会士中国书简集》（三），第203页。

160 乾隆十二年二月十五日《奉天将军达尔党阿奉天府府尹苏昌奏报遵旨查办习教民人张八相等事折》，《档案史料》（第一册），第136页。

161 道光二十七年十一月初五日《湖广总督裕泰湖北巡抚赵炳言奏盘获西洋人潜入内地传教委员查讯办理情形折》，《档案史料》（第三册），第1333页。

162 乾隆四十七年二月十二日《直隶总督郑大进奏报访获宝坻县李天一私盖天主教堂聚众念经折》，《档案史料》（第一册），第335-336页。

现获之刘朝栋、赵廷畛、朱长泰，内务府正白旗闲散、现在畅春园看门之汪茂德，女堂会长民妇陈杨氏各讲经传教，每月男女来堂念经，煽惑甚众"。[163]嘉庆十一年（1806）间，宛平县后桑峪村因官员查办，教徒张文成等"先将该村所立西洋教男女两堂折毁，并将经卷藏匿，未经起获"。随后，教徒杨育才将西洋人给予的铜十字佛像供奉在他的一所空房内，令同教人等按期瞻礼，直至嘉庆二十二年（1817）被查获。[164]

北京附近的蒙古西湾子地区，1835年孟振生神父抵达那里时，该处教徒正在建造一座更大的教堂；道光十五年（1835）开始，十八年完成，花了一千元，孟神父帮助百分之十，其余皆由本村及附近所献；这座堂直至民国九年（1920），都是主教座堂。[165]

2. 广东地区

广东部分，雍正十年（1732），广东省城及其附近查得男女天主堂各八处，其中，男天主堂的情况如下表5-3：

表5-3 1732年广东省城及其附近男天主堂

堂　名	堂　主	籍贯	副堂	籍贯	同堂之人	籍贯	入教人数
西门外杨仁里东约堂	安多尼	西洋	艾色	西洋			约1400余人
杨仁里南约堂	戈宁	西洋	刘若德	顺德			约1000余人
漳畔街堂	谢德明	西洋			欧歌	增城	约1200余人
					魏若韩	山东	
芦排巷堂	方玉章	西洋	朱耶芮	西洋			约1100余人
天马巷堂	罗铭恩	西洋	刘伊纳爵	顺德	梁家相	顺德	约1300余人
清水濠堂	彭觉世、卜如善	西洋	张尔仁、赫苍碧	西洋	王弘义	江南	约2000余人

---

163 嘉庆十年正月十八日《刑部奏为审拟西洋人德天赐私自托人寄送书信一案折》，《档案史料》（第二册），第835页。

164 道光四年十月十四日《工部尚书顺天府事陆以庄等奏报拿获传习天主教人犯杨继武等审明定拟折》，《档案史料》（第三册），第1182页。

165 [法]P. Octave Ferreux C. M.，《遣使会在华传教史》，第164页。

小南门内堂	闵明我	西洋	汪四	新会	黄绍兴、张玛略	始兴	约 1400 余人
					刘若敬	南海	
					劳赞成	增城	
					郝若瑟、区良祐、何伯衍	番禺	
花塔街堂	华姓	西洋	卞述芳	西洋			约 300 余人

【男堂八处，共引诱入教男子约万人。其中，担任副堂等传教之人，有华人 14 名，顺德 3 人，新会 1 人，增城 2 人，始兴 2 人，南海 1 人，番禺 3 人，山东 1 人，江南 1 人，即广东有 12 人，外省 2 人。】

表 5-4　1732 年广东省城及其附近女天主堂

堂　名	堂　主	籍　贯	同堂之人	入教人数
清水濠女堂	谭氏、刘氏	顺德		妇女约 400 余人
小南门内女堂	陈氏	顺德		妇女约 300 余人
东朗头、盐步两堂	梁氏（孀妇）	顺德		妇女约 600 余人
西门外变名圣母堂	何氏（孀妇）	顺德		妇女约 200 余人
大北门天豪街变名圣母堂	余氏	正蓝旗人		妇女约 300 余人
小北门内火药局前女堂	苏氏（孀妇）	顺德		妇女约 200 余人
河南滘口女堂	唐琼章妻戴氏	南海	卢氏、唐氏（孀妇）	妇女约 300 余人

【女堂八处，共引诱入教女子约二千余百人。其中，担任堂主等传教之人共 10 人，均为华籍，顺德 6 人，南海 1 人，正蓝旗 1 人[166]。】

166 雍正十年七月初二日《署理广东总督印务广东巡抚鄂弥达奏报查明广东澳门地方西洋教民情形折》，《档案史料》（第一册）第 69-70 页。8 座男天主堂中，西班牙方济会有 3 座，即西门外杨仁里东约堂、天马巷堂及花塔街堂，见崔维孝：《明清之际西班牙方济会在华传教研究（1579-1732）》，中华书局，2006 年，第 366-367 页。

3. 福建地区

福建地区主要的信教地点是福安县，"信奉天主教之人甚多，惟穆洋溪东溪前桑洋罗家港鼎头村为最盛"。[167]乾隆十一年（1746），在此地及其附近擒得"各村堂主教长生员陈紬、监生陈廷柱、民人郭惠人、陈从辉、刘荣水、王鹗荐等六名，女教长郭全使、缪喜使二口"[168]，说明此处也有教堂。

4. 陕西地区

乾隆三十年（1765），陕西城固县小寨村地方，有西洋费姓神父来传教。李世充之祖李世惠，"即在村中公捐房舍六间，为费姓习教念经之所。嗣后又有西洋方姓、毛姓陆续来陕，均在念经处所居住。"[169]

乾隆四十九年（1784）蔡伯多禄等接引外籍传教士四名至陕西，其原因就在于"彼处新修天主堂，要请西洋人前往住持传教"。[170]此处天主堂的修建情形是，"西安城外教场旁旧有天主堂一所，年久倒坏……同教杜于才住在西安城内，起意建修，到上年二月修好，就有候补官员借住公馆，杜于才心里不平。上年有同教的西安省城人焦振纲教名若望，山西绛州人秦其龙，教名伯多禄，贩皮货来广，杜于才托他们请西洋人去住持传教，免得天主堂被人住坏。"[171]但是，据陕西巡抚毕沅查明，西安原有两处天主堂，北门糖坊街的天主堂自雍正初年即拆毁，基址入官，改建长安县社仓；另一所在城南教场后含光坊地方，改作民房。雍正禁教时，外籍神父梅功因欠杜兴智银三百两，即将此房抵债，改作民房，曾作为知县寓所，并出租较小的房屋。出租房有二间供有十字架，为刘义长租住。秦禄等欲请西洋人，遂留银二十两，

---

167 乾隆十一年五月十二日《福建巡抚周学健奏报拿获天主教夷人并办理缘由折》（1746 年 6 月 30 日），《档案史料》（第一册），第 79 页。

168 乾隆十一年五月二十八日《福建巡抚周学健奏报严禁天主教折》，《档案史料》（第一册），第 85 页。

169 嘉庆二十一年二月十八日《陕西巡抚朱勋奏报拿获习教之王命举审明定拟并将失察官员查明议处折》，《档案史料》（第三册），第 1079 页。

170 乾隆四十九年九月初九日《广东巡抚孙士毅奏报拿获谢伯多禄并严拿蔡伯多禄等事折》，《档案史料》（第一册），第 381 页。另，乾隆四十九年九月十三日《广东巡抚孙士毅奏报严拿蔡伯多禄并请议处沿途失察官员折》，同上书，第 288 页："据称，秦、焦二姓实有其人，秦名其龙，焦名振纲，另有杜于才，三人新修西安天主堂，果有欲请西洋人前往住持传教之事。"

171 乾隆四十九年九月初九日《广东巡抚孙士毅奏呈被获谢伯多禄供单》，《档案史料》（第一册），第 385 页。

让刘义长代为修葺，并无建天主堂之事。[172]也就是说，教徒们只是打算将两间供有十字架的房间给外籍教士居住而已。

5. 江南地区

江南地区，乾隆十二年（1747）时，苏州便有不少会堂，各堂均有办事人，如尤元长、徐鲁直、孙裕玉、周德升等[173]。上海四乡如浦东、浦南、松江、青浦等各县有几百座大大小隐藏在私人住宅或村庄中的小堂口，掩护当时的传教士。上海市城内还有艾家、陆家和施家三处。其中，"艾氏小堂，即在艾宅楼上，颇隐蔽，与陆家小堂同"，"地点在大东门艾家弄，和老天主堂相近"。艾家、陆家小堂保存完好，而施家小堂则于太平天国时期被毁。[174]

此段时期内，虽然在上海，"靠着这些会口内的会长，办事人，以及贞姑们，把宝贵的信德维持保存了下来"，但是，1840年后到达此地的传教士们仍认为他们"对于教士们很大量，信德很坚固；只是胆子都太小，不敢向外教人甚至最近的外教邻居传教，所以传教精神毫无。"不过，1845年，P. Clavelin 神父则赞扬道："上海教友在这种长时期教难之后，在神形双方得不到援助的环境之下，而犹能保持他们的信德，这实是天主特别保佑的标记。假如法国圣教会，也受到这样长时期的艰难，法国是否还能有这么些教友，也是一个疑问。"[175]

6. 湖广地区

乾隆时期，在山区谷城传教的君丑尼神父提到："我的住处被安排在基督徒府上，此人在该会口中居首位。虽然他非常贫困，但仍不失积累了某些财产。而且他几乎将家资全部用来营造一幢与他自己的住宅相毗邻的房子。这幢房子相当干净而适用，可以在那里留宿一名传教士及其教经先生们，以在那里举行圣祭，并使那些前来学习或参加圣事的基督徒们在那里集会。"

---

172 乾隆四十九年十月初八日《陕西巡抚毕沅奏报复获建天主教堂缘由并拿获杜于牙等犯折》，《档案史料》（第二册），第469-471页。

173 徐允希：《苏州致命纪略》，第31、71页。

174 丁宗杰：《上海天主教教务发展史》，《传教鳞爪》，天主教教务协进委员会，1949年，第11期，第1233-1234页，及丁宗杰：《上海天主教教务发展史》，《传教夜谈》，天主教教务协进委员会，1949年，第12期，第1394页。

175 丁宗杰：《上海天主教教务发展史》，载《传教鳞爪》，天主教教务协进委员会，1949年，第11期，第1236页。

[176]他还说，一名平常过着极端贫穷生活的老翁找到一名传教士，表达了希望于其村庄中建造一座教堂的强烈愿望，传教士称赞了其美意，但认为他无力完成许诺的事，至少需要 2000 两，这个农民却坦率地说有这么多现金，"自己四十年来就构思了这种意图，于是便节衣缩食，压缩绝对必要的一切开支，以便在死亡时能感到满足地为其村庄留下一座高大的尊崇真正天主的教堂"。[177]这个例子充分体现了某些普通教徒信仰的真诚以及由此而来的奉献精神。

而在湖北木（磨）盘山地区，此地"原有圣心堂一所，……为吏役所毁，真福来时，乃仅有土墙茅屋数椽，聊为本地司铎居住之所。及圣母无原罪小堂一所，建筑于狮子崖上，地势峻险，外地教士，颇有避难居此者，嗣后亦被毁"[178]。此中"真福"即刘司铎克来，来湖北谷城时间是乾隆五十八年（1793），当时"茶园沟地方旧有天主堂一座，刘方济各即在堂居住"，嘉庆十七年（1812），"因省城上司衙门行文严查教匪，该县将天主堂拆毁"。[179]困难时期，普通教徒的家中也可成为某种意义上的教堂，因为有教士住居其中。如遣使会士董文学于道光十六年（1836）至谷城茶园沟后，因此处天主堂被拆，在孙尚其隔壁的茅屋居住，"取名观音堂，供奉天主图像、十字架，每隔五日吃斋二日，开讲洋字经，谬称诚心信奉，来世可以转生好处，向众诱惑，每遇斋期，令众人至其茅屋内礼拜、听讲，名为坐瞻"。[180]

道光十九年（1839）于荆州查出的入教旗民，均在省城外的戴兴隆家念经，戴家"设有天主堂一所"，华籍司铎杨姓来此时，便在堂内歇宿。[181]

176《耶稣会传教士君丑尼（Loppin）神父致波兰王后——洛林女公爵告解神父拉多明斯基（Radominski）的信》，[法]杜赫德编：《耶稣会士中国书简集》（四），耿昇译，大象出版社，2005 年，第 265 页。

177《耶稣会传教士君丑尼（Loppin）神父致波兰王后——洛林女公爵告解神父拉多明斯基（Radominski）的信》，[法]杜赫德编：《耶稣会士中国书简集》（四），第 269 页。

178 成和德：《湖北襄郧属教史记略 刘董二位致命真福合传》，第 7 页。

179 嘉庆二十四年十一月初七日《河南巡抚琦善奏为续获天主教人犯周观等审明定拟折》，《档案史料》（第三册），第 1161、1163 页。

180 道光二十年七月初三日《湖广总督周天爵湖北巡抚伍长华奏报访拿潜入内地传教西洋人董文学折》《档案史料》（第三册），第 1261 页。

181 道光十九年九月二十六日《荆州将军德楞额等奏报访获审拟驻防旗员官禄等潜习天主教各犯等事折》，《档案史料》（第三册），第 1247 页。

7. 云南地区

云南地区的天主教徒多由四川、广东迁入，禁教时期，或许因地处偏远，较少受到教案波及，教务遂得以有所发展。至鸦片战争前，云南陆续建有几处教堂，具体可参见表5-5。

表5-5　鸦片战争前云南地区教堂情况[182]

地　　址	距城里数	大小	堂　名	创建期	原业主	式样	备　注
大关厅龙潭乡龙台场	460	小	天主堂	乾隆年间	买刘姓地	中式	
大坝乡成凤山	480	小	同上	嘉庆年间	买盛姓地	同上	
仁里乡八呀岩	220	小	同上	道光年间	买韦姓地	同上	
吉照乡右幽子	360	小	同上	同上	买刘姓地	同上	又名出坝头
邓川州寅塘里下档二甲小米庙*	120	大	同上	道光十五年	买段姓地	洋式	
寅塘里小米郎*	120	小	育婴堂	道光十五年	买民居	中式	

【*光绪三十四年云南教堂册中，此处作水碓房，距城150里。

*大教堂对过盖民房三座，上人名之曰小教堂，一作男堂，男孩八人，一作女堂，女孩三十口。】

这些全国各主要信教地区的天主教堂，或是特意修建，或只是在教徒家中，条件简陋，却有效促进了当地天主教徒对信仰的坚持，说明当时的教徒，已部分结束了初期的零星状态，开始形成一定程度的聚集，以维持教会在困境中的发展。

五、组成封闭团体

此段时期内，为了天主教发展的安全性，部分信教地区采取了长期封闭的形式，加剧了教会的内敛，使民教之间融合的难度加大，"神父们试图把他们组成与外教人隔离的独立村庄"[183]。"传教士常设法把乡镇的教友组成

---

182 龙云、卢汉修，周钟嶽编纂：《新纂云南通志》（第108卷），《宗教考八》，云南省署，1949年，第7-8页。

183 [法]穆启蒙编著：《天主教史》（卷三），第269页。

'教友村'。传教士又劝谕进教者勿与外教人通婚。"[184]这段时间，"大部分教友都是农民、工人、商人和渔户。为更容易维持教友生活，传教士们有时设法使清一色的信徒聚集在一个村庄，其中人数最多也最出名的是湖北省的茶园沟"[185]。此即巴多明神父提到的湖广木（磨）盘山教区。曾在此工作的胥孟德神父认为："在只有基督徒的地方，不让任何一个非基督徒定居，如果碰到有非基督徒，他希望能在上帝的恩宠下让他们归依信仰。"[186]于是，这个地方成为禁教时期所形成的封闭的天主教社团的典型，是传教士们特别关注的地方，也是清朝政府尤为注意之处，更是教案频繁发生的地区。以下是纽若翰神父对这一时期湖北磨盘山地区华籍天主教徒日常宗教生活的描述：

> "无论是男还是女，他们都在心灵深处牢记全部祈祷经文。他们的日课经中包括多种虔诚修持，系有选择性地取自法国、德国、意大利和葡萄牙的日课经。他们非常频繁地念诵玫瑰经，连同每数十颗念珠之前的祈祷经文。其顺序是为了使祈祷经文有所调节，每天晚上都举行，而且是每个家庭都共同举行。他们的田间劳动是非常辛苦的，由于他们在这些高山上根本不可能利用牲畜耕田，耕耘必须以臂力来完成。他们结束劳动返回后，整个家庭便围坐在一起，人们在圣像前点燃一盏灯或一根蜡烛并且焚香，圣像被供在家中最尊崇的地方。其中一人领唱经文，其他人则以同样的语调，庄重又而极其尊重地随他念诵。在他们祈祷期间，他们或俯首，或作敬仰状，或者是如同表达他们对其罪孽而产生的痛苦一般。……当在夜间去巡察病人时，最使我感到安慰的事，则是听到这些善良的人让人将颂扬上帝的歌曲唱得震天作响了，因为人们高声地念诵祈祷经文，几乎如同在我们的唱诗班中那样单调地念诵。"[187]

在神父的描述中，磨盘山地区教徒的宗教生活仿佛历历在目，井然有序。更令人值得注意的是，在历次教案的打击下，这个地区仍有着严谨的组织，

---

184 [荷]金普斯、麦克罗斯基：《方济会来华史（1294-1955）》，李志忠译，香港天主教方济会，2000年，第11页。

185 [法]穆启蒙：《中国教友与使徒工作》，第131页。

186 《耶稣会传教士巴多明神父致本会杜赫德神父的信（1734年10月15日于北京）》，[法]杜赫德编：《耶稣会士中国书简集》（三），第153页。

187 《耶稣会传教士纽若翰（Neuviale）神父致同会布里松（Brisson）神父的信》，[法]杜赫德编：《耶稣会士中国书简集》（四），第274页。

有具体的分工，定有详细的工作职责，从教导教徒、帮助弱小至对外传教，每项工作均有专人负责。磨盘山地区的善会分为五组，会员均按照所隶属的组去实行规定的职务：

"（一）第一组的职务是维持堂中敬礼的尊严，对圣体应有的敬重，认识并遵守参加弥撒和领圣事的礼节。他们也要注意圣堂的清洁和装饰。弥撒以前，不时提醒教友所要参加的奥绩的庄严伟大；弥撒的当时要维持当有的恭敬；领念圣体前后诵，以及其他经文。

（二）第二组负责教导奉教的儿童及成人，或在学校（当时堂区小规模的教理学校）或在家庭或个别施行。幸亏有他们，所有的教友都学会了要理问答和主要的经文；为了使他们不忘记，教他们一齐咏唱，甚至有时在工作时也唱。

（三）第三组由更为年长的教友组成；他们劝勉领导不大热心或行为稍欠检点的教友重振热心；防范不正当的行为，平息争端，尽力避免与外教人结婚，不容许任何涉嫌迷信或反对教会精神的习俗。这个困难的角色自然要求他们自身树立善表。

（四）第四组由有学识的教友所组成，他们的使命是归化那一带的外教人；为此当同这样的人交接来往，赢得他们的同情，情愿给他们服务帮忙，引他们谈论宗教的问题，好能使他们明了信仰的真理。

（五）第五组担任更有收获的任务，即献身服侍病人照顾垂危的人。每社区有几位会员负责警戒，遇有教友患重病者，便去报告组织；立即便有几位会友去安慰病人，准备他接受教会的协助。然后再去请神父，并陪伴圣体至病室；病人多次是穷人，但他们费心准备，务使他相称地领受圣体及病人傅油礼。他们点燃圣蜡，供上耶稣圣母的圣像，在这临时布置的祭台前念'助善终经'，直到他咽气为止。殡葬礼也是他们实习救灵热心的机会，因为他们利用这个机会给亡者的亲戚朋友报告永恒的真理，使他们窥见给信友们所保留的天堂福乐。这样一位教友的死亡，往往导致他亲人的归化。"[188]

---

188 [法]穆启蒙：《中国教友与使徒工作》，第 150-151 页。另见《耶稣会传教士组若翰（Neuviale）神父致同会布里松（Brisson）神父的信》，[法]杜赫德编：《耶稣会士中国书简集》（四），第 275 页："每个修会成员都有其特殊的职责，部分人主

所以，在湖北磨盘山"这座山上，基督徒的生活如在修道院里一样受到控制。每天晚上，在一天的辛劳后，所有家庭都要聚在一起祈祷。耶稣会士建立了一个组织严密、爱挑毛病的善会，作为整个修会的中坚力量。因此，即使教士不在，修会也能继续存在。善会成员分成五组，分别负责礼拜仪式、教理问答、教规纪律、精神卫道、照料病员及为死者祈祷。另有一个负责女教徒工作的相应组织，其中多名成员发愿永守童贞"。[189]骆尼阁神父说："此区具有原始教会之热诚……教民皆集中，无教外人羼杂于其间，仅知祷告主力田。"[190]尚若敬神父也认为"那里的信徒在远离与异教徒的交往中，形成了一种早期教会的真实形象。"[191]嘉类思神父对此甚感宽慰地说："这个地方的基督教徒没有与异教徒混居在一起，他们只知道向上帝祈祷与耕种田地。"[192]

在这种环境下，教徒的信仰、生活受到严格的控制，在其中生活的异教徒难保不会受到他们的影响而入教，而背教者更会遭到大家的冷遇，在一定程度上保证了天主教在这个团体中的生存与发展。1738 年，襄阳府知县逮捕了磨盘山地区几个为首的天主教徒，要求他们签署一项声明，许诺不再加入天主教。有人自作聪明，说他们绝不会再为人施洗，并在这种意义上签署了声明。但当他们返回时，传教士们如同对待背教者一样对待他们，拒绝他们进入教堂和参加圣事。在这种情况下，这几人承认了错误，为此痛哭流涕，

持圣礼、弥撒、教堂礼拜、祈祷等礼仪，其他人则受命教诲新信徒和青年人。有的人负责帮助满足濒临死亡的人之宗教和世俗的需要，有的人负责主持埋葬、执行遗嘱，在他们死后印制纸票而为他们安排祈祷。这些纸票能飞向所有基督徒，甚至是飞向其他省的基督徒，以请求他们的赞同。其中的某些人都在那里定居，以反对非信徒们的迷信并向他们传授信仰之真谛；另外，某些人定居在那里是为了鼓动和激励那些其虔诚已被削弱或表现恶劣的人；为了监视婚姻，阻止基督徒与非信徒缔结婚约，不允许他们作出反对教会思想的任何行为。如此分配的这些职务，非常有利于维持基督徒中的虔诚心。但产生最多效果者，却是对垂死者的帮助和对青年人的施教。"

189 [法]沙百里：《中国基督徒史》，耿昇、郑德弟译，中国社会科学出版社，1998 年，第 243 页。

190 [法]费赖之：《在华耶稣会士列传及书目》（下），第 927 页。

191 《尚若翰神父就中华帝国 1746 年爆发的全面教案而自澳门致圣—夏欣特夫人的记述》，[法]杜赫德编：《耶稣会士中国书简集》（四），第 344 页。

192 《耶稣会传教士嘉类思神父致法兰西世卿诺瓦荣伯爵兼主教的信（1759 年 9 月 12 日于中国）》，[法]杜赫德编：《耶稣会士中国书简集》（五），第 78 页。

向所有天主教徒们进行道歉，自发奋勇地前往刑部以撤消他们的联署签名，并公开传播天主教。[193]

同样地，为保存力量，四川天主教除鼓励信徒迁居偏僻山村外，还将一些教徒迁移他地聚居，并委任会长或传道员进行协调管理。

应该承认，这些方式曾有效地保存教会的力量，增强了教徒对教会的依赖，巩固了教徒的宗教信仰，防止其减弱以及避免外界力量的干预。然而，这一做法加剧了教会的内敛与保守，使得天主教徒各群体与外界社会相互孤立又相互对立，而且，其存在的地位本身迫使它必须采取秘密活动，但任何社会都始终对此类事件特别敏感，这不得不使得这些独立的传教区与当地社会之间难以产生强烈的认同感和接触交流的愿望，酿成此后民教之间相互敌视、彼此冲突的远因。

六、付洗弃婴病儿

这段时期内，在成人中间传教是件异常危险的工作，虽然华籍天主教徒们努力做到这一点，但风险太大，随时都有可能被捕。于是，天主教徒们转而将一部分精力放于给大批弃儿或濒临死亡的婴儿付洗这一工作上，传教士们也不断劝告新教徒们为临近死亡的孩子们付洗。在这种情况下，作为平民的天主教徒，大多数的传教工作也确实只是给这些孩子们付洗，有的每个月给传教士们送去自己为之打开天堂之门的孩子的名单，有的甚至为没有及时给病重的孩子付洗而悔恨。[194]而苏努的第十一子方济各库在八旗中宣扬教义时，也发现在民众中传教能否得到积极的响应比较困难，病人们"有点勉强地，至少是出于礼貌或者感激，听他讲基督教理"，于是，"他取得的最牢固的成果，就是为好些垂死的孩子们付洗，让他们升了天"。[195]而"据一七三七年传教史记载，北京三圣堂常栽培传教先生外出寻觅婴孩，设法付洗，每年只在北京有二千之数"。[196]

193 《中华帝国1738年的宗教形势》，[法]杜赫德编：《耶稣会士中国书简集》（四），第190页。

194 《耶稣会传教士殷弘绪神父致本会杜赫德神父的信（1726年7月26日于北京）》，[法]杜赫德编：《耶稣会士中国书简集》（三），第197-199页。

195 《耶稣会传教士巴多明神父致本会杜赫德神父的信（1727年9月26日于北京）》，[法]杜赫德编：《耶稣会士中国书简集》（三），第83页。

196 《中国圣教掌故拾零》，《圣教杂志》1937年第二十六卷第五期，第284页。

七、散发书籍传教

为促进教徒在宗教方面的学习，一些书籍，比如一本固定的"手册"是必不可少的。当教宗允许在举行圣事时用汉语后，翻译并推广有关天主教教义的汉语文献变得必要而且迫切，尤其是朝廷禁教后，得不到传教士指导的天主教徒对此类书籍的需求也越来越大。乾隆年间，在京的传教士，只要一有闲暇时间，便撰写有关宗教的精辟论著，或是翻译有益的作品，如冯秉正神父翻译的《圣年广益》、《圣心规条》节本等，这些书于"基督徒中，甚至还是非信徒中广为流传，产生了极大效果"。[197]他的白话教理书《盛世刍荛》，在禁教时期重印多次，《圣年广益》在乾隆三年刊行，《圣经广益》于乾隆五年刊行。[198]

历次教案中，不少教徒家中都藏有此类书籍，大部分是由其祖上流传下来。例如乾隆四十九年（1784），湖广地区逮捕的天主教徒，家中大多藏有此类书籍等物品，具体情况可参见表5-6：

表5-6　乾隆四十九年（1784）湖广被捕天主教徒藏有的天主教书籍等物品[199]

地 点	人 物	所藏天主教物品	备 注
湘潭县	刘绘川	《日课》一小本（刊本）	祖、父相沿遗留
	刘盛传	《日课》一小本（抄本）、小纸像二张、斋期单一张	
	刘十七	破烂经片斋单一包、墨画小像一、铸像小铜牌二个	
	刘振宇	斋期单一张（刊刷）	
	刘朝和	抄写天主教语一小本、念珠一串	

---

197 耶稣会传教士君丑尼（Loppin）神父致波兰王后——洛林女公爵告解神父拉多明斯基（Radominski）的信》，[法]杜赫德编：《耶稣会士中国书简集》（四），第265-266页。

198 张泽编注：《中国天主教历代文选》，内部资料，2003年，第115页。另见徐宗泽：《明清间耶稣会士译著提要》，上海书店，2006年，第346-347页，1721年后，曾有巴多明的《德行谱》、《济美篇》，冯秉正的《朋来集说》、《盛世刍荛》、《圣年广益》、《圣经广益》，陆安德的《真福直指》，以及华籍神父沈东行的《易简祷艺》等书出版。

199 乾隆四十九年九月十八日《湖广总督特成额奏呈查获刘绘川经像等件清单》，《档案史料》（第一册），第413-416页。

武陵县	李大	《日课》三小本（刊本）、画像一轴、墨像三轴	
	龙国珍	《日课》一小本（刊本）、要理一本（刊本）、洋镜一面	藏于船内
襄阳县	刘宗选	《日课》一本（抄本）、《盛世刍荛》一本（刊本）、《天主降生言行纪略》一本（刊本）	
	张永信	《日课》二小本（刊本）、《小日课》一小本（刊本）、《四字经文》一本（刊本）、《瞻礼诵》一本（抄本）、《教语》一本（抄本）、《铎德念三多斯》一本（抄本）、《弥撒礼节》一本（抄本）、《问答语》十七纸、残医书一本	遗在龙国珍船内

嘉庆十年（1805），北京被捕的天主教徒"供出近年编造汉字西洋经卷三十一种，流传各处，冀图易于煽惑人教人众，其版片在天主堂存贮"。[200]嘉庆二十年（1825），热河都统和宁呈报的刊板书有"《圣年广益全编》一十有二，每编分上下二集，远西耶稣会士冯秉正译述；乾隆戊午武进士三等侍卫、湖北襄阳镇前营游击、古檀州赵克礼叙信天主教，冯秉正叙之教，题于皇城西安门内之仁爱圣所，今赵浮家止钞出第一编上下二集，又《万物真原》一本，泰西艾儒略撰并序，皇城首善堂重梓"。[201]这些书都是北京北堂所刻，因为乾隆五十九年（1794）时，西洋北堂称为首善堂，堂内另有一院，房五间，供奉西洋教主，挂有匾额，曰仁爱圣所。[202]而《圣年广益全编》书首，刊有乾隆年间武进士的序，说明天主教在士大夫阶层中仍有一定的影响。

道光二十年（1840），在毕学源神父曾经居住的京城沙拉村西洋人坟地处，以及苏努的后代所拥有的正佛寺村西洋人坟地处，搜出大量天主教经卷、十字架、图像、衣物等物件。其中，正佛寺村的物件是毕神父在去世前赠予苏努的后代图明阿做纪念的。这两处搜出的天主教经卷详见表5-7。

---

200 嘉庆十年正月十八日《刑部奏为审拟西洋人德天赐私自托人寄送书信一案折》，《档案史料》（第二册），第835页。

201 嘉庆二十年八月初十日《天主教案内刊板书序》，《档案史料》（第三册），第1049页。

202 嘉庆二十年八月十三日《步军统领英和奏为查办天主教邪书折》，《档案史料》（第三册），第1050页。

表 5-7　道光二十年（1840）京城起获天主教经卷合计[203]

书　名	数　量	书　名	数　量
《圣母行实》	110	《明道会规》	38
《圣经直解》	612	《悔罪经解》	7
《天主实义》	116	《圣教悔罪经解》	1
《幼学四字文》	235	《涤罪正规》	6
《天主圣教十诫真诠》	106	《涤罪正规略》	1
《轻世全书》	52	《圣教切要》	18
《圣教要理问答》	327	《圣教序论》	13
《初会问答》	261	《直道自证》	23
《早课小引》	520	《言行纪略》	34
《善生福终正路》	14	《盛世刍荛》	8
《轻世挈要》	10	《圣年广益》	51
《轻世金书》	4	《圣经广益》	3
《默想指掌》	101	《哀矜行诠》	1
《默想规程》	356	《性理真诠》	3
《慎思指南》	28	《主教缘起》	2
《要理问答》	38	《逆目忠言》	1
《圣体问答》	2	《圣母小日课》	14
《告解问答》	4	《圣母圣衣会恩谕》	3
《坚振要理问答》	9	《圣母七苦会规》	2
《立圣母始胎明道会牧训》	3	《圣神降临》	1

---

203 道光二十年九月初四日《正佛寺村起获天主教经卷物件清单》，《档案史料》（第三册），第 1269-1270 页；道光二十年月日九月初四日《沙拉地方起获天主教经卷物件清单》，《档案史料》（第三册），第 1271-1273 页。另外，[法]樊国梁：《燕京开教略》（下篇），第 408 页说道，道光年间，"北堂之书库，卷帙亦颇富饶，风波之际，移于正福寺茔地，托此处信友收藏，信友恐被搜查，将书盛以筒篓，埋之地中，满望风波稍定，再行掘它。不料收藏之人，俱被拿获，发往新疆充军，他人不知藏处，以致全库珍藏，尽行失迷。"可能此处所说的正福寺即为正佛寺，由苏努的后人图明阿等收藏这些书籍，被发现后，不肯悔教者被发往伊犁，搜出的经卷等均被官府销毁。

《圣教日课》	129	《天神会课》	1
《圣教早晚日课》	10	《铎德要理》	4
西洋字大小经三部	3	西洋字带图象大经四部	4
总　计	3302 本，另有洋字经大小 348 本，经卷板片 1512 块		

经过官吏的仔细比较，这些板片均是乾隆年间制成，仅存的经卷板片仅有 11 种，而所获得的汉字经卷却共有 36 种，可见禁教期间，在京的外籍教士仍利用各种时机刊刻天主教书籍。

当然，这只是外籍教士刊刻的一部分书籍，这些书籍自然要由华籍天主教徒来广为散播。在《入华耶稣会士关于论述基督教的中文书籍之用处以及在中国尽可能传播这些书籍之重要性的信件摘要》中，耶稣会士解释他们花钱供养讲授教理者时说："这些讲授教理者对于传播如此之多的论述基督教的中文书籍是必不可少的。……正是这类书中所偶然被发现的一本书，把基督教引入了一个鞑靼亲公的家庭。……事实上，对于大多数在上了年纪后入受洗的基督徒均应当把他们的归信归因于这种拯救的方式。"随后，举出三个例子来详细说明书籍在传教中的重要作用。第一个例子是一位叫弗朗索瓦·李（François Ly）的文人，由中国耶稣会士让-艾蒂安-高（Jean-Etienne Kao，高若望）施洗礼。一名入教的剃头匠给了他一本书，看到了"许多以一种准确和极为自然的方式解释了"他曾在中国典籍中上百次遇到的的问题，令其信服，于是入教。第二个是一名叫让-巴蒂斯特·陆（Jean-Baptiste Lou）的秀才，他在北京郊区偶遇了一位福建省的天主教徒文人，言谈甚欢，此人在为他释疑解惑时给了一些适合他学习天主教教义、并使其内心得以平静的书籍，强烈地激起了他的宗教情感，下决心入教。随后，他成功使其配偶成为天主教徒，专心祈祷或阅读天主教的书籍，并甘愿担任讲授教理者。第三个是耶稣会司铎皮埃尔·陈（Pierre Chin，陈多禄），原以行医为业，与他一起住在北京的朋友之一是天主教徒，要他去读一本天主教的书。他对书中的解释非常相信，在北京的修道院接受了洗礼，在澳门祝圣为司铎，成为江西省的传教士。同时，继续保持医生身份，以便于进入那些不认识他的人当中传教。[204]

考虑到神职人员人手不足，释经解道的任务无法完满完成，尽量散发宗教书籍愈发重要。但在分发时，传教士们商讨后决定，不能免费，因为由经

204《入华耶稣会士关于论述基督教的中文书籍之用处以及在中国尽可能传播这些书籍之重要性的信件摘要》，[法]杜赫德编：《耶稣会士中国书简集》（五），第 1-12 页。

验可知，免费赠送的东西，教友不大看重。万一发生教案，教友也可如实回答，是从过路商人那里买来的。[205]而且，那些驳斥外教错误而证明基督教会真理的书籍，也应该送达于教徒之手，并使教徒在教外人中散布这些书籍，因为教外人往往因读这类书籍而感到心悦诚服，进而皈依奉教。[206]

如传教士们所预料到的，天主教书籍在教徒的传教工作中确实发挥了一定的作用。嘉道年间，贵州苗人卢廷美先是加入了清水教，但他从奉天主教的杨家借读了《圣教理证》和《真道自证》后，转而宣扬天主教，并于三个月后受洗，取名热罗尼莫，不久，他的老父、姊妹、儿女和几位好友都入了天主教。[207]嘉庆二十年（1815）十二月间，山西天主教徒李成喜向靳有余租赁房屋，同院居住，于是，靳有余、罗景云等人因李成喜存有经卷，每逢七日斋期，各往李成喜家中念经，孔传芳、孔文成等人也因王升家有经卷，遇七日斋期便前往念经。[208]汾阳县拿获的天主教徒王原善，将荣全得身故后所遗的十字架、经卷、图像等携回家供奉，王青的父亲王正帼本习天主教，乾隆四十九年（1784）出教，王青见到王原善家中的十字架后，"询系天主教劝人为善，尊敬长上之事，伊祖上本系入教，仍欲沿习，向王原善讨取经本，私相诵习，并造十字架在房供奉，嘱伊妻不告知其父母，伊妻劝阻不听"。[209]1836 年，董文学神父乘教民船进湖北谷城，船上的女主人，"乘伴予会长之便，使其子听学要理问，盖在教友舟中、与家中，要理与他经本，大抵俱有，每能熟念也。"[210]

而且，由于禁教，在这个时期内印刷书籍，即使有可能，也十分危险，所以，"有些著作尚未完成，其他作品只用手抄传播。"[211]不少教徒家中的经卷都是手抄本。道光十八年（1838）五月间，湖南人龚姓剃头匠在荆州满营附近，亦曾借给依克精阿经卷抄写。[212]

---

205 燕鼐思：《中国教理讲授史》，田永正译，河北信德室，1999 年，第 129 页。

206 燕鼐思：《中国教理讲授史》，第 139 页。

207 [法]穆启蒙：《中国教友与使徒工作》，第 178 页。

208 嘉庆二十一年八月二十八日《山西巡抚衡龄奏为访获传习天主教人犯李成喜等审明定拟折》，《档案史料》（第三册），第 1086 页。

209 嘉庆二十一年八月二十八日《山西巡抚衡龄奏为访获传习天主教人犯李成喜等审明定拟折》，《档案史料》（第三册），第 1086 页。

210 成和德：《湖北襄郧属教史记略 刘董二位致命真福合传》，第 38 页。

211 燕鼐思：《中国教理讲授史》，第 145 页。

212 道光十九年九月二十六日《荆州将军德楞额等奏报访获审拟驻防旗员官禄等潜习天主教各犯等事折》，《档案史料》（第三册），第 1246 页。

同时，华籍教徒们也自己撰写书籍，或是刊刻一些出版物来传播天主教。雍正时期，纶教人郑交赞撰有《道学家传》，在《道原篇》后载有《论拜天主教是人之本分，非是奉外国洋人之教》《论奉教人诵经并非男女混杂》《论奉教不设神主木牌非是毁宗灭祖》《邪正辩论》等四文，针对焦祈年毁教堂一事而作，为天主教做辩护[213]。乾隆五十年（1785）山西捕获的天主教徒中，曾"刊刻一定日期名曰瞻礼单"，"向系会首李时泰等六犯汇总分散"[214]。

由此可知，在传播天主教的过程中，文化传教是华籍天主教徒们开展传教活动的一种重要方式。此外，他们也会利用医生等身份来传教，因为这些职业易于与外教人接触，也不易引起他人的怀疑。乾隆五十年（1785），江西拿获的天主教徒马士俊就在能行医的天主教徒的劝导下入教[215]。

八、口授教理知识

然而，此时的教徒大部分都是穷人，受教育的程度有限，极有可能没读过书。对这些不识字的教徒，天主教的神职人员们只能要求他们加强背诵，譬如每天念诵坟块经、祈祷文等，不至于因日久天长，没有神职人员督促而遗忘。如此这般的背诵，无意间形成另一种景象，那就是普通教徒在传教时，很有可能仅以口授天主教内容为主。乾隆四十一年（1776），原籍湖北枝江县的天主教徒赵金城，来到陕西商州镇安县租住下来后，与素习天主教的陈仲和邻近，时常倡言信奉天主教，于冬至后三日拜天，可以免灾获福，吸引了徐见实等人入教。十一月十四日，"赵金城邀徐见实等九人，并陈仲和，至店供像礼拜，因无经卷，惟赵金城、陈仲和口诵记忆数语"。[216]

嘉庆二十四年（1819），河南唐县等地拿获的天主教徒周观等人，他们各随其父祖相传天主教，"口授十诫经，系一奉天主在万有之上，二无呼天主

213 方豪：《中国天主教史人物传》（下），第62-64页。
214 乾隆五十年二月二十一日《山西巡抚农起奏将天主教案内余犯审拟咨部折》，《文献丛编》（第十六辑），第20页。
215 乾隆五十年三月十七日《江西巡抚伊星阿奏拿获私习天主教马西满等讯明解部折》，《文献丛编》（第十六辑），第24页："乾隆三十一年七月内，船至山东地方，马士俊患病，适有搭船人陕西人娄姓习天主教，教名保禄，将马士俊之病治痊，劝令习教念经，消灾却病，马士俊即拜娄保禄为师，给与经一帙、像一纸，遂取教名西满。"
216 乾隆四十三年十月二十九日《陕西巡抚毕沅奏报审拟天主教民赵金城等事折》，《档案史料》（第一册），第324页。

神名，三守瞻礼之日，四孝敬父母，五不杀人，六不邪淫，七不偷盗，八不妄诞，九不贪人之妻，十不贪人财物等"。[217]

道光十八年（1838），山西洪洞县拿获的天主教徒李成信等"因均不识字，皆系口传经语，不时念诵，希冀求福消灾，……其口诵经语系在天我等父者，我等愿尔名见圣，尔国临格，尔旨承行于地，如于天焉，我等望尔今日与我，我日用粮而免我债，如我云免负我债者，又不我许陷于诱惑，乃救我于凶恶，亚孟，等句"。[218]

这种口传方式，一方面要求传授者勤于背诵，一方面却难免会造成内容的缺漏，那么，接受者对天主教的理解究竟能达到何种层次，确实需要仔细斟酌研究。

九、救助受困教徒

此外，禁教期间，天主教徒们仍想方设法援助被捕的天主教徒。除了给予苏努一家一些经济及精神上的帮助外，还设法援救其他被捕的天主教徒，或是通风报信，让教士、教徒们及时躲避。如1734年，高阳县逮捕几个天主教徒后，教徒们花了相当多的钱，"比较富裕的基督徒出更多的钱"，希望能使县官对囚犯们好一点[219]。1761年春间，四川博主教被判决充罪，道经万县时，就"由王家教友用银少许将主教赎放"。[220]嘉庆十六年（1811），四川教案，官差要捉拿华籍神父赵奥斯定（朱荣）时，"幸亏他们里头有一个教友，预先给神父送了个暗信，故此脱了这个难"。[221]

道光二十五年（1845），在法国使臣剌萼尼的再三要求下，对天主教的禁令有所放松，对习教为善之人免罪，但此通谕只张挂于五口通商之处，内地并不知晓。同年四月，江西德化县访获青莲等教匪时，逮捕了章胜和、邓添斗等8名天主教徒，素习天主教的广东人邱安遇，身穿便服，赴巡抚衙门求

---

217 嘉庆二十四年十一月初七日《河南巡抚琦善奏为续获天主教人犯周观等审明定拟折》，《档案史料》（第三册），第1156页。

218 道光十八年六月十一日《山西巡抚申启贤奏报审拟李成信等传习教案折》，《档案史料》（第三册），第1232页。

219 《耶稣会传教士巴多明神父致本会杜赫德神父的信（1734年10月15日于北京）》，[法]杜赫德编：《耶稣会士中国书简集》（三），第150页。

220 [法]古洛东：《圣教入川记》，第86页。

221 《赵奥斯定神父传》，第14页。

见，称天主教业已奉文免罪，以此为由，恳请将章胜和等人释放，并获得批准。[222]此项宽容命令是道光二十四年十一月初五日（1844 年 12 月 14 日）始寄谕两广总督的，1845 年时，剌萼尼还因五口通商处未及时张挂而曾照会道光帝，随后才在五口通商处施行。广东因是谈判地所在，较早得知此有利天主教的消息，因此，邱安遇能借之要求官吏释放天主教徒，并获得成功。

第三节　女天主教徒的传教活动

清代习俗中，女性仍是不宜常出门，也不宜与陌生男子共处。传教士们留意到这一点之后，在传教过程中一方面注意与中国女性保持距离，将她们与男性分开举行圣事，以免招惹非议；另一方面则留心培养女教徒传教。但值得注意的是，这些女教徒对传教工作却甚为热心，这成为天主教在华传播过程中的一个显著特色。

禁教之前，最出名的女教徒是许太夫人甘第大，徐光启的孙女。柏应理神父曾著有《甘第大传》，叙述其传教细节。比如寡居后，甘第大训练了一些妇女协助她传教救人。妇女既不宜外出，她便幽居家中，专务祈祷，并与她的小姑、女儿和仆婢等从事刺绣，日积月累，嫌得钱财，均用以供养教士、救济穷人、建造圣堂及新教徒习道敬主之需。她曾资助全国 25 位传教士每人白银 220 两，共计 5500 两，交由潘国光神父分配，承担潘国光神父各善会所有费用，及大部分圣堂的建筑经费。杨光先发起反对外籍传教士事件之时，甘第大曾送银 3000 两，做传教士沿途费用，买通差役，任凭教士接见教徒。[223]甘第大作为名臣之后，名教徒之后，相对其他普通女教徒而言，具备一定的名人效应。但是，许多默默无闻的女教徒，亦尽自己最大的可能为天主教的在华事业贡献力量。她们通过自己的影响改变家人们的信仰，至少为自己在家庭中争取到一定的宗教自由，不受其他人的排斥。乾隆年间，在湖广工作的嘉类思神父说："在此，有大量这样的女英雄，她们虽没有殉道者外在的光荣，但却具有殉道者的一切优点。她们中的某些人最终得到了其终日在上

---

222 道光二十九年八月初四日《江西巡抚费开绶奏报查明旧案释放天主教民折》，《档案史料》（第三册），第 1339-1340 页。

223 [比]柏应理：《一位中国奉教太太：许母徐太夫人甘第大传略》，徐允希译，（台中）光启出版社，1965 年，第 29-30、42-43 页；[法]穆启蒙:《中国教友与使徒工作》，第 96-97 页。

帝面前哭求的事物，即宽慰地看到其家均从偶像崇拜者变为基督教徒。另一些较为顺从的妇女则最终使其丈夫在不再过问她们的宗教信仰的问题上变得相当好商量。"224

一、信仰坚执

禁教时期，在教徒受到的打击日益严重之时，女天主教徒在提高女性的认识、传播天主教教义方面发挥了一定作用。外籍传教士不只一次地赞扬她们："在中国的女性中，最令人钦佩的是，她们善意于保持信仰的纯洁，即使是在一个完全是偶像崇拜的家庭中也是如此。经常会出现她们获准进入的整个家庭都接受归化的情况"225；"那些作为基督徒们的女子也会为其宗教增光。她们大批存在于南阳城。"226"让我们感到钦佩的事情之一是许多信奉基督教的年轻妇女的坚定态度。这些妇女在其异教徒的丈夫以及公公、婆婆那里终日遭到虐待，同时又无法从其往往住得很远的娘家得到任何救助。但她们没有中断自己的虔诚之情，并把自己的信仰作为其最宝贵的财产加以保留。"227"还有许多基督女英雄，她们不幸落到不信教的丈夫手里，但为了保持她们的信仰，她们实践着我们教会烈士们所做过的一切！多么纯洁的信仰！绝大多数信教者的信仰又是多么单纯！（因为我们每个传教团都有这样的名门望族，尽管他们不参加宗教活动，但他们不叛教，而且还将他们的孩子送来接受洗礼）。"228

传教士们的赞扬大多集中于她们信仰的纯洁，肯定她们在政治形势不利的大环境中，甚至是在不友好的家庭小环境中对天主教所表现出来的坚定，即使她们对天主教的了解可能只是一点点。不仅如此，她们也是一些教案中，对自己亲人的坚决拥护者，鼓励他们坚持信奉天主教。雍正年间，在苏努事

224《耶稣会传教士嘉类思神父致法兰西世卿诺瓦荣伯爵兼主教的信（1759年9月12日于中国）》，[法]杜赫德编：《耶稣会士中国书简集》（五），第79页。

225《耶稣会传教士赵圣修（Louis des Rolests）神父致布里松神父的信（1741年于湖广省柏泉山）》，[法]杜赫德编：《耶稣会士中国书简集》（四），第284页。

226《嘉类思神父致同会入华会士吴君（Pierre Faureau）神父的信（1745年8月22日于中国）》，[法]杜赫德编：《耶稣会士中国书简集》（四），第307页。

227《耶稣会传教士嘉类思神父致法兰西世卿诺瓦荣伯爵兼主教的信（1759年9月12日于中国）》，[法]杜赫德编：《耶稣会士中国书简集》（五），第79页。

228《一位在华耶稣会士致朋友的信（1766年8月28日）》，[法]杜赫德编：《耶稣会士中国书简集》（五），第109页。

件中，亲王的夫人及其女儿们发明了在中国还是很新的一种保持道德的办法："除了好几个姑娘发愿保持贞洁以外，还有一些妇女，得到她们的丈夫的同意之后，也发愿持续禁欲。"[229]乾隆时期，审查旗营里的天主教徒时，他们已入教的母亲、妻子鼓励他们保持对天主教坚信不移的态度。亲人的支持，在一定程度上自然会成为被捕天主教徒的精神支柱[230]。福建搜捕外籍教士时，女教徒依搦斯、玛加利大不肯说出神父下落，依搦斯还冒险将白多禄神父藏于家中。[231]此外，嘉类思神父曾于信件中提到一名偶然发现的女天主教徒，14岁时在娘家遇到一位天主教徒，认识了上帝和基本教理，嫁到夫家后，四十年来每天都背诵祈祷文、教理，每七天保持两天的小斋，始终遵循她所知道的那一小点天主教的戒律。[232]

即使自己身处教案中，她们往往表现得比男子还要诚笃，恪守自己的信仰，决不动摇。苏州教案中，官吏们以为常熟伊曹氏、吴伊氏，嘉兴周玛利亚，丹阳干大姑、王二姑、土三姑、沈七姑、许四姑、刘玛利亚等"胆小柔弱，便命衙役拿圣堂中抢来的耶稣圣像各一尊，放在地上，叫他们践踏。那知该妇女不约而同的，一齐跪下，当着大众，恭恭敬敬伏拜圣像。官见了大怒，命衙役鞭挞他们的足。人想这般女子，都是从小裹足，娇弱堪怜，那里受得起这种酷刑，岂知他们毫不顾痛，兀然跪着不动。"[233]

二、热心教事

女天主教徒除了在家中争取宗教生活，鼓励亲人的信德外，还尽可能影响他人，对外传教。首先，鉴于清代的男女之别，女天主教徒有时会担任传教专职，帮助教士对女性传教，代他们管理日常事务，比如照顾孤儿，甚至自愿四处传播教义。雍正十年（1732），广东省城及其附近有女天主堂八处，各堂主均为华籍女性。

229 《耶稣会传教士巴多明神父致本会杜赫德神父的信(1727年9月26日于北京)》[法]杜赫德编：《耶稣会士中国书简集》（三），第126页。

230 《耶稣会传教士巴多明神父致本会杜赫德神父的信（1736年10月22日于北京）》，[法]杜赫德编：《耶稣会士中国书简集》（三），第167-171页。

231 天主教台湾地区主教团宣圣委员会主编：《中华殉道圣人传》，第54、56页。

232 《耶稣会传教士嘉类思神父致法兰西世卿诺瓦荣伯爵兼主教的信（1759年9月12日于中国）》，[法]杜赫德编：《耶稣会士中国书简集》（五），第81页。

233 徐允希：《苏州致命纪略》，第44页。

乾隆年间，苏州的传教士住在阊门外五里许的朱家。这家的"主妇，时称六太太，很有钱财，热心又出众，教士到他家内，教友家来开四规，一切用费，都是他一人担任"，此外，他家还"在江西定烧了数千只小碟子，式样新奇，底下有"大年堂"字样（即是他家的堂名），四规毕，各教友领得一只，以作纪念。其时教友家不能张挂圣像，而此小碟，散布教友家中，提契他们的信德，洵是莫妙的纪念品"。[234]

四川的热心教徒罗宋氏更是其中的代表。罗宋氏家较为富裕，且早已入教，自乾隆三十八年（1773）其夫亡后，她便一心为天主服务，至各地访问教友，"二三次到贵州省，教新教友之妇女经典道理"[235]。乾隆四十年（1775），"有一江西教友，久居贵阳，与一贵州友人经营丝绸，并劝其友信教。某年，二人至川省，即请梅神父为之付洗。此人乃要求派教友赴贵州传教；梅神父遂嘱罗宋氏与一老妪同往。此人全家旋即一一入教，另有三十余人受洗。""四十三年（一七七八年），川省大饥，难民死亡枕藉，罗宋氏遂乘机为大批病婴付洗。""四十九年（一七八四年），与孙本笃神父同往达州传教，不幸被捕入狱，百般受辱，历久方始获释。出狱后，上书梅神父，略谓：所受苦难，不及吾主万一；惟能代为付洗婴孩四十人，颇堪告慰云云。"[236]

1780年左右，方守义神父报告说，在北京"凡参加修会的妇女每月于规定日期在本区一幢内设专用祈祷室的房屋中集会。……女讲授教理者要对需要听讲的女教徒作一番考核并解释某些内容"。[237]而南京一位贺姓贞女，人称贺大姑，在她一个侄子的协助下，自1800年至1850年，管理南京教团达五十年之久。[238]道光二十六年（1846），石神父（Lavaissiare）在宁波"租了一间房屋，收了几名孤儿，命年老女教友管理"。[239]

---

234 徐允希：《苏州致命纪略》，第85-86页。

235 [法]古洛东：《圣教入川记》，第71页。

236 方豪：《中国天主教史人物传》（下），第151-152页。

237 《在北京传教士方守义（Dollières）先生致其兄弟隆维（Longwi）附近莱克西（Lexie）本堂神父的信（1780年10月15日）》，[法]杜赫德编：《耶稣会士中国书简集》（六），第198页。

238 Le Servière, *Mission du Kiangnan*, T. I, p.23-24. [法]穆启蒙：《中国教友与使徒工作》，第130-131页。

239 [法]P. Octave Ferreux C. M.，《遣使会在华传教史》，第182页。

其次，经济允许的情况下，为传教提供固定场所。1771 年，一位德高望重、上了年岁的太太新近在北京附近买了一所房子，打算将其变成笃信宗教的妇女和姑娘们的修院：那里已经住着一名发愿守贞献身上帝的年轻女子。这座新生修院的杰出创办人在院内建了一座小教堂，举行宗教活动。[240]

大多数情况下，她们只是以自己的所作所为来改变大家对天主教的看法，继而影响外教人士入教。1773 年，两名信奉基督的善良寡妇收留了一名因病被逐出宫门的太监，尽管她们自己辛勤劳动仍难以维持生计，但为了使他归信基督教，昼夜照料他，甚至省下自己的食品以满足其需要。三个月后，这名太监听到宗教的事，威胁说要去告发她们。当他再次求助于她们时，仍受到同样仁慈地待遇，故而深受感动，受教育后入教。[241]

三、守贞传教

在天主教的传教事业上，女性所扮演的比较重要的一个角色为贞女。她们发誓守贞，这与中国的习俗大为相悖，在中国社会引起极大的怀疑，因而引起官方的注意。但是，尽管官方对此现象比较留意，贞女的数量仍未见减少，而且，她们还承担了教授教理的职责，在一定程度上对启蒙妇女、儿童的思想发挥了作用。乾隆十一年（1746）五月，福安县穆洋、溪东等地缉获"守童身女子八口"，[242]巡抚周学健说，先后缉获"女教长郭全使、缪喜使二口，并从教男犯陈榧等一十一名，从教女犯及守童贞女一十五口"，最后，据供知"守童贞女有二百余口"。[243]

（一）协助传教

这段时期内，"协助传教士最忠诚的就是各会口的贞女们。每个环境比较优裕的教友家，总得有一二个女孩子住家守贞，她们或住在父母家里，或集合了十人八人的小组住在公所内，过着团体生活。她们教小孩子经言要理，

240《尊敬的韩国英（Cibot）神父致 D 神父的信（1771 年 11 月 3 日于北京）》，[法]杜赫德编：《耶稣会士中国书简集》（五），第 265 页。

241《北京传教士晁俊秀（Bourgeois）神父的信（1773 年 9 月 18 日于北京）》，[法]杜赫德编：《耶稣会士中国书简集》（六），第 9-10 页。

242 乾隆十一年五月二十四日《福州将军新柱奏报查拿福安县西洋人行教折》，《档案史料》（第一册），第 83 页。

243 乾隆十一年五月二十八日《福建巡抚周学健奏报严禁天主教折》，《档案史料》（第一册），第 85、88 页。

给小孩子付洗，给小孩子诊病，给病者送临终，给亡者通功祈祷，把会口的一切，圣堂内的一切，收拾得整洁完好，她们有了一点积蓄，往往就献给传教士。她们做的一切善功，真像修女们一般"。[244]

道光年间，贺亚加大贞女被其兄贺玉明神父带至湖北传教。[245]知道开州（今开阳）有大批妇女愿意听道理后，贞女易贞美被派去文神父（Fr. Néel）处，与本地传道员陈若望显恒及吴玛定黄同教育一群望教者。[246]两人均因此被官府捉拿，处以死刑。

（二）创办学校

此外，"守贞的妇女，在为女孩创办的学校——如 1744 年创办的天主教贞女学院——里上课，训练初学者洗礼，有时候从事福音传道者的活动，不论教会赞成不赞成这一世俗角色"。[247]就当时来说，女性抛头露面，尤其是未婚者这样做，无疑与传统习俗大相悖谬，容易引发矛盾。但是，认识到贞女们在教导妇女儿童方面的优势，对传教的重要性之后，梅茂益神父（Jean Martin Moye）在四川传教之时，力排众议，坚持"用奉教的贞女们教授教义，不但教幼小的女童，也教成年的妇女"，因为"女子往往比男人更热心，对教会帮助很大。"梅神父相信妇女在慈悲心、热情、耐心以及对宗教的知识上均超过男人。根据梅神父的看法，男人除了关心性生活以及社会上的虚荣以外别无所求；妇女则与男人不同，她们是信仰的最好的仆人。她们从事的传教工作成为赢得新信徒的主要力量。于是，"这种作风已逐渐推行到全中国"。[248]

---

244 丁宗杰：《上海天主教教务发展史》，《传教鳞爪》，天主教教务协进委员会，1949 年，第 11 期，第 1236 页。

245 [法]穆启蒙：《中国教友与使徒工作》，第 174 页。

246 [法]穆启蒙：《中国教友与使徒工作》，第 183 页。

247 Nicolas Standaert (ed.), *Handbook of Christianity in China*, Volume one: 635-1800, p. 566.

248 [法]穆启蒙编著：《天主教史》（卷三），第 271 页；Robert E. Entenmann：《十八世纪四川的基督徒贞女》，顾卫民译，北京天主教与文化研究所编：《天主教研究论辑》（第 1 辑），宗教文化出版社，2004 年，第 166-168 页；另见燕鼐思：《中国教理讲授史》，第 135 页，"穆雅神父认为，教友守贞姑娘能在传教工作方面担任积极角色，并且认为，只要她们能有所需的训练，她们将是给妇女老幼讲道的适当人选。"亦见穆启蒙：《中国教友与使徒工作》，第 130 页，让守贞的姑娘们教导男女儿童们经言要理，这种习惯由四川开始逐渐传播开去；以及张泽：《清代禁教期的天主教》（增订本），第 119 页。

（三）制定章程

不过，为避免有人利用她们的危险，适应教徒守贞姑娘所在的特殊环境，1744 年，四川的马青山主教受多明我会在福建管理妇女办法的启发，仿效修会生活原则，为四川的守贞姑娘拟定了规章。章程的要点是"遁世、祈祷、服从、劳作、检朴。年龄未达 25 岁前，不准宣发这种宗教誓愿。开始时，只在家庭范围内，不担任传教工作"。[249]但是，这些女子人年轻，15~25 岁之间便宣了誓，随即被派往各教徒团体，在私人家中为女孩子开办学校，并给妇女讲授教义，有时会在包括有男人在场的聚会中主持集体的祈祷，风险实在太大。如果学生太多，会被外人发现；住在教徒家中，难免会有道德危机。因此，博主教与冯若望神父均对此持批评态度。于是，1784 年 4 月 29 日，传信部就贞女问题进一步作了规定：

> "男女在一起时，守贞姑娘不准担任讲道、领经、领歌或诵读等职责。她们在二十五岁以前不可宣发宗教誓愿，二十五岁以后，只可每隔三年宣誓一次。她们的父母应该能照顾自己女儿的生活费用。负责教育这些女孩子的人，应该是三十岁以上，并且在这方面是最有资格者，教育工作应在这些女孩子的家中，或在神父专为这一目的选定的家中。应特别明智谨慎，以避免从外教人方面而来的所有的一切危险。"

1793 年，冯若望主教又增加了一些规定：

> "负责给女望教者讲道理的女老师，不得小于四十岁；此外，她们该具备应有的知识与明智。她们不应以神父在弥撒中讲道理的方式来讲教义，却只应以谈话聊天方式来讲教义。她们不能给男人讲教义，但若有死亡危险，又无合适人员在场时，不在此限。"[250]

这些规定限定了女性对外传教时的年龄，传教时应采取的方式，守贞姑娘家庭应有的经济实力等，在最大范围内尽可能避免引起外教人的误会甚至反对。

---

[249] 燕鼐思：《中国教理讲授史》，田永正译，河北信德室，1999 年，第 135 页；Robert E. Entenmann：《十八世纪四川的基督徒贞女》，第 164-165 页。

[250] 燕鼐思：《中国教理讲授史》，第 135-137 页；Robert E. Entenmann：《十八世纪四川的基督徒贞女》，第 171-172 页。

在大家的共同努力下，贞女负责的学校逐渐增多。1793 年，"教会在四川有 32 所学校：其中 11 所为男校，21 所为女校。6 年之后，又建了 10 所以上男校，5 所以上女校。重庆有 2 所天主教学校，1 所男校其中教授宗教书籍和中国经书，由一名男教师任教；1 所女校则教授宗教书籍。由基督徒商人资助穷人家庭的女儿受教育"。1803 年，这里的男校与女校分别为 35 个和 29 个，各增加了 13 所和 3 所。[251]道光二十二年（1842）左右，孟振生神父在蒙古西湾子地区建了女校，由二位贞女，及二位传教先生的太太管理，有六十名五岁至十六岁的女孩。[252]同时，古伯察神父在内蒙古东北端"黑水"地区的忽必图村建立了一座小教堂和两所女子学校，将管理权委托给当地的"两名老童贞修女"，又由全是专门从西湾子请来的另外四名童贞修女协理。[253]很明显，这些贞女任教的学校，给予女孩们受教育的机会，这在当时的中国来说极为难得。当然，外教人士对此并不感兴趣，不愿看到自己的女儿受教育，担心她们会追随老师的榜样选择独身的生活。无论如何，从男孩女孩所教授的内容来看，女孩的课程更为宗教化，为日后热心教会工作打下良好的基础。

第四节　广东在传教事业中的重要作用

此段时期内，广东依然是华籍天主教徒们与外籍传教士联系的重要地点，尤其是澳门、广州，天主教徒们多在此结识、接引外籍传教士入国内，并为神父们在此领取银两等。乾隆四十九年（1784），乾隆帝和各省官吏一直在追捕的蔡伯多禄，成功获得澳门的庇护，逃亡国外。

一、传教中心澳门

自明末利玛窦登上澳门开始传教以来，澳门便是明清时期中国人直接接触和观察西方的一条主要渠道，一直与中国内地的传教事业密切相关，"不仅澳门当地居住有不少华民，设有中国的官衙，而且不断有中国官员来澳巡视，附近地区的华民也时常涌入习教或谋生。"[254]康熙初年，杨光先在其《请

---

251 Robert E. Entenmann：《十八世纪四川的基督徒贞女》，第 172 页；
252 [法]P. Octave Ferreux C. M.，《遣使会在华传教史》，第 165 页。
253 [法]雅克玲·泰夫奈：《西来的喇嘛》，第 55 页。
254 赵春晨：《管中窥豹——16 至 18 世纪中国人的西洋观与澳门》，载耿昇、吴志良主编：《16-18 世纪中西关系与澳门》，商务印书馆，2005 年，第 23 页。

诛邪教状》中明确指出，澳门是中国天主教的大本营，"香山澳盈万人，踞为巢穴，接渡海上往来。"[255]来华的各修会传教士，大多都是先到澳门，在圣保禄学院学习中文，了解中国习俗，然后进入内地传教。而他们到达内地后，仍要与澳门保持紧密联系，报告传教进展，接受澳门教会的领导和经费上的资助，一旦遇到挫折或教案，则退回澳门，以此为庇护所。

（一）支持内地传教

首先，部分修会在澳门设有办事处，管理与至内地传教者的有相关事项，例如提供经费，转交文件、信件，委派传教士等。清廷禁教之后，澳门地区的特殊性更是成为天主教在华工作的中心。乾隆十一年（1746），福建"讯据白多禄等，并每年雇往澳门取银之民人缪上禹等俱称，澳门共有八堂经管行教，支发钱粮。福建省名多明我堂，北直省名二巴堂，其馀白多禄堂，方济觉堂，圣粤（奥）斯定堂，圣若色堂，圣老良佐堂，圣咖喇堂，一堂经管　省，每年该国饯粮运交吕宋会长，由吕宋转运澳门各堂散给。"[256]这份供词表明，天主教各修会大多在澳门设立教堂，分管内地各修会传教士的工作。"每个修会在澳门都设有一个代理处……与其他商业办事处不同，法国的两个代理处（指外方传教会和法国中国科学传教会）和西班牙多明我会、罗马传信部的代理处常年设在澳门，接待从欧洲神学院派来的传教士，要他们作好准备，并把他们送往中国内地各站……当地的信使在他和代理处之间，往返运送钱财、祈祷书、圣餐用酒，或许还有一、二件黑长袍，但是，没有澳门，代理处就会发现他们的工作要困难得多。"[257]部分"代理处"（也称司库）设在上述各修会在澳门的教堂内，如方济各会设在方济各堂，多明我会设在多明我堂，等等。1777年，巴黎外方传教会在澳门设立了司库职。[258]1781年，罗马传信部为了摆脱葡萄牙的控制，在广州设立代理处（司库）。但不久，1784~1785年发生全国性的教案，审讯表明，被捕的外籍教士多为时在广州的"罗马当家哆罗"派出，此人自然罪不可

255 杨光先：《不得已》，黄山书社，2000年，第6页。

256 乾隆十一年九月十二日《福建巡抚周学健奏陈严惩行教西洋人折》，《档案史料》（第一册），第116-118页。

257 [美]费伊：《鸦片战争时期法国天主教在华的活动》《中外关系史译丛》（第5辑），上海译文出版社，1991年，第223页。

258 [法]荣振华：《在华耶稣会士列传及书目补编》（下册），第834页。

恕，被清廷逮捕。于是，1786 年，广州代理处迁至澳门。1788 年，法国遣使会设代理处在澳门。[259]

这些各修会所设立的代理处，为华籍教徒寻访传教士，外籍教士潜入内地提供了方便。乾隆三十二年（1767），广东南雄缉获的天主教徒蒋日逵、刘芳名，在澳门找到可以接引至内地传教的外籍传教士。[260]乾隆三十四年（1769），进入福建福安县的外籍传教士，在澳门遇到可以为其引路之人："安哆呢呵托澳门贸易之泉州人夏若敬引路，于正月二十七日至福安县黄元鼎家，潘若色、赵叶圣多亦托澳门贸易之福州人陈戴仁引路，于二月二十一日至福安县赵泰廉家"。[261]乾隆五十年（1785）拏获的外籍传教士额咃咦德窝，"系于四十年十一月内由西洋至粤东澳门，住通事陈保禄家，询知冯若望在川，亦欲来川传教，适有先与冯若望同住之唐伯伦赴粤贸易，正欲回家，接引同行"。[262]

其次，清廷严令禁教之后，内地刊刻书籍困难重重，澳门便成了传教士们翻译、刊刻教会书籍的重要场所。例如 1808 年，从广州转至澳门的英国新教传教士马礼逊，在此雇用梁发等人刊刻新教书籍。道光十五年（1835），英国人闯入福建熨斗洋面，并用小船窜入内港，虽然被驱逐出洋，但副将文通

259 [葡]施白蒂：《澳门编年史》，小雨译，（澳门）澳门基金会，1995 年，第 186、190 页。

260 乾隆三十二年闰七月十三日《两广总督李侍尧、广东巡抚王检测奏报拿获江西人蒋日逵及西洋人安当呢都等查办折》，《档案史料》（第一册），第 258 页："蒋日逵即往邀刘芳名，于四月二十四日到澳门，向西洋人安玛尔定买膏药，叙及同教修道前由。时有大西洋欧罗巴国之安当、呢都二人向在该国天主教诵经，因至小吕宋国遇见林若汉，言及曾在江西掌教，若至广东澳门即有教友照应，随搭舡来至澳门，寄寓天主堂，与安玛尔定时相往来，安玛尔定即将安当、呢都二人令蒋日逵等接往江西，并给以钞书六本，钞单二纸。"另，乾隆三十二年十一月十四日《两广总督李侍尧广东巡抚钟音奏报审拟违制入教之吴均尚等犯折》，同上书，第 280 页："十一月内，蒋日逵复至澳门，向安玛尔定买药，在庙游玩，见安当等在庙诵经，向安玛尔定学医徒弟黄若望询知，系新来西洋行教夷僧。……蒋日逵、刘芳名于四月二十四日同抵澳门，时值安玛尔定患病，蒋日逵等向黄若望买药后，告知来接西洋行教之人，黄若望带同往见安当、呢都，转述情由……"

261 乾隆三十四年九月二十四日《署理福建巡抚崔应阶奏报访获西洋人潘若色等审办情形折》，《档案史料》（第一册），第 292 页。

262 乾隆五十年三月十五日《四川总督李世杰奏报续获西洋人吧咃哩哝哂等讯明解京折》，《档案史料》（第二册），第 711 页。

等却看到英人所传夷书确系内地刊刻，遂密令各地严加查访，道光帝朱批"务要访获代刊之人，不准松懈"。[263]两广总督邓廷桢、广东巡抚祁𡎴因"西洋人多在澳门居住"，遂派候补知府周寿龄改装前往访查，终于查出刻字匠屈亚熙一名，并在澳门夷楼内查出夷书八种，有"《救世主耶苏基督行论之要略传正道之论》二种，均与奉发闽省进呈夷书文字板片相同，又《赎罪之道传》一种，前列厦门人郭实猎序，书内称有林翰林曾为主考学政，与僚友赞扬天主耶苏等语，又《诚崇拜类函》一种，系将原籍福建、寓居海边獭窟港之刘幸命在外夷贸易，寄与亲属各信汇为一书，均题爱汉者纂，又《赌博明论略讲》一种，题博爱者纂，又《救世主坐山教训圣书日课圣书》袖珍三种，均无撰人名氏，其标写刊刻年分，不出壬辰癸巳三年"。这些书都是道光十二三四等年，英国住澳门者吗唎啀雇请梁亚发、屈亚昂、屈亚熙至澳门刊刻的。[264]虽然这些都是新教书籍，但此次的被发现，却引发了新一轮各地搜查天主教书籍的风波。

（二）提供避难场所（蔡伯多禄的逃亡）

各次教案中，外籍教士多被遣送回广东，安置在澳门，各地隐藏的传教士在教案比较严厉之时，也多设法回到澳门，躲避风波。于是，澳门便成了这些教士的避难地。康熙下令实行领票制时，四川的毕天祥神父，曾带领他的学生李安德等人撤到澳门。而此处的圣多明我修道院（俗名板樟堂），亦是"福建（中国），马六甲和帝汶传教的西班牙和葡萄牙道明会（多明我会）成员的立足点和庇护所"[265]。

对来此避难的外籍教士与华籍教徒，天主教各修会自然会妥善安排。然而，乾隆朝大教案时，澳门的各方势力竟对此案的关键人物蔡伯多禄等人提供了庇护，使其成功从清政府各省官吏的追捕中逃出国境。就当时严格的保甲制度，各省抓捕天主教徒的种种事例来看，区区一个普通百姓，很难躲过来自政府各级官吏的追捕。尤其是遍布各乡镇的差役，耳目众多，消息非常

---

263 道光十五年闰六月二十日《[两广总督卢坤]奏报查办夷人刊传教书事片》，《档案史料》（第三册），第 1201 页。

264 道光十六年二月十九日《两广总督邓廷桢广东巡抚祁𡎴奏报查获夷书及刻字工匠并查明雇匠刊书夷人审拟折》，《档案史料》（第三册），第 1205-1206 页。

265 [葡]潘日明：《殊途同归-澳门的文化交融》，苏勤译，（澳门）澳门文化司署，1992 年，第 154 页。

灵敏，躲在任何角落里的教徒都会被他们搜出来。而且，乾隆帝三番四次下令，要求各省官员严加访拿，特别是他的家乡福建、教案发生地湖广，以及他行医所在之处广东。三省官吏在皇帝的压力下，几乎把所在省份翻了个底朝天，也没有把他们逮捕。如非第三方力量的帮助，蔡伯多禄等人恐怕是难以逃亡的。

蔡伯多禄的踪影在中文档案中消失了，但却及时出现在此时的外文资料之中。教案发生时，蔡神父正住在广州的 Pai Chin-kuan（疑为前文提及的白衿观，蔡伯多禄曾在其家的药铺行医）家中，感到危险后，他迅速躲藏到另一位教徒家中。1784 年 9 月 26 日夜，官兵们同时搜查了 Pai Chin-kuan 家和他躲藏的那户人家。幸运的是，蔡伯多禄被官兵的动静惊醒，迅速从后门逃到另一位教徒家中。意识到在广州不再安全后，他乘船逃到了澳门。广东督抚未抓到蔡伯多禄，马上怀疑他去了澳门，派出两名官员到澳门索取。当时的澳门官员并不知道蔡伯多禄到了澳门，否认他在那里。然而，10 月 3 日，广东当局有充分的证据证明蔡伯多禄在澳门，官吏们找到了送蔡伯多禄到澳门的船夫，他看到蔡进了澳门方济各修道院。当广东再次派遣官员赴澳门索取他时，蔡伯多禄装扮成西洋人，离开了方济各修道院，先逃至外方传教会代理人所在处，后与其他逃亡者一起躲藏到了奥古斯丁修道院。[266]

新派出的使者要求澳门当局交出蔡伯多禄和其他逃犯，威胁说如果要求得不到满足，便封锁澳门。因为澳门要依靠来自中国大陆的食物供给，这项威胁非常严重。不过，在刚从印度果阿回来的一位葡萄牙官员的鼓励下，澳门市民决定不交出任何因宗教问题向他们求助的人，同意承担所有因此而来的后果。所以，澳门议事会对中国使者回答说，他们对中国逃亡者没有责任，因为澳门向所有有人开放，无法阻止逃亡者入境。此外，澳门议事会声称，占澳门总数三分之二的中国人由中国官员管理，并不隶属于葡萄牙。僵持之下，广东下令封锁澳门，不许将货物卖给葡萄牙人，澳门劳工停止从船上下货，大量受惊的中国人离开了澳门。[267]

10 月末，广东按察使打算亲自前往澳门索要逃亡者，并教训这些"外国野蛮人"。他派低级官员作为使者先行到达，停在离城市不远的一座寺庙外，

266 Bernward H Willeke: *Imperial Government and Catholic Missions in China during the Years 1784-1785.* the Franciscan Institute St. Bonaventure, N. Y., 1948. p.67.

267 Bernward H Willeke: *Imperial Government and Catholic Missions in China during the Years 1784-1785.* pp.67-68.

要求 24 小时内交出逃犯。澳门当局召开所有澳门知名人士的特别会议，决定仍不交出，但会在所有的修道院做一个形式上的搜查，以避免触怒这位高官。这样的搜查自然不会有任何结果。封锁造成澳门食物危机，葡萄牙人竟采取了激烈方式应对。他们截留了一艘正要离港的载有大米的中国船只，关押了部分中国船员，并向可能载有大米的其他船只开火，在中国居民之间引起了恐慌。按察使担心引发对抗，匆忙返回广州。广东巡抚孙士毅不希望此时爆发战争，遂于 10 月 28 日解除了对澳门的封锁，鼓励中国人回澳门工作。

对孙士毅来说，最大的麻烦是没有抓到逃犯，尤其是蔡神父。孙士毅在广东全省贴出告示悬赏抓拿，详细列出蔡神父的外貌特征，这样，任何看到他的人都会毫无困难地将他认出来。同时，他派出间谍不时监视澳门，并想雇用一些天主教徒来抓住逃犯。

三名天主教徒在广州被捕，官方答应如果他们能在澳门找到逃犯，便将他们释放，并保证只是审讯逃犯，不会令其受到伤害。天主教徒们相信了这一承诺，进澳门找他们。在奥古斯丁修道院，他们中的一个遇到了一位熟人 Bartholomew Hsieh[268]，解释了他们的到访。回广州后这位教徒受不住拷打，暴露了这个秘密。幸运的是，Bartholomew Hsieh 离开奥古斯丁修道院，逃入外方传教会代理人的房子，蔡神父已在那里躲藏了两个星期。孙士毅的这一努力再一次落空。[269]

1784 年 11 月，朝廷再次施加压力，孙士毅又一次派官员前往澳门。这次，他们知道蔡伯多禄曾经藏在奥古斯丁修道院，便先来这里。院长 José de Villanueva 告诉他们说逃犯已不在院内，也不在他们控制之下。官员们不信，坚持认为蔡伯多禄就在此处，结果却一无所获。广东官员极为恼怒，召集澳门的高级官员来到现场，要求交出逃犯，并向澳门当局递交了一封由孙士毅亲笔写的措辞强硬的信。在澳门的中国商人也请求葡萄牙人让步，交出逃犯。可葡萄牙人仍旧固执己见。官员们返回广州，向澳门发出严重警告。

情势危急之下，澳门当局不能再将逃犯藏在城中，决定把他们送到一个安全的地方。正巧此时，一艘葡萄牙船准备开往印度果阿，提供了一个很好的机会。11 月 30 日晚，蔡伯多禄、Bartholomew Hsieh 秘密登船，前往印度。

268 此人可能即为谢禄茂，在蔡伯多禄案中亦是被官府通缉而未被捕获者。
269 Bernward H Willeke: *Imperial Government and Catholic Missions in China during the Years 1784-1785*. pp.68-69.

此时，广东巡抚孙士毅仍决定打击固执的葡萄牙人。整个 12 月，军队即将来临、澳门将被包围的警报弥漫于澳门的大街小巷。一位居民说，军队确实已经在路上，但又被长官召回，因为他没有把握此举定能成功。他向在广州的两个外国人，一个法国人和一个丹麦人，打听澳门的防御能力。这两人向他保证，澳门大炮优良，能有效地抵抗袭击。孙士毅于是停止了冒险，澳门的恐惧渐渐平息下来。[270]

实际上，公历 12 月时，广东巡抚孙士毅已起程赴京，“预备入千叟宴”。因发生英国船只放炮致中国水手伤亡案，乾隆于 12 月 22 日连发六百里谕旨，认为孙士毅“办理错误，不准其来京入宴，正所以示罚，仍著传旨申饬”，令其“不拘行至何处，接奉此旨，即驰驿兼程回粤”。而两广总督“舒常又系病躯，现在查办西洋人，弹压搜缉，专交孙士毅一人妥办，以盖前愆，若致稍有踈虞未当，朕必加倍将伊治罪，恐孙士毅不能当其咎也”[271]。

英国炮手一案，孙士毅奏称将英国大班锁拿入城，供出炮手姓名，判断其是“无心毙命，可否发还该国自行惩治”，乾隆则认为“所办甚属错谬。寻常斗殴毙命案犯尚应拟抵，此案啲嗹哗放砲致毙二命，况现在正当查办西洋人传教之时，尤当法在必惩，示以严肃。且该国大班吐嚒未必果系委员锁拏进城，啲嗹哗亦未必果系应抵正凶。既据吐嚒供出，即应传集该国人众，将该犯勒毙正法，俾共知惩儆。何得仍请发还该国？试思发还后，该国办与不办，孙士毅何由而知乎？”[272]可见，此案的处理乾隆甚为不满，死亡两人，凶手难道不要正法么？因为是外国人就能网开一面，由该国自己处理么？那该国处理与否，中国是否知道？这其实已经涉及到治外法权问题，而乾隆对此的态度非常鲜明且认真。两广总督舒常患病，孙士毅被乾隆点名重办此案，“千叟宴”也不允许参加。如此，孙士毅可能无精力对澳门发动进攻。

1785 年 4 月，孙士毅决定采取最后一次严肃的行动，从澳门获得蔡伯多禄。他禁止中国劳工为葡萄牙人工作，切断了食物供应，再次派官员进入澳

270 Bernward H Willeke: *Imperial Government and Catholic Missions in China during the Years 1784-1785.* pp.70-71.

271 乾隆四十九年十一月十一日，《寄谕两广总督舒常等著查办传教之西洋人》，《档案史料》（第二册），第 545 页。

272 乾隆四十九年十一月十一日，《寄谕两广总督舒常等著查办传教之西洋人》，《档案史料》（第二册），第 545 页。

门。此时，蔡伯多禄已在遥远的印度，葡萄牙人保证他不在澳门，官员们回到广州，未有再进一步的调查。11 月中旬，帝国政府已不再有兴趣找到蔡神父了。[273]

广东政府与澳门当局就蔡伯多禄问题上的几次来往交涉，均以失败告终。蔡伯多禄等人在澳门当局、澳门市民、澳门各修道院的庇护下，成功逃往印度，躲过了清政府对他们的缉捕。这件事情的发生，一方面有众多的偶然因素，例如他们刚逃至澳门时，澳门当局毫不知情，未将他们及时交给来抓人的广东官员，获得了商讨的时间；从果阿回来的那位葡萄牙官员鼓励市民保护天主教徒；Bartholomew Hsieh 凑巧遇到来寻访他们的教徒；顶受不住压力时正好有一艘船带他们离开澳门等，另一方面也有其必然性。

首先，澳门对天主教的保护。葡萄牙是天主教盛行的国度，长期实行政教合一的统治，这一特色也反映到对澳门的管理上来，就因宗教问题来寻求避难的天主教徒，各方面都比较同情、宽容，市民有时间讨论此问题时，宗教信仰容易在政治上占得上风，继而作出有利于蔡伯多禄等人的决定。蔡伯多禄等人的逃亡，澳门在其间扮演了重要角色，在此前的教案中，澳门也对其间的天主教有所保护。乾隆十一年（1746）福建教案发生后，广东方面发布禁令，"禁止居住于该岛的中国人为欧洲人服务和前往教堂"，甚至有消息说，有命令将那里穿中式服饰和祖籍中国而穿西装的人都遣返内地。但这一命令没有执行。随后，官吏们要求关闭一座小教堂，因为这是中国人建造的。但受到拒绝，并出示了葡萄牙人出资修造的建造文书。1747 年圣诞节前夕，香山县知县赶到澳门，要求关闭该座教堂，"由三名主席和十二名参事组成的司铎会议团"前往教堂附近的房子里去拜访他，司铎会议团拒绝执行这一命令。当知县索要教堂钥匙时，耶稣会士罗安当和澳门主教互相配合，拒绝交出钥匙，"并且抗议说他更愿意交出自己的头颅而不是钥匙"。于是，知县只能张贴一张告示，提到禁止使用这座教堂，并扬长而去。[274]可见，对于如何应付中国官员，澳门已经具备一定经验，而中国官员对于此地实际管理的程度也可见一斑。

273 Bernward H Willeke: *Imperial Government and Catholic Missions in China during the Years 1784-1785.* pp.135-136.

274 《尚若翰神父就中华帝国 1746 年爆发的全面教案而自澳门致圣-夏欣特夫人的记述》，《耶稣会士中国书简集》（四），第 346 页。

其次，1781 年回民起义被镇压后，1784 年四月，哲赫忍耶穆斯林在田五阿訇领导下于甘肃东部起义，孙士毅在此期间正由广东巡抚接任两广总督之职[275]，不可能贸然挑起与葡萄牙人之间的对抗，引发骚乱。而且，孙士毅此前曾因李侍尧贪渎案，以失察被革职，这一次，他与舒常等官员在奏折中丝毫未提及已经知道蔡伯多禄逃往澳门之事，只称派人前去搜查，葡萄牙人越发不合作之时，更不可能将此确切消息上奏朝廷，以免因失职获罪，只是多番派官员前去索拿，并将派官员访查情形详细描写于奏折中。澳门交出蔡伯多禄自然立刻可以上奏邀功，夸耀寻访得力；倘澳门坚持不肯交出，至少也不会因此丢官。这是当时官员应付朝廷典型的时宜之策。"官僚君主制下的一个行为者可以塑造'事件'，可以重新对'事件'作出界定，甚至可以制造'事件'，从而增进自己在这个制度内部的利益。同样，人们也可以剔除那些可能危及自己利益的'事件'。当然，这样的选择权力是有其限度的——一场重大的民众造反便是无法捏造或剔除的。"[276]所以，如果与在澳葡萄牙人发生正面冲突，朝廷定会知晓，权衡之下，当然不必为了一个区区小人物而大动干戈，断送了大家的前程。广东政府既然不会与澳门硬碰硬，澳门当局又态度坚决，蔡伯多禄等人终于逃出国门，如乾隆帝所说"早已远飏矣"。[277]

（三）中外联姻入教

澳门因其特殊性，华人洋人杂处其间，中外联姻现象时有发生。乾隆十一年（1746），两广总督策楞在奏折中说，"在澳门番人共四百二十余家，男妇三千四百余名口，而民人之附居澳地者，户口亦约略相同，俱僦屋以居，在彼营工贸易，并有服其服，而入其教互相婚姻以及赤贫无赖之徒，甘心身为其役使者"，这里的男女大都"皆习其教，并有入赘番妇投身于其家者，积弊相沿，已将二百余载"。[278]此时的中外联姻事例中，中方首先要具备的

275 参见钱实甫：《清代职官年表》（第 2 册），中华书局，1980 年，第 1431-1434 页，1785 年三月戊辰（4 月 27 日）至七月己酉，孙士毅以粤抚兼署两广总督，1786 年四月己亥（5 月 23 日）再次兼署，五月丁巳授两广总督，直至 1789 年正月癸未。

276 [美]孔飞力：《叫魂——1768 年中国妖术大恐慌》，陈兼、刘昶译，上海三联书店，1999 年，第 289 页。

277 乾隆五十年十月十八日《寄谕两广总督富勒浑著密查各口缉拿天主教逃犯》，《档案史料》（第二册），第 762 页。

278 乾隆十一年十二月二十一日《两广总督策楞广东巡抚准泰遵旨严查民人入习天主教折》，《档案史料》（第一册），第 134-135 页。

条件便是入教，成为天主教徒后才能与外国人婚配。"直到 20 世纪中期，无论是在澳门、香港、还是上海，华人与"土生人"联姻一定要先受洗才能结婚，而且要改用葡文姓名，近期才在姓名的后面保留一个汉语的拼音字。"[279]1777 至 1784 年，7 年时间里，澳门大堂区登记了 18 宗中国人与葡萄牙人的联姻情况，参见表 5-8。

表5-8　1777~1784 年大堂区婚姻登记情况[280]

日　期	婚配双方	父　母	祖父母	外祖父母
1777.09.22	女方：金特莉亚·沙维尔	路易斯·沙维尔和玛莉亚·高美士	中国异教徒	路易斯·加马和卡塔里纳·萨尔门塔
	男方：维森特·德塞拉	若泽·达塞拉和玛莉亚·多罗萨里奥	佩德罗·达塞拉和托马西业·达罗萨	阿波利纳里奥·里卡多和菲里西亚纳·柯雷业，出生地不详
1777.09.30	女方：玛莉亚娜·佩雷拉奥	卡洛斯·乌斯·雷麦古奥和伊纳西亚·佩雷拉	中国异教徒	
	男方：曼努埃尔·沙维尔	科利斯平·沙维尔和特奥马拉·达席尔瓦	维达尔·沙维尔和约瑟法·罗德埋格斯	多明戈斯，达席尔瓦和伊纳西亚，德马伊亚，澳门人
1777.09.30	女方：佩特罗尼拉·德巴·洛斯	中国异教徒	中国异教徒	中国异教徒
	男方：若泽·若阿金·德诺罗尼亚	若昂·德诺罗尼亚和佩尔西拉·格伊洛兹	马尔塔扎尔·德诺罗尼亚和佩特罗尼拉·德诺尼亚	姓名不详

279 李长森：《澳门土生族群研究与十八世纪教区档案》，耿昇、吴志良主编：《16-18世纪中西关系与澳门》，商务印书馆，2005 年，第 233 页。

280 文德泉：《关于澳门土生人起源的传说》，夏莹译，（澳门）《文化杂志》中文版第 20 期，1994 年第 3 季度，第 88-89 页，另见李长森：《澳门土生族群研究与十八世纪教区档案》，耿昇、吴志良主编：《16-18世纪中西关系与澳门》，商务印书馆，2005 年，第 237-239 页。

1777.10.22	女方：安娜·玛莉亚·德塞格伊拉	安东尼奥·德塞格伊拉和安东尼亚·卡尔德伊拉	安东尼奥·德塞格伊拉和克里斯蒂娜·兰佩雷亚	曼努埃尔·卡尔德伊拉·德高维亚和安德雷扎·德索萨
	男方：曼努埃尔·卡尔瓦良斯	马蒂亚斯·卡尔瓦良斯和伊莎贝尔·此耐伊拉	本多·德冈多和玛莉亚·达罗莎	中国异教徒
1777.10.29	女方：伊莎贝尔·多罗萨里奥	中国异教徒	中国异教徒	中国异教徒
	男方：阿马罗·弗尔南德斯，果阿人	路易斯·弗尔南德斯和安东尼亚·德安德拉德	加埃塔诺·弗尔南德斯和安娜·德索萨	贡萨罗·德萨和卡塔莉娜·德塞格伊拉，澳门居民
1777.10.31	女方：罗萨·德索萨	克里斯蒂娜·德索萨的养女	中国异教徒	中国异教徒
	男方：维森特·佩雷拉·阿古斯蒂娜·罗德里斯的未亡人	中国异教徒之家	中国异教徒	中国异教徒
1777.11.12	女方：阿古斯蒂娜·沙维尔	中国异教徒	中国异教徒	中国异教徒
	男方：伊纳修·达席尔瓦	安东尼奥·达席尔瓦和约瑟法·多罗萨里奥	中国异教徒	西蒙·德巴伊瓦和伊莎贝尔·多罗萨里奥
1778.03.02	女方：安娜·达罗萨·迪亚斯·安东尼奥·德索萨的遗孀			
	男方：若泽·比列斯·维亚纳	中国异教徒	中国异教徒	中国异教徒
1778.10.29	女方：安娜·塞格伊拉	多明戈斯·德诺罗娜和卡塔莉娜·塞	伊纳修·德诺娜和克拉拉·德马塞杜	中国异教徒
	男方：			

1779.01.25	女方：克拉拉·弗朗西斯科·苏亚雷斯	马丁斯·苏亚雷斯和费利西亚娜·科雷亚	若昂·苏亚雷斯和多明戈斯·德阿布尔科	
	男方：阿纳斯塔修·多罗萨里奥	西蒙·多罗萨里奥 和阿金达·德热苏斯	德安布戈·马特乌斯·多罗里奥和玛莉亚·约瑟法·多罗里奥	中国异教徒
1779.05.06	女方：若亚娜·达高斯达	中国异教徒，罗萨达·高斯达的养子		
	男方：托梅·多罗萨里奥，中国人			
1779.10.13	女方：马尔卡科达·达席尔瓦	中国异教徒	中国异教徒	中国异教徒
	男方：若洋·多罗里奥	塞巴斯蒂安·多罗萨里奥和约瑟法·达塞拉	中国异教徒	中国异教徒
1779.11.03	女方：伊沙贝尔·罗德里格斯·达高斯达	中国异教徒	中国异教徒	中国异教徒
	男方：伊纳修·德帮索塞戈	姓名不详		
1779.11.24	女方：欧弗拉西亚·德比纳	曼努埃尔·德比纳和利达多罗萨里奥	多明戈斯·德比纳和佩特罗尼拉高蒂诺	
	男方：安东尼奥·奥瓦雷斯·德亚雷乌若	弗朗西斯科·奥瓦雷斯·德亚雷乌若和约瑟法·戈伊洛兹	安东尼奥·奥瓦雷斯·德亚雷乌若和 弗朗西斯科·达席尔瓦	中国异教徒
1780.02.03	女方：安娜·比肖塔	中国异教徒：玛莉亚·比肖塔和德马蒂斯·达克鲁兹的养女	中国异教徒	中国异教徒

	男方：西蒙·多埃斯佩利托·桑多·罗莎·塔维拉的未亡人			
1781.10.09	女方：米卡埃拉·罗德里格斯	中国异教徒		
	男方：弗朗西斯科·安东尼奥	曼努埃尔·安东尼奥和玛莉亚·多罗萨里奥	中国异教徒	姓名不详
1782.03.16	女方：伊纳西亚·达维加	中国异教徒		
	男方：若泽·多斯雷梅，去奥斯·巴斯果埃拉·多斯雷梅去奥斯的未亡人			
1784.02.03	女方：贝内去科达·德安德拉德	中国异教徒，玛莉亚·多罗萨里奥的养子		
	男方：扎加利亚斯·瓦雷拉	安东尼奥·瓦雷拉和安东尼奥·瓦雷拉		

以上 18 宗中外联姻的登记情况中，男女双方的父辈、祖辈都有是"非天主教徒华人"者，说明当中有人并非自幼入教。但是，这 18 对新婚夫妇却都用标准的葡萄牙文姓名进行婚姻登记，证明他们已经拥有教名，至少在登记之前已经成为天主教徒，因而能被教会接受，登记备案，其中一个比较典型的例子是 1777 年 10 月 31 日登记结婚的罗萨·德·索萨和维森特·佩雷拉（阿古斯蒂娜·罗德里斯的未亡人），两人均为华人，但都有标准的教名。女方原出生于中国异教徒家庭，之后成为克里斯蒂娜·德·索萨的养女，因此姓索萨，成为天主教徒。男方也来自外教家庭，但要与是天主教徒的女方结婚，必须也事先入教，因而在登记时用了教名。

这种中外联姻的情况，大大促进了在澳门华人的入教。据估计，"澳门于 1745 年的信教居民为 5212 人，包括前往澳门过冬的外国公司经纪人、亚洲非中国人的受归化教徒；在澳门的 8000 名中国人中，约有 4000 名教民，这样算来，在 18 世纪中叶时，澳门共有 9000 名基督徒，而该地的总人口要高于 1.3 万人。"[281]

　　然而，由于清政府禁教政策的实施，耶稣会被罗马教廷解散，澳门的传教事业逐渐陷入低谷。1788 年左右，曾在澳门小住的葡萄牙著名诗人薄卡热（Manuel Maria Barbosa do Bocage），在诗中这样描写了当时澳门的惨淡现实：

　　　　"一个毫无权势的政府，一个如此潦倒的主教

　　　　几位才德修女，一间飘摇破屋

　　　　三所修道院，几个苦行僧

　　　　五千平民和中国基督徒，他们草草修筑

　　　　一座如此一般的大教堂，如今收容

　　　　十四个身无分文的受薪教士

　　　　一贫如洗，无数卑贱的娼妇

　　　　一百个葡萄牙人，住所有如猪圈

　　　　六座炮台，百名士兵，还有一个鼓手

　　　　三个堂区，以木为界

　　　　一个无所作为的教区枢理

　　　　两所神学院，一所还破旧不堪

　　　　一个凌驾于一切之上的议事会

　　　　这就是葡萄牙在澳门拥有的全部。"[282]

　　对此，俄国历史上进行首次环球航行的里相斯基（Ю. Ф. Лисянский），在 1805 年到达澳门时，对此的记述是，"传教士在这里特别多，但任何事情也不介入"。[283] 以上描述可能比较片面，带有私人感情色彩，但也间接表明，18 世纪末至 19 世纪初，经过乾隆朝的大教案之后，外籍教士不仅在内地，在

281 耿昇：《17-19 世纪西方人视野中的澳门与广州》，耿昇、吴志良主编：《16-18 世纪中西关系与澳门》，商务印书馆，2005 年，第 11 页。

282 赵春晨：《管中窥豹——16 至 18 世纪中国人的西洋观与澳门》，耿昇、吴志良主编：《16-18 世纪中西关系与澳门》，商务印书馆，2005 年，第 28-29 页。

283 [俄] 尤·弗·里相斯基：《涅瓦号环球旅行记》，徐景学译，黑龙江教育出版社，1983 年，第 222 页。

澳门的情况也不妙。禁教日益严重，潜入内地难度太大，各地的传教士经此次案件被遣送回澳门的不少，管理传教事务的"教区枢理"无事可为，内地天主教的发展只得越来越依靠于华籍教徒自己。

二、广州十三行

此段时期内，作为一口通商的广州，成为除北京外，外籍教士可以合法居住的另一内地城市，遂得以在此暂时管理传教事务。应传教士的请求，乾隆帝准许在华传教的教廷传信部管理财务的教士公开居住在广州。[284]于是，管理这些外籍传教士的任务，逐渐落到与洋商打交道的十三行身上，洋行商人与教会之间的往来开始密切起来，或者保护他们不受欺压，存放钱物，或者为其提供证明，甚至因其犯法而受罚。1768年左右，因有人背教并向海关告发，费若瑟神父既无法秘密前往澳门，也不能进入大陆，只能在广州藏匿了一段时间，住进了他早已赢得其保护的商界首领的家中。[285]乾隆三十八年（1773）搭船到澳门的拂郎济亚国人席道明，原住小三巴寺，"因广东省城办理往来书信之邓类斯年老病回，该国有信，令其赴省接办，于乾隆四十一年七月来省，现寓陈广顺行内"，行商陈广顺与夷目唭嚟哆各出甘结，申送至官衙，官吏遂"责令寓居行商保领约束，毋许纵令与汉奸往来勾结，及任听番厮出入滋事"。[286]

乾隆四十九年（1784），被捕的教徒戴加爵称自己"从前曾在十三行内催与西洋人邓类斯的伙伴席道明佣工，乾隆三十三年跟随西洋人赵进修进京效力，在北堂居住"。[287]而外籍传教士"来时携带及节年接济银两，俱系彼国同教会中公捐及亲友帮助之项，遇便寄存十三行，继续与取供用"。[288]同年，

---

284 《几位在华传教士多封信件之摘要》，[法]杜赫德编：《耶稣会士中国书简集》（六），第91页。

285 《耶稣会传教士汪达洪（de Ventavon）神父致布拉索神父的信（1769年9月15日于海淀）》，[法]杜赫德编：《耶稣会士中国书简集》（五），第209页。

286 乾隆四十一年十二月十八日《两广总督李侍尧为西洋人席道明并非自澳门犯罪潜逃可准在广居住事致军机处咨》，《档案史料》（第一册），第307-308页。

287 乾隆四十九年十二月二十四日《两广总督舒常等奏拏获西洋教案内戴加爵解京质讯折》，《文献丛编》（第十五辑），第4-5页。

288 乾隆五十年二月初七日《兼署四川总督印务成都将军保宁奏拿获西洋人讯明解京折》，《文献丛编》（第十六辑），第18页。另，乾隆五十年三月十五日《四川总督李世杰奏报续获西洋人吧哋哩哤哂等讯明解京折》，《档案史料》（第二册），第

因蔡伯多禄案件，广东巡抚孙士毅认为："西洋人来广贸易，寓居商人十三行内，该商分应稽查约束，岂容内地奸民与之交接，乃蔡伯多禄擅行出入招引（朱批：此人何尚未获），该商等置之不见不闻，一任改装越境，咎实难辞。"[289]于是，商人"潘文岩、陈文扩、蔡世文、石梦鲸、杨岑龚、伍国昭、吴昭平等禀称，商等仰沐皇上天恩，准与外洋贸易，得沾余利，藉润身家，该哆罗住宿行中，商人等失于防范，任由蔡伯多禄来往勾通，致有揽送洋人越境之事，实非寻常玩忽可比，抚心自问，惶悚难安，情愿罚银十二万两，备充公用，恳于藩库垫项支解，分限四年缴还"。[290]乾隆帝批示："准其认罚，并今将此项银两解交河南漫工充用矣。"[291]

小 结

天主教在华的困难时期，少数神职人员无法满足分散于全国各地的教徒的需要，普通教徒自发组织起来一起诵习天主教，进而小心翼翼地向外传教。这些都对维持他们的信仰，不至于在不利形势下背叛天主教，为中国天主教徒的数量在禁教前后保持在同一水平，发挥了一定作用。随着教徒的四处传播教义，天主教所带来的西方文化开始缓慢的进入中国民间。

而且，鉴于"归信的核心因素是情感依附，因而这种归信行为通常容易在以人际关系为单元的整个社会网络载体上进行"。这项原则适用于世界各地各种各样的宗教，"新的信仰领袖们总是先向那些与他们已经具有强大情感依附关系的人传讲信息。也就是说，他们会先从自己的家人和朋友着手吸纳门徒"[292]，家庭关系、婚姻关系，以及对于一家之主的忠诚，都是天主教

712 页："至该犯等平日食用，系该国同教会中公捐及亲友帮助，每年寄存广东十三行，附便带给"。

289 乾隆四十九年九月十三日《广东巡抚孙士毅奏报严拿蔡伯多禄并请议处沿途失察官员折》，《档案史料》（第一册），第 388 页。

290 乾隆四十九年九月十三日《广东巡抚孙士毅、粤海关监督穆腾额奏报潘文岩等商人因西洋人住宿行中失于防范情愿认罚折》，《档案史料》（第一册），第 391 页。

291 乾隆四十九年十月初二日《寄谕广东巡抚孙士毅著准许商人潘文岩自请处分》，《档案史料》（第二册），第 455 页。另见《高宗纯皇帝实录》（第 1216 卷），"乾隆四十九年十月甲申"，第 303、304 页。

292 [美]罗德尼·斯塔克：《基督教的兴起：一个社会学家对历史的再思》，黄剑波、高民贵译，上海古籍出版社，2005 年，第 21 页。

获得新教徒的最佳途径，并易于保证他们对信仰的忠诚。所以，无论是否有神职人员在当地工作，只要一个家庭中有人入教，尤其是当时掌握家庭大权的成年男性入教，可以预见，如无特殊情况，他的家庭成员及其他亲朋好友多会在种种因素下陆续成为天主教徒。"家传"是禁教时期天主教得以在中国传播下去的一个重要原因，也是其他各类宗教发展成员、扩大影响的主要方式。

此外，信奉天主教妇女的表现比较突出。天主教中有些对女性有利的方面，比如谴责离婚、乱伦、婚内的不忠，以及一夫一妻等，对女性地位有一定提高。相对而言，女天主教徒的信念比较坚定，且颇具有传教热情，尤其是寡居的孀妇。她们一改以往足不出户的生活，参与传教这项社会活动，较为积极。既能在集体礼拜中获得精神上的充实，又能在宗教团体中弥补与社会、亲友联系的不足，从而得到心理、情感上的慰藉。其间有部分女性发誓守贞，在当时的社会风气下，常被视为违逆与冲撞，需要非常的勇气。也许这部分曾接受过一定教育的女性，认识到两性地位的不平等，借此来不让自己成为男性的附庸，追求自身的独立。如果是这样，或许可以将之视为女性争取人身自由的开始。不过，当她们摆脱某些封建礼俗桎梏之时，却又被套上另一副宗教神权的枷锁。

值得注意的是，澳门是此段时期内天主教在中国传播的重要据点，不论是教徒进修、进教、接引教士入内地，或是避难，澳门都显示了它绝对的特殊性，保护了一批教徒的人身安全。同时，在澳门频频发生的中外联姻，使中外双方融入到对方实际的日常生活之中，在柴米油盐的平凡日子里促进东西文化的进一步交流与融合。

结语与思考

　　明清时期的天主教入华，是中外关系史上的一件大事。透过传教士，东西方文化的这段交流过程充满了小心翼翼地接触、认识，两情相悦地欣赏、热爱，以及热度降温，甚至敌视、厌恶，冷静反省之后的宽容、理解等。清朝中期的严禁天主教，便是随着互相了解的深入，缺点不断暴露进而矛盾重重下的产物。康熙末年，"礼仪之争"渐趋白热化，中西方文化冲突尖锐起来，在各自的思维习惯及互不容忍中，传教方式这一天主教内部的矛盾演变成清政府与教廷之间的冲突，并以康熙与教皇这两大政治文化代表之间的直接对立为表现，天主教的传教活动抹上了浓重的政治色彩。另外，在业已存在的社会网络中传播天主教，入教者往往将家人和朋友一起带入教会，速度及效果非常明显，但同时也是对统治者的一种潜在威胁，若不加以限制，难保不会有出乎意料之事发生。于是，清廷对天主教有所警觉，对它的政策由明末以来的宽容趋于禁止。至雍正、乾隆之后，则更为严重，教案持续不断，外籍传教士先是被逐，后是被杀，华籍教徒或被捕，或被流放，或被处死。天主教在中国的生存环境发生了重大变化，由公开的奉旨传教转为秘密的非法传教，其生存及传播变得越来越艰难，其间出现的一系列问题仍有待进一步的思索与研究。

一、华籍天主教徒传教的作用

　　在全面禁教的非常时期里，外籍传教士仍艰难地四处传教。但是，随着传教环境的日益恶化，外籍传教士越来越少，大部分传教任务落在了华籍天主教徒的身上。在外部的支持越来越小的情况下，内部的支撑就愈发显得重要起来。也就是说，这段时期内，天主教的传教主体逐渐由外籍传教士转为华籍天主教徒，华人在天主教在中国的传播过程中的主体地位渐渐凸显出来。

华籍天主教徒在此段时期的传教过程中所扮演的角色大致可以分为三类，即华籍神职人员、皇亲官员及普通天主教徒。华籍神职人员，无论是经外国教会晋升为司铎的神父，还是未晋铎的修士，或是辅助神父工作的传道员，在朝廷禁传天主教、外籍传教士潜入内地越来越困难的情况下，不仅帮助外籍传教士，还冒着风险翻山越岭，四处照顾天主教徒，为其做圣事，并不断发展新教徒。这些华籍神父、善会领袖和传道员们组成了一个天主教在中国的核心，成为维持和发展天主教的重要力量。

信教的皇亲官员们在此段时期内尤显珍贵。自明末天主教传入中国以来，传教士们致力于结交士大夫等上层人士，最初信教的中国人中不乏皇亲贵族、各级官吏。当然，传教士们的这一目的主要是想赢得来自官方的支持，甚至是皇帝允许公开传教的命令，为传教营造良好的工作环境，扫清障碍。然而，这一设想在清中期却彻底失败，不仅没有获得允许，还被公开禁止，阻止了大批士大夫的归化。但是，在朝廷明令禁止天主教之时，仍有皇亲苏努、德沛家族及部分官员信仰并传播天主教，以他们的身份、地位而言，不能不在一般民众中产生一定的影响，坚定了普通教徒信教的决心，也带动了家庭内部的众多成员加入天主教。

此外，身为大众的普通天主教徒们在此段时期内的活动也不容忽视。作为平民的天主教徒，行动不易引起官府的注意，信息也更为灵通。因而，他们可以隐蔽的将外籍传教士带入内地，并为之传递信件、补给。同时，还因其普通民众的身份，更容易在群众中以自身经验、或是行医等各种方式来传播教义，打动人心，发展新教徒。

尽管此段时期内各地教案不断，抓捕天主教徒的行动也从未终止过，但主要在华籍天主教徒们的努力下，天主教仍有缓慢发展，并未因此而使教徒的数量大规模减少。18世纪初，也就是康熙朝末年，教徒人数差不多是30万，但在1840年，即道光末年，教徒数量估计已降低到20万。[1]另一份资料则说，

---

1 [法]穆启蒙：《中国教友与使徒工作》，第131页。

19 世纪中叶，教徒人数超过 30 万。[2]弛禁之后，天主教进入在中国传教的新时期，在此基础上得到进一步发展。

与以往相比，此段时期天主教的发展发生了一些变化。除了外籍教士和入教的名人士大夫，大量身为平民的华籍教徒在传教过程中的主体地位开始凸显，他们在历史上并不是一群"看不见的人"，以自己的力量推动了天主教在华的传教事业。

二、天主教在华的本地化问题

"对某种信仰深信不疑的人们不会离开该信仰而加入另外一种信仰"，"归信新兴宗教团体的人们绝大多数来自于宗教背景相对缺乏的环境"，[3]而中国恰好一直未有真正占主导地位的宗教信仰，不属于任何宗教的人，也比较容易接受大堂、地狱之说，在没有委身任何宗教的大多数中国人当中传播天主教义，效果远比在回教徒、佛教徒中开展工作更为显著，尤其是在因社会动荡被迫离乡背井而缺乏情感依附的人们当中。但是，"中国永远不可能被'彻底基督教化'，也就是说儒家文化占统治地位的中国，绝对不可能像西方或其他某些国家一样，成为一个基督—天主教国家。中国始终在强烈地坚持自己悠久的传统文化与伦理道德。儒家文化虽有开放性和兼容性，但其'同化性'却表现得更为强烈。先后传入中国的各种文化（佛教、伊斯兰教和犹太教），最终都被严重同化、'本土化'或'儒教化'了。……因此，基督教文化在中国不可避免地会'本土化'。"[4]中国文化的特性，决定了与基督宗教碰撞时所表现出来的吸纳与拒斥，反映在统治者身上，就是对天主教的宽容与禁止，反映在民众身上，便是对天主教有选择的吸收与接受。这是一定文化折射到心理又在现实中反映的结果。

此外，禁教时期特殊的生存环境，外籍教士越来越重视培养本地神职人员，华籍神职人员和普通教徒开始在事实上成为天主教在中国传播的主体力

2　[德]德礼贤：《中国天主教传教史》，（台北）商务印书馆，1970 年，第 82 页："在一七〇〇年上，中国天主教信友有三十万人，到了一八〇〇年却只有二十万，将近十九世纪的中叶，又稍为超过了三十万。"

3　[美]罗德尼·斯塔克：《基督教的兴起：一个社会学家对历史的再思》，黄剑波、高民贵译，上海古籍出版社，2005 年，第 22 页。

4　耿昇：《法国汉学界对于中西文化首次撞击的研究》，[法]谢和耐：《中国与基督教——中西文化的首次撞击》（增补本），第 2 页。

量，加之中国的信教主体当然也是华籍天主教徒，如此，传教、信教都以华籍人员为主体，大大加速了天主教的本地化进程，使得这一时期成为天主教本地化发展的一个重要时期，天主教逐渐在中国人的主导下趋向于中国化，开始在中国人的领导下成为中国人自己的宗教。

但是，"礼仪之争"后，天主教与士大夫阶层的关系出现断层，来自中国精英阶层的反对之声此起彼伏，为弛禁后更大规模的民教冲突埋下伏笔。鸦片战争后，清政府对天主教逐渐弛禁，天主教从隐蔽到公开，从农村进入城镇，公然活动，且受到清政府法律保护。教会地位骤变，从受人压制变为压制他人。当最高统治者受制于外力之时，中国的士大夫们担当起反教责任，成为反教主体，在晚清大部分教案的背后，几乎都可以找到他们的踪迹。天主教越深入中国社会的内部，其所遭遇的抵抗越强大。同时，禁教时期所形成的封闭的教会团体，此时也并未因环境的改变而向外有所开放，反而继续与教外人士保持距离，以至于由猜疑滋生出矛盾，由矛盾演化成对立，使得民教之间畛域分明，分峙难消，加大了天主教在中国本土归化大批华人的难度。

三、天主教在华传教方式的转变

初期来华的传教士人数较少，处于传教事业开创的艰难时期，为着同一个目的，大家的意见比较统一，对华籍教徒所固有的文化与生活习俗，只要不直接违背教旨圣训，概不加以禁止，与中国学者士人交通往来。随着来华修会、传教士的增多，各个有着不同宗旨的修会之间，对在华的传教工作方法产生争议，这集中表现在"礼仪之争"问题上，此后，禁教的百余年时间里，教会内部不断对在华的传教方法作出调整。

（一）传教目标转向下层民众

以利玛窦为首的耶稣会士，在中国传教时采取了亲近皇室，与上层官员交往的路线。毕竟，从有社会地位和社会特权的人群中发展教徒，由上而下的归化中国人，不失为当时一种颇为有效的传教方式。南明皇室逃到华南之时，一次就有50多名皇室成员领洗入教。康熙年间，徐光启的儿子徐骥（雅各）虽得七品官职，但并不热衷，将当时的上海耶稣会会长潘国光推荐给南京、上海、苏州、松江等地的官吏，使其在这些人的荫庇下，得以顺利传教。

徐骥的外孙许缵曾（巴西略）则在四川、河南任职期间，保护天主教会的发展。[5]诚然，这种结交是天主教寻求的一种保护。清廷禁教后所发生的一系列事件，使得传教士们逐渐改变了从利玛窦时就开始的走上层路线的方式，传教目标转向平民社会，开始走下层路线。

首先，传教士们开始被上层的士大夫们所排斥，中外传教士都不再可能顺利与他们结交，传教目标越来越多地转移到下层社会。明末以来入华的外籍传教士，多以中国人所不熟悉或是不精通的知识吸引了众多士大夫的注意，进而对其教义发生兴趣。这些社会上层人士的经济、教育水平较高，对新技术、新时尚、新心态都比较容易接受，对信仰也是如此，因为新宗教总会带来新理念，所以，当时一些士大夫的入教受西方新鲜的科技知识的影响较大[6]，但深入骨髓的传统文化价值观却对另一完全不同的文化本能的产生抗拒，对天主教教义的理解局限于一定的范围之内，不可能完全接受。巴多明神父对此有深刻的认识：

> "历史经验已使过去的所有传教士们都深知，当涉及向该国的大人物和文士们宣讲教法时，人们在开始时，都是通过我圣教的奥义，一般是不能获得成功的。一部分人觉得这些奥义含糊不清，另一部分人则认为它们是不可信的。他们坚信外国人没有任何宗教知识，这些人与他们的伟大教义具有可比性。这种坚信使得他们在一段时间内会听我们的话，他们立即会使谈话转向另一主题。他们的虚荣心，他们对自己的尊重、对其他民族的鄙视，都不自觉地通过他们那假装的谦虚和他们偏爱使用的词句而表现得淋漓尽致了。
>
> 因此，为了引起他们的注意力，则必须获得他们的欢心，以他们大都一无所知并且迫不及待地想学习的博物知识，来赢得他们的尊重。没有任何办法能更好地促成他们在基督教的神圣真谛问题上聆听我们的说教了。我还必须在这一切之中补充许多献殷勤的语言，以及听取和解决他们提出的难题之耐心，无论这些难题是好还

5　[法]穆启蒙：《中国教友与使徒工作》，第97-99页。

6　（清）赵翼：《檐曝杂记》（卷六），（清）顾廷龙等主编：《续修四库全书》（1138），上海古籍出版社2002年，第351页，"《明史·外国传》，西洋人东来者，大都聪明特达之士，意专行教，不求禄利，其所著书多华人所未道，故一时好异者咸尚之，如徐光启辈是也。"

是坏，都会显示出我们重视他们的才能和个人功德。由于这些巧妙的谨慎方式，才能使宗教真谛于人们无意识中深入到他们的思想中，深入到他们的心中。" 7

然而，随着传教士所带来的知识、技艺逐渐为人们所熟识，这方面的吸引力随之减弱，士大夫对天主教的兴趣也跟着降低，对教义的理解更加有限。即使是天主教弛禁后，学者们对它的认识多是：

"天主教向有厉禁，自泰西通商后，其禁遂弛，蔓延于江、浙、闽、广东南各省。入其教者，废祖先之祀，无鬼神之敬，生员入学不拜孔子，殊骇人听闻，然教中人自若也。余尝与其教士谭论，亦不过就释氏天堂祸福之说而推衍之耳。" 8

视天主教为异数，行为举止"骇人听闻"，将其简单地理解为求福消灾，如民间佛教一般，登不了大雅之堂。

而且，即使是继续采用利玛窦的方式来传教，在禁教的这段时期内，外籍传教士，不论是潜入内地的，还是在清廷任职的，都未能如之前的传教士那般，以科技等学识来吸引士大夫们的注意，亦缺乏如其前辈那般对传教工作的热诚。1780 年左右，在北京的方守义神父等对欧洲传来的消息表示担忧："葡萄牙不再派员来华；法国派来的人倒不少，但他们不再是接受过完全（宗教）教育的人员，他们本人及志愿也未经受过审慎安排的各种考验。有的人既不学鞑靼语，也不学汉语；另有人既不愿布道，也不想讲授教理；还有人当基督徒前来忏悔时，他自己却要去祈祷。那些因艺术才华而被安排在宫廷任职的人既不愿遵循先辈的惯例，也不愿服从教会的指导；另有人以种种借口拒绝将才干奉献于圣职，却热衷于科学或新奇好玩的事情。"因而希望上帝能派一些比较强的传教士来。9

在这个问题上，华籍传教士更不可能通过此条途径结识士大夫。即使是在外国受训的华籍传教士，学习的多是神学、拉丁文等宗教内容，较少接触

---

7 《耶稣会传教士巴多明神父致法国科学院德·梅朗先生的信（1755 年 9 月 28 日于北京》，[法]杜赫德编：《耶稣会士中国书简集》（四），第 129-130 页。

8 （清）陈其元撰：《庸闲斋笔记》（卷五），杨璐点校，中华书局，1997 年，第 110-111 页。

9 《在北京的传教士方守义（Dollières）先生致其兄弟隆维（Longwi）附近莱克西（Lexie）本堂神父的信（1780 年 10 月 15 日）》，[法]杜赫德编：《耶稣会士中国书简集》（六），第 199 页。

到先进的科技知识。而且，他们多出生于平民家庭，不易进入士大夫们的圈子。以学识和修养等来进入士大夫阶层的情况不复再现。

其次，禁教之后，不时有背教者出现。这些残酷的事实对传教士们来说，实在痛心疾首，加上教会内部各派之间不断的纷争，一些传教士更将背教原因归咎于利玛窦等前辈传教士所用的方法不当。对此，华籍神父李安德曾严厉批评"老传教士们"太过依靠人为方法，说他们所造就的，不是基督信徒而是"自然宗教的信徒"。冯若望主教在他和交趾支那的宗座监牧（Pigneay de Behaine）皮牛主教的信件中说："有些外教书籍，内容全是无神思想，竟有人毫不犹豫地将之和福音并列。他们在这些书中所看到的，全是坚实的正统真理，他们甚至认为孔子的智慧超乎撒落满以上，他们不停地把迷信的言词和有破坏性的道理渗入基督教义中。结果使所教育出来的基督徒有名无实。这一切都是为了方便知识阶级与官僚分子，因为他们太过希望这班人大批归化，然而由经验显示，这些人是最坏的一等人，无论何时何处，他们都是教会的最大灾害。"[10]在华的外籍教士开始慢慢放弃前辈们争取士大夫们的做法，不断反省，总结经验，将传教的目标受众转到下层民众身上。

第三，此段时期内，华籍神职人员逐渐代替外籍传教士而成为担任传教工作的主体，他们大多出身平民，其阶级、身份、地位决定了他们不可能与上层社会平等交往，并进而向其宣扬教义；相反，却易于与平民接触，在平民之间宣讲教义。乾隆五十年（1785），甘凉被捕的华籍传教士刘多明我在西安、兰州等地"贩卖药材生理"[11]，这类职业不可能与士大夫本人产生交集。

何况，"礼仪之争"之后，教廷禁止天主教徒敬祖祭孔，士大夫们信教将会严重影响到他们的仕途，这一阶层的教徒自然为数不多。"因了废除孔子的敬礼，任何官员学者已不可能领洗进教了，甚至已领过洗的人，也不能一面继续做官，一面保持他们的信德。既然没有一个学术界的人士愿做教友，而学者又是这个国家中最受人珍视的。因此现在在中国文化与基督教义之间，设了一道障碍，而耶稣会士曾想以中国文化为桥梁，感化整个的民族。"[12]

---

10 燕鼐思：《中国教理讲授史》，第 120-121 页。

11 乾隆五十年正月十二日《福康安奏审讯教案人犯分别解京折》,《文献丛编》（第十五辑），第 6 页。

12 [英]赖诒恩：《耶稣会士在中国》，陶为翼译，（台中）光启出版社，1965 年，第 80 页。

于是，"教徒素质发生很大变化。一般教徒多为平民，很少知识分子和官员入教了，有也是秘密的，以免丢官"。[13]一位在广东传教的神父在 1722 年的信中说："我们在农村比在都市所获得的安慰更多。神父们派传道员到农村去散布救灵的种子，发现已进入诚朴的乡民心中，吾主的田园逐渐地修治而增长；于是便开始训练村中的几家居民，给他们付洗；他们再去吸引他们的亲戚朋友。当新教友的数目到达能组成一个团体时，便在当地盖一座小圣堂，教友们主日瞻礼齐集那里礼拜祈祷。"[14]"我们在此拥有的大部分教徒来自社会的下层，显贵们因过于依恋尘世的荣华富贵，以至于不敢冒因为信仰一种要人由衷地与荣华富贵分开的宗教而完全失去它们的危险。"[15]如此这般，天主教在中国的传播由走上层路线转为走下层路线。

（二）相对变通的传教方式

尽管部分传教士否认了利玛窦等人走上层路线的传教方式，但在外部政治环境愈加严苛的情况下，为维持教务发展，他们仍不时对传教方法加以调整，以适应广大平民的生活习惯，以免在当地引起与外教人的冲突。譬如送给教徒的物件，外籍教士们已经认识到双方在文化上的一些差异，体现在画像上，非常注意避免引起保守的中国人的非议。禁教之前，柏应理神父曾指出："中国廉耻之风，堪为欧士之镜鉴：妇女上衣下裳，从头至足，重重遮蔽，手指也仅露一节；图画中微有裸形，就惹人惊怪。为此耶稣苦像，以吕格（Lucques）作本，及古希腊堂中穿袍像为最宜；圣母像，则以世传圣路加画本为最合。"[16]禁教之后，西洋物品运送途中还可能受到偶像崇拜者的检查，为减少不必要的麻烦，韩国英神父要求寄送来的画像不能够过于美观和过于体面，身体部位除了脸部和手部之外，不能没有遮盖。[17]

传教士一般不允许教徒家中摆放牌位等物品，因而，官府对教案中被捕的天主教徒，会以是否在家中摆放祖先牌位，门前是否贴上门神作为评判他们是

13　徐如雷：《简述鸦片战争前天主教来华各修会的矛盾》，《宗教》1989 年第 2 期，第 67 页。

14　*Lettres édif.*, T. X, p.430. 转引自[法]穆启蒙：《中国教友与使徒工作》，第 111 页。

15　《钱德明（Amiot）神父致本会德·拉·图尔（de la Tour）神父的信（1754 年 10 月 17 日于北京）》，[法]杜赫德编：《耶稣会士中国书简集》（五），第 53 页。

16　[比]柏应理：《一位中国奉教太太：许母徐太夫人甘第大传略》，第 63 页。

17　《韩国英（Pierre-Martial Cibot）神父致德尔维耶（Dervillé）神父的信件摘要（1764 年 11 月 7 日）》，[法]杜赫德编：《耶稣会士中国书简集》（五），第 91 页。

不是天主教徒的标准。但是，在教案比较严厉之时，一些天主教徒为免灾祸，在家里摆上了牌位。"1746 年的迫害期间，许多天主教家庭以陈列刻有'天地君亲师'（天，地球，统治者，祖先，教师）铭文牌位的方式来避免遭到怀疑"。"基督教徒通常摆放这样的牌位是为了避免与他们的邻居或是当地官员之间的麻烦。"不过，李安德神父在日记中记述道："18 世纪 40 年代之后，基督教徒家中摆放刻有违禁铭文牌位的行为呈现逐渐消失的趋势"。[18]

传教士们很早便注意到中国的男女之别，尽量为妇女准备单独的处所举行圣事，不令男女共处。禁教时期人手缺乏之时，也是尽量让守贞姑娘给女人讲道，男传教员给男人讲道。1747 年 12 月 12 日，李安德神父写道："极少数因对上帝特别信仰而足够坚强的妇女，可以在她们的丈夫不在的情况下过着孤独的生活。最后，当她们对食物和衣服的基本需求都没有时，她们丢下自尊以致卖淫，或者更糟，上吊或毒死自己。他总结说，这类情形必须被重视，教会应确定一个明确的时间，超过这段时间，这些不知道她们的丈夫是否还活着或已去世的妇女，应该被允许嫁第二次，这总比让这些剥夺了全部资源和支持的妇女维持原况，处于被迫失去身体和精神的巨大危险之中要好得多。"[19]

四、华籍天主教徒的尴尬身份

身份认同是禁教后华籍天主教徒面对的一个重大问题。奠定中国政治制度基础的周公，以其旷世的聪明才智，在设立必要时可以进行暴力镇压的国家机器同时，建立起一套系统的行之有效的宗法制度来控制广大臣民。"每个宗法氏族都是自成单位的小宇宙。每个成员在氏族中的龛位取决于他出生的等级、层次、嫡庶、长幼。氏族成员自幼即耳濡目染服侍尊长之道，无尽无休地参加演习种种祭祀与仪节，不知不觉之中即视等级森严的宗法制度为先天预设的社会秩序。[20]""礼仪之争"中天主教徒的不许祭孔祀祖，是对这项延续千年、深入民众骨髓的社会秩序的严重挑衅，让部分教徒无所适从。要么遵守教规，被家族亲友不耻，为所在地区的宗族所不容；要么放弃天主

---

18 Robert Entenman, *The Problem of Chinese Rites in Eighteenth-Century Sichuan*, p132-133.

19 [法]沙百里：*The Chinese priest Andrew Li (1692-1775) apostle of Sichuan and the Support he received from French missionaries in Macao*，第 194 页。

20 何炳棣：《读史阅世六十年》，（香港）商务印书馆，2004 年，第 458 页。

教，重归家族社会怀抱。何况，从某种程度上说，到目前为止，任何一个家庭能否维持或改进它的社会地位，最主要的是其家族中有没有杰出的新血，因而在子孙后代身上寄予厚望。二三百年前的清代更是如此，官宦之家要选择后人继承家业，普通人家更是视"学而优则仕"为唯一正途。成为天主教徒，意味着弃绝官路，定会引起家族内的风波，被视为"不孝"，造成身份上的尴尬。

更严重的是在"天主教徒"与"中国人"身份之间的两难选择。康熙帝的打算是"主归中华"，将天主教这支力量收归己有，可惜未能实现。雍正帝已经开始警惕天主教与政治势力勾结，无论是来自国内还是国外。乾隆四十九年（1784）的教案，令朝廷发现中国人中竟有神父，对此，乾隆帝颇有些恼火，"内地民人有称神甫者，即与受其官职无异，本应重治其罪，姑念愚民被惑，且利其财物资助，审明后应拟发往伊犁，给厄鲁特为奴。"[21]"在中国话里，'皇帝'的意思就是'世界的主人'，'人间的上帝'，除了自己的皇帝，他们不承认其他任何皇帝"，[22]怎能允许自己的臣民替外国人专职办事，挑战自己的权威。

嘉庆十六年（1811）的张铎德教案，"供出彼教中竟有教化皇及总牧、司铎等名目，并仿傚职官设立品级，以品多为贵，伊系内地民人，胆敢混入西洋堂习教诵经，考得品级，倚仗总牧字谕出外传教，煽诱多人，不可不严行惩办"。[23]嘉庆帝对此大为震怒，从未料想到自己的臣民竟然接受了外国的官职，还有详细的品级之分，与中国的官职品阶无甚区别。此时的嘉庆朝正经受空前的人口压力，在生产技术停滞、地方官吏的勒索下，大规模的起义此起彼伏，如此接受外国官职的臣民自然被视作背叛。而且，天主教徒"擅立品级，且今分路传教，主教之人并有教化皇名目"，这岂不是又形成一股新的反对势力？有首领，还四处联系，"若不严行查究，无以息邪说而靖民心"，要求各地访查"所称总牧、司铎，分在各省共有若干名，一并严挈，按例治

---

21 《高宗纯皇帝实录》（第 1219 卷），"乾隆四十九年十一月庚午"，第 347 页。

22 [罗马尼亚]尼古拉·斯帕塔鲁著，《中国漫记》，蒋本良、柳凤运译，中国工人出版社，2000 年，第 9 页。

23 嘉庆十六年二月二十六日《寄谕陕西巡抚董教增著将天主教人犯张铎德发伊犁、陈洪智枷示并饬地方官晓谕改悔者免究其罪》，《档案史料》（第二册），第 903 页。

罪"。[24]对此，外籍教士比较困惑，"我们西洋本国，原设有官职，我等供奉天主教，原是出家，并无官职，我等自西洋来京，无非为供奉天主，那有加品称职的事"。[25]中外人士的不同反应，当然是缘于两者之间此时欠缺沟通，互不了解。但此事也表明，华籍天主教徒已陷入严重的身份认同危机之中，不仅与家庭、社会有冲突，更有可能被国家不认同。

道光年间，士大夫对葡萄牙的认识是："其国有二工，曰教化、曰治世，世奉教化之命，贸易夷人皆治世类，居澳蕃僧则教化类也，其慧者，习天官家言、精制造，国中敬信天主邪苏教，蕃僧出入，张盖树旛，男女见之跪，捧足，俟过乃起，其女尼，夷人敬奉尤甚于僧，一女为尼，一家皆为佛眷，人罹重辟得尼片纸方宥之"。[26]在这种认识的影响下，清廷定会对如此"教化王"与"治世王"并存的局面有所警惕，担心听从教化王的华籍天主教徒会成为自己统治的威胁。此时的华籍教徒自然不被官方接受。如此，处于两难境地的华籍天主教徒，一方面著书立说，辩护"中国礼仪"[27]，一方面人多在家庭内部秘密传教，避免外人知晓。从某个方面来说，可能促进了天主教在家庭内部的代代相传，成为华籍教徒传教的一种主要方式，进而通过"家传"逐步扩大入教人数，影响当地的宗族社会，并有可能以宗族的群体力量来维持对天主教的信仰[28]。

天主教徒的尴尬身份不仅来自于是否为"中国人"，教会内部对他们的态度也有所保留，尤其是华籍神父。嘉庆十九（1814）年教案时，四川徐德新主教致函杨神父（Escodeca），声明在其身故或被捕后，由他任副主教，"杨神父在同样情形时，则由冯神父（Fontana）递补；如冯神父亦遭不测，则将

---

24 嘉庆十六年二月十三日《陕西巡抚董教增奏报拿获天主教张铎德等犯审拟情形折》，《档案史料》（第二册），第899-900页。

25 嘉庆十六年三月初七日《管理西洋堂事务大学士禄康奏报查明张铎德所供西洋堂内无路姓洋人并继续访查折》，《档案史料》（第二册），第905-906页。

26 （清）汤彝撰：《盾墨》，《续修四库全书·史部·杂史类》，（清）顾廷龙等主编：《续修四库全书》（445），上海古籍出版社，2002年，第104-105页。

27 例如18世纪的中国天主教徒严谟，要求罗马教廷重新授予中国天主教徒以祭祖和祭孔的权利，详见李天纲：《严谟的困惑：18世纪儒家天主教徒的认同危机》，刘家峰编：《离异与融合：中国基督徒与本色教会的兴起》，上海人民出版社，2005年，第3-30页。

28 张先清：《官府、宗族与天主教：明清时期闽东福安的乡村教会发展》，博士论文，厦门大学，2003年，第233-234页。

职责交由中国籍的罗玛弟神父"。[29]在确实没有外籍教士可以担任领导职责的情况下，才不得不考虑华籍神父。

五、几个不和谐的音符

禁教时期传教困难，但神父们并未因此放松对天主教徒的要求。例如，经过传道员的教导而打算入教者有一个"望教期"，这个时期的长短没有固定，往往视其具体情况而定。1760年，有一位中国神父写道："我们无法规定应使某一望教者延长多少时间。"望教者的勤奋谨慎或是神父是否可能去视察这个地方的教徒团体，都是改变的原因。李安德神父曾向一位新来的神父建议道："对于最近皈依真教的成年人，切勿操之过急；在答允传教员、代父和代母或望教者本人的请求时，也不可操之过急，因为他们往往不是欺骗神父，而是欺骗自己。""望教期"届满后，神父亲自来调查望教者能否领洗。给他们数日时间做最后准备，为他们讲解圣体与耶稣蒙难的道理。这些都是专留给神父讲解的。领洗前，望教者承认自己一生的罪过，"目的不是为得罪赦，而是为启发悔过之情。"领洗后，新教徒也领圣体。最后回家时，赠予念珠、苦像和圣像。[30]可见，入教者均受过一定的教育，对天主教有一定的认识和理解。但是，分散各地的天主教徒不可能经常获得神职人员的指导，而且，几次大的教案后，许多天主教徒都只是因祖上习教，故而沿习下来，不过烧香茹素，父祖口授念经，此类事情嘉庆年间比比皆是[31]。在口头传授的过程中，不可避免出现一些不和谐的音符，例如以下几个例子。

其一、乾隆五十一年（1786），官方查获了一份《天主教徒李歪勋传习歌》，内容如下：

> "一步工，盘膝坐存心定气；二步工，闭朱户调理真心；三步工，咬银牙内外不动；四步工，叠足运抵住火门；五步工，收一口先天元气；六步工，密密的暗转分明；七步工，活泼泼复履莲堂；八步工，慢慢放仔细消停；九步工，咽一口阴返阳胜；十步工，这才得母子相逢。

---

29 天主教台湾地区主教团宣圣委员会主编：《中华殉道圣人传》，第94页。

30 燕鼐思：《中国教理讲授史》，第124-125页。

31 参见嘉庆二十二年九月二十二日《山西巡抚和舜武奏为沿习天主教各民人改悔遵谕免其治罪折》，《档案史料》（第三册）第1100页等。

一步修行走曹溪，三岔路口少人知，中间有条消息路，只怕轮回行的迟。二步修行走仙桥，找着仙桥就塌了，扶起独木桥一座，有个仙人任逍遥。三步修行去朝山，密密绵绵往里转，前边龙虎拦着路，后有主人去当先。四步修行十字街，四门邪事当清解，若还四事你不挡，死生轮回不得歇。五步修行鸿雁岭，挡住去径也驻行，猛然睁睛樯头看，鹞子翻身直到顶。六步修行火焰山，多少迷人受熬煎，观音老母来搭救，一洒甘露透三元。七步修行见本体，婴儿撞在娘怀里。婴儿见娘心欢喜，娘见婴儿痛悲啼。八步修行双林树，修的元阳合一气，复性本是十六两，身高丈六可斋体。九步修行过元關，看见斾见空中展，开關打锁往上闯，秘门炮响振破山。十步修行功业满，猛然观见天外天，天外天里有果位，稳坐家乡九叶莲。

又每日子时朝北，午时朝南，卯时朝东，酉时朝西，吸取清气三口，默念歌诀，清晨早起莫贪眠，净手拈香到佛前，轻轻跪在佛前地，免了三灾共八难，午时烧香永无灾，一朵莲花遍地开，门上上了无缝锁，时时卷起珠簾来，酉时烧香要虔诚，字字行行写分明，真香玉炉莲台奉，退去浊愚还上清。子时烧香壇加功，家宅六神侧耳听，邪魔外崇惊千里，八爪金龙照宅中。

又每逢初一十五供一桌，再供钱二文，磕了头，将钱用手擦热，放在鼻孔下嗅，取铜气，名为种来生钱，念的歌诀是弟子某人，今当某年某月某日某时无恩可报，具供一桌，供钱二文，望老爷空中照应，准入圣册。"[32]

此份"传习歌"，类似练功，夹杂着仙人、观音、轮回之句，规定了烧香时辰，供奉时间，目的是"望老爷空中照应，准入圣册"，得进天堂（"天外天里有果位"）。然而，诸如佛教轮回之类的说法，却正是天主教神职人员们宣传教义时常常加以驳斥的。如非注明，实难相信此为天主教徒的修行方式。

其二、嘉庆十九年（1814），在四川的天主教徒中发生了一件借口"准奉天主教"行骗之事，具体经过如下：

湖南衡山县民王幅，"幼时随其祖父学习天主教，后又学习刻字匠生理。嘉庆十九年三月间，王幅游荡来川，在邻水县地方资难度日，因闻川省向有学习天主教，经屡次查禁，改悔者甚多，其有

---

32 乾隆五十一年《天主教徒李歪勋传习歌》，《档案史料》（第二册），第 797-798 页。

尚未悔教之家，必然不愿查禁，起意假充提塘报差，捏称奉文准奉天主教，向习教者报喜，骗钱使用。随买木板，私刻提塘钤记一颗，并报条照票板式各一块，用纸刷印，盖用伪照钤记，欲往习教之家报喜。因不知何家习教，适会遇南充县民蒋洪，岳池县民李大学，亦系在外游荡，王幅遂与交好，哄称伊充提塘报差，现在奉文准奉天主教，嘱蒋洪等探听习教之家，前往报喜，许其得钱分用。蒋洪等不信，王幅又告以假造报条实情，蒋洪等贪利应允。随探有南充县住家之谢允清平素习教，引令王幅同往报喜，王幅送给谢允清报条一纸，谢允清不甚深信，仅给王幅钱三百文，王幅将骗得钱文与蒋洪等俵分，蒋洪等告以探有习教家，再行相邀，即分路各散。王幅即患病，迨王幅病愈后，忆及谢允清不肯深信其事，骗钱无多，又独自起意，捏造上年钦天监推算闰月错误，果有河南滑县教匪之事，今因钦天监推算不错，加官升职，行文各省，准奉天主教上谕一道，盖用假造四川提塘木戳，冀图习教之人听信不疑，多给钱文。遂找见蒋洪等，复令其引路报喜。蒋洪等均不知有捏造抄文情事，讵该犯等行至邻水到古家场地方，适该县稽查保甲至彼，令逃役挐获解省。"[33]

王幅伪称"准奉天主教"，在禁教严厉的嘉庆朝，竟然无视朝廷律令，着实有些利欲熏心。依清律"诈为制书者斩监候"，王幅即行正法。谢允清等不肯背教，照例发往乌鲁木齐为奴。蒋洪等虽不知道王幅捏造，但明知天主教系违禁之事，仍听从引路报喜，杖一百，流三千里，所得钱文追缴充公，所获天主教经本、假印等一并销毁。[34]

利用天主教赚钱的另一个例子发生在嘉庆二十四年（1819），此年在海门拿获了天主教徒邱小方，他原存有天主教的封斋开斋日期单，"起意刊卖图利，照是年节气算准，令不识姓名刻字人照样刊刻，陆续卖给陈文等四五十张，每张得钱十余文不等"。[35]上述两个例子均是天主教徒借天主教在教徒中

---

33 嘉庆十九年十一月三十日《四川总督常明奏报拿获捏造准奉天主教文报图骗钱财之王幅等审拟情形事折》，《档案史料》（第三册），第 1020-1021 页。

34 嘉庆十九年十一月三十日《四川总督常明奏报拿获捏造准奉天主教文报图骗钱财之王幅等审拟情形事折》，《档案史料》（第三册），第 1022-1023 页。

35 嘉庆二十四年闰四月十五日《江苏巡抚陈桂生奏报访获天主教并闻拿投首等人分别审办折》，《档案史料》（第三册），第 1133 页。

非法挣钱。前一件事的主角王幅本身便是一名天主教徒，"幼时随其祖父学习天主教"，却欺骗同教之人；后者邱小方，刊卖斋单，除了他们本身的品行不端外，缺乏来自教会的督导也是一个因素。

但是，这两件事却从某个角度反映了当时的天主教徒们对信仰的坚定，认可天主教，认为其教义无甚坏处，对己有利，因而对朝廷的弛禁抱有一线希望，而不是遥不可及。同时，说明部分天主教徒因神职人员的稀少而缺乏正常的宗教生活，希望得到来自教会的指导。普通教徒的这种先天不足，以及他们的教育程度有限，不得不令人怀疑他们对天主教实际接受的程度，是否在传授的过程中夹杂了其他成份，使天主教向有益于自己的方向发展，逐渐与当地其他的祈福消灾形式结合起来，变成具有本地特色的天主教？正如前文的《天主教徒李歪勋传习歌》一样，带上了仙、佛的色彩。乾隆时期在华工作的巴多明神父曾在信中写道，这些教徒的"行为始终与其言语相左。在一次始料不及的灾难中，在一次命运逆转中，我们便会看到有的人向'老天爷'（Lao-tian-ye）喃喃祈祷，其他人则祈求鬼神并请求它们给予庇护。总而言之，他们的心与言都很难互相吻合，我甚至还可以补充说，那些希望表现为无神论者的人数很少。"[36]巴多明神父开展工作之时，未曾发生过全国性的教案，在华的外籍教士还能隐藏民间，伺机传教。乾嘉年间几次全国性的大教案后，外籍教士人数骤减，区区数十位华籍神职人员亦无法满足散布各地的教徒们的需要，如此，部分天主教徒先天有缺陷，后天又得不到弥补，对教义的理解难免出现教士们所不愿见到的偏差。

中国文化土壤有其自身的包容性与内敛性。华籍教徒传播天主教屡禁却不止，成为非常时期天主教在华传教的主旋律，说明中国悠久的历史并不排斥远来的异质文明。然而，中国文化亦具有强大的内敛性，外来文化必须趋向于中国化，才能在中国文化舞台上据有一席之地。天主教尽管禁而不止，但是要想真正融入中国传统的文化圈，深入民心，恐非易事，禁教时期华籍天主教徒传教活动的历史研究也说明了这一点。比如，禁教时期的严缓徐疾，固然与主政者的性情和思虑方式有关，但也是当时社会政治背景的必然：一方面是强大的本土文化对异质文明的本能反击；另一方面也在提醒，异质文明在试图进入其它文明时，必须主动寻求适当方式，否则自陷困境。

---

36 《巴多明神父致法国科学院院长德·梅朗先生的信》，[法]杜赫德编《耶稣会士中国书简集》（四），耿昇译，大象出版社，2005年，第52页。

　　一种异质文明，假如试图和平地进入另一个发育相当成熟的文化系统，采取征服野蛮人的高傲姿态，必然遭到强烈的回应。从最初的注意迎合本土文化心理而获得发展，到后来强势推行自我主张而遭到禁毁，"禁教"在天主教入华的"百年盛期"之后突然出现，实非偶然。而在禁教时期，教民能维持相当人数，则多与华籍教徒的维系支持密不可分，这也说明异质文明需要主动寻求与所进入文化系统的共生关系。

　　百年禁教期间，究竟是什么导致了这个黯淡时期的出现，阻碍了合理的宗教与文化交流？而在这个时期，天主教究竟在多大程度上与本土信仰结合，形成一种西方基督宗教难以想象的面貌？这两种文明的冲突，有没有可能在理性包容的前提下，最终像中国佛教一样，达成两种文明范式的融合？这些思考对于我们今天探讨宗教传播问题，有一定的现实参照效应，实际上也在提醒着，一种更加健全的宗教传播方式应该如何确立。

　　本文侧重于史料的爬梳，旨在为以上思考提供具体的历史背景。假如能为当下的宗教问题，提供一个思考的参照系，那么对于所有散落史料的钩沉，就获得了它应有的意义。

参考文献

一、史料

（一）中文文献

1. （清）王之春：《国朝柔远记》，广雅书局，光绪十七年（1891年）。

2. （清）黄伯禄：《正教奉褒》（二册），上海慈母堂重印，1894年。

3. （清）郑钟祥、张瀛修，庞鸿文等纂：《（重修）常昭合志稿》，光绪甲辰（1904年）活版排印本。

4. （清）黄伯禄：《正教奉传》，上海慈母堂重印本，1908年。

5. 故宫博物院文献馆编：《史料旬刊》，京华印书馆，1930年。

6. 国立北平故宫博物院文献馆编：《文献丛编》第一辑《穆经远供词》，第六辑《康熙与罗马使节关系文书》，第十五、十六、十七辑《乾隆朝天主教流传中国史料》，国立北平故宫博物院出版物发行所，1930年，1933年、1937年。

7. 中央研究院历史语言研究所刊行：《明清史料》（丙、庚编），上海商务印书馆，1936年。

8. 龙云、卢汉修，周钟嶽等编纂：《新纂云南通志》，云南省署，1949年。

9. 中国史学会编：《中国近代史资料丛刊·鸦片战争》，上海人民出版社，1962年。

10. （清）暴煜修：《香山县志》，乾隆十五年（1750年）刊刻，（台北）学生书局，1965年影印。

11. 吴相湘主编：《天主教东传文献》、《天主教东传文献续编》（1-3）《天主教东传文献三编》（1-6），（台北）台湾学生书局，1965、1966、1972年。

12. 国立故宫博物院故宫文献编辑委员会：《年羹尧奏折》，（台北）国立故宫博物院，1971年。

13. 圣教杂志社编：《天主教传入中国概观》，载沈云龙主编：《近代中国史料丛刊·正编·第六十五辑》，（台北）文海出版社，1971年。

14. 《康熙与罗马使节关系文书 乾隆英使觐见记》（台北）学生书局，1973年。

15. 钱仪吉编：《碑传集》，载沈云龙主编：《近代中国史料丛刊·正编·第九十三辑》，（台北）文海出版社，1973年。

16. 中央研究院近代史研究所编：《清季教务教案档》，（台北）中央研究院近代史研究所发行，1974-1981年。

17. 国立故宫博物院编辑：《宫中档案雍正朝奏折》，第三辑、第十四辑、第二十七辑，（台北）国立故宫博物院印行，1978、1980年。

18. （清）贾 桢等编：《筹办夷务始末》（咸丰朝），中华书局，1979年。

19. （清）蒋良骐：《东华录》，中华书局，1980年点校本。

20. 《清朝野史大观》（二），《清朝史料》，上海书店，1981年。

21. （清）永瑢等撰：《四库全书总目》，中华书局，1983年。

22. （清）徐珂编撰：《清稗类钞》（第四册），中华书局，1984年。

23. 中国第一历史档案馆编：《康熙朝汉文朱批奏折汇编》，档案出版社，1984年。

24. 中国第一历史档案馆整理：《康熙起居注》第三册，中华书局，1984年。

25. 中国社会科学院历史研究所清史研究室编：《清史资料》第一辑、第六辑，中华书局，1985年。

26. 《清实录》，中华书局，1985、1986年。

27. 国立故宫博物院图书文献处文献股编：《宫中档案乾隆朝奏折》，（台北）国立故宫博物院印行，1985年。

28. 中国第一历史档案馆编：《康熙朝满文朱批奏折全译》，中国社会科学出版社，1986年。

29. 中国第一历史档案馆编：《雍正朝汉文朱批奏折汇编》，江苏古籍书店，1986年。

30. 雍正《上谕内阁》，（台湾）商务印书馆影印文渊阁《四库全书》本，1986年。

31. （清）李刚已辑：《教务纪略》，上海书店，1986年（据光绪乙巳年（1905年）南洋官报局影印）。

32. （清）蒋廷黻：《筹办夷务始末补遗》（道光朝），北京大学出版社，1988年。

33. （清）夏燮：《中西纪事》，高鸿志点校，岳麓书社，1988年。

34. （清）印光任、张汝霖：《澳门记略》，赵春晨校注，澳门文化司署，1992年。

35. （清）贺长龄、魏源等辑：《清经世文编》，中华书局，1992年缩印本。

36. （清）陈志仪修：《顺德县志》，中国科学院图书馆选编：《稀见中国地方志汇刊》（第四十五册），中国书店，1992年。

37. 《南海县志》，中国科学院图书馆选编：《稀见中国地方志汇刊》（第四十五册），中国书店，1992年。

38. 中国第一历史档案馆编：《鸦片战争档案史料》，天津古籍出版社，1992年。

39. 中国第一历史档案馆编：《雍正朝起居注册》，中华书局，1995年。

40. 中国第一历史档案馆、福建师范大学历史系合编：《清末教案》，中华书局，1996年。

41. （清）陈其元撰：《庸闲斋笔记》，杨璐点校，中华书局，1997年。

42. 王庆成编著：《稀见清世史料并考释》，武汉出版社，1998年。

43. 中国第一历史档案馆、澳门基金会、暨南大学古籍研究所合编：《明清时期澳门问题档案文献汇编》（六册），人民出版社，1999年。

44. 刘芳辑：《葡萄牙东波塔档案馆藏清代澳门中文档案汇编》，章文钦校，（澳门）澳门基金会，1999年。

45. （清）杨光先：《不得已》，黄山书社，2000年。

46. 中国第一历史档案馆编:《嘉庆道光两朝上谕档》,广西师范大学出版社,2000年。

47. 《清季外交史料选辑》(《台湾文献史料丛刊·第四辑·（77）》),（台北）大通书局,2000年。

48. （清）赵慎畛撰:《榆巢杂识》,徐怀宝点校,中华书局,2001年。

49. （清）汤　彝撰:《盾墨》,（清）顾廷龙等主编:《续修四库全书》(445),上海古籍出版社,2002年。

50. （清）魏源撰:《海国图志》,（清）顾廷龙等主编:《续修四库全书》(743),上海古籍出版社,2002年。

51. （清）赵　翼:《檐曝杂记》,（清）顾廷龙等主编:《续修四库全书》(1138),上海古籍出版社,2002年。

52. [比]钟鸣旦、杜鼎克编:《耶稣会罗马档案馆明清天主教文献》,（台北）利氏学社,2002年。

53. 中国第一历史档案馆编:《清中前期西洋天主教在华活动档案史料》(四册),中华书局,2003年。

54. 张　泽编著:《中国天主教历代文选》,内部资料,2003年。

55. 北京师范大学图书馆制作:《北京师范大学图书馆馆藏基督教文献汇编》(缩微胶卷),北京师范大学图书馆,2003年。

56. 钱仲联主编:《清诗纪事》(叁：嘉庆朝卷 道光朝卷 咸丰朝卷 同治朝卷),凤凰出版社,2004年。

57. 中国宗教历史文献集成编纂委员会编纂:《东传福音》(8-10册),黄山书社,2005年。

58. 乾隆帝敕撰:《清世宗宪皇帝圣训》,沈云龙主编:《近代中国史料丛刊·三编·第九十四辑》,（台北）文海出版社,2005年。

（二）翻译文献

1. [比]柏应理:《一位中国奉教太太：许母徐太夫人甘第大传略》,徐允希译,（台中）光启出版社,1965年。

2. [俄]尤·弗·里相斯基:《涅瓦号环球旅行记》,徐景学译,黑龙江教育出版社,1983年。

3. [法]宋君荣著:《有关雍正与天主教的几封信》,沈德来译,罗结珍校,杜文凯编:《清代西人见闻录》,中国人民大学出版社,1985年。

4. 耿 升译:《耶稣会士书简集中国书简选(选译)》,中国社会科学院历史研究所清史研究室编:《清史资料》第6辑,中华书局,1985年,第133-177页。

5. 刘晓明编译:《清宫十三年 马国贤神甫回忆录》,载《紫禁城》1989年第1期——1990年第6期。

6. [法]冯秉正:《传教士冯秉正神父致同会某神父的信》,姚楠主编《中外关系史译丛》第5辑,上海人民出版社,1991年,第234-248页。

7. [英]斯当东:《英使谒见乾隆纪实》,叶笃义译,(香港)三联书店,1994年。

8. 朱 静编译·《洋教士看中国朝廷》,上海人民出版社,1995年。

9. [罗马尼亚]尼古拉·斯帕塔鲁著,《中国漫记》,蒋本良、柳凤运译,中国工人出版社,2000年。

10. [法]杜赫德编:《耶稣会士中国书简集——中国回忆录》(六册),郑德弟等译,大象出版社,2001、2005年。

11. [美]苏尔·诺尔编:《中国礼仪之争:西文文献一百篇》,上海古籍出版社,2001年中译本。

12. [捷克]严嘉乐:《中国来信(1716-1735)》,丛林、李梅译,大象出版社,2002年。

13. 澳门文化司署编:《十六和十七世纪伊比利亚文学视野里的中国景观》,大象出版社,2003年。

14. [意]马国贤:《清廷十三年——马国贤在华回忆录》,李天纲译,上海古籍出版社,2004年。

15. [英]马礼逊:《马礼逊回忆录》,顾长声译,广西师范大学出版社,2004年。

16. [美]卫斐列:《卫三畏生平及书信:一位美国来华传教士的心路历程》,顾钧、江莉译,广西师范大学出版社,2004年。

二、专著

（一）中文著作

1. 《真福列传》，救世堂印，1905 年。

2. 《真福克来传》，北京，1905 年版。

3. 《赵奥斯定神父传》，北京，1905 年版。

4. 《董圣人致命歌诀》，北京，1905 年版。

5. 《真福蓝若望行实致命纪略》，北京，1905 年版。

6. 《真福刘达陡神父传》，北京，1905 年版。

7. 成和德：《湖北襄郧属教史记略 刘董二位致命真福合传》，上海土山湾印书馆，1921 年。

8. 徐允希：《苏州致命纪略》，上海土山湾慈母堂印行，1932 年。

9. 萧若瑟：《天主教传行中国考》，河北献县天主堂，1937 年排印本。

10. 方　豪：《中国天主教史论丛》甲集，商务印书馆，1947 年。

11. 方　豪：《方豪文录》，（北平）上智编译馆，1948 年。

12. 张雁深：《中法外交关系史考》，史哲研究社，1950 年。

13. 倪化东编著：《天主教修会概况》，（香港）香港真理学会出版，1950 年。

14. 王铁崖：《中外旧约章汇编》（第一册），三联书店，1957 年。

15. 上海图书馆编：《徐家汇藏书楼所藏基督教图书目录初稿》，上海图书馆，1958 年。

16. 余　素：《清季英国侵略西藏史》，世界知识出版社，1959 年。

17. 罗　光：《教廷与中国使节史》，（台）光启出版社，1961 年。

18. 罗光编：《天主教在华传教史集》，（台）徵祥出版社、光启出版社等，1967 年。

19. 方　豪：《方豪六十自定稿》（二册），（台北）台湾学生书局，1969 年。

20. 方　豪：《方豪六十自定稿·补编》，（台北）台湾学生书局，1969 年。

21. 王治心：《中国基督教史纲》，（台）文海出版社，1970 年。

22. 顾保鹄编著：《中国天主教史大事年表》，（台中）光启出版社，1970 年。

23. 张星烺编注：《中西交通史料汇编》（第一册），朱杰勤校订，中华书局，1977 年。

24. 杨森富编：《中国基督教史》，（台北）台湾商务印书馆，1978 年。

25. 陈　垣：《陈垣学术论文集》，中华书局，1980 年。

26. 钱实甫：《清代职官年表》，中华书局，1980 年。

27. 赵庆源编著：《中国天主教教区划分及其首长接替年表》，（台南）闻道出版社，1980 年。

28. [法]古洛东：《圣教入川记》，四川人民出版社，1981 年。

29. 顾长声：《传教士与近代中国》，上海人民出版社，1981 年。

30. 王重民：《徐光启》，何兆武校订，上海人民出版社，1981 年。

31. 林家骏：《澳门教区历史掌故》，（澳门）澳门主教公署，1982 年。

32. 王思治等主编：《清代人物传稿》（上编 1-8 卷），中华书局，1984-1995 年。

33. 梁启超：《中国近三百年学术史》，中国书店，1985 年。

34. 陈垣等著：《民元以来天主教史论集》（台北）辅仁大学出版社，1985 年。

35. 庾裕录等编：《天主教基督教在广西资料汇编》，广西民族出版社，1985 年。

36. 方　豪：《中西交通史》，岳麓书社，1987 年。

37. 张维华：《明清之际中西关系简史》，齐鲁书社，1987 年。

38. 张力，刘鉴唐：《中国教案史》，四川省社会科学院出版社，1987 年。

39. 江文汉：《明清间在华的天主教耶稣会士》，知识出版社，1987 年。

40. 方　豪：《中国天主教史人物传》（三册），中华书局，1988 年。

41. 顾裕禄：《中国天主教的过去和现在》，上海社会科学院出版社，1989 年。

42. 白莉民：《西学东渐与明清之际教育思潮》，北京教育科学出版社，1989 年。

43. 徐宗泽：《中国天主教传教史概论》，上海书店，1990 年，据土山湾印书馆 1938 年版影印。

44. 王治心：《中国宗教思想史大纲》，上海书店，1990 年，据中华书局 1933 年版影印。

45. 吴雷川：《基督教与中国文化》上海书店，1990 年，据青年协会书局 1940 年版影印。

46. 孙　江：《十字架与龙》，浙江人民出版社，1990 年。

47. 宋伯胤编：《明泾阳王徵先生年谱》，陕西师范大学出版社，1990 年。

48. 李亚宁：《明清之际科学、文化与社会——十七、十八世纪中西文化关系引论》，四川大学出版社，1992 年。

49. 伍昆明：《早期传教士进藏活动史》，中国藏学出版社，1992 年。

50. 许明龙主编：《中西文化交流先驱：从利玛窦到郎世宁》，北京东方出版社，1993 年。

51. 朱维铮：《基督教与近代文化》，上海人民出版社，1994 年。

52. 韩承良：《中国天主教传教历史（根据方济会传教历史文件）》，（台北）思高圣经学会出版社，1994 年。

53. 刘羡冰：《双语精英与文化交流》，（澳门）澳门基金会，1994 年。

54. 刘小枫主编：《道与言：华夏文化与基督文化相遇》，三联书店上海分店，1995 年。

55. 顾卫民：《基督教与近代中国社会》，上海人民出版社，1996 年。

56. 林金水等编：《福建对外文化交流史》，福建教育出版社，1997 年。

57. 李天纲：《中国礼仪之争——历史·文献和意义》上海古籍出版社，1998 年。

58. 冯佐哲：《清代政治与中外关系》，中国社会科学出版，社 1998 年。

59. 张　泽：《清代禁教期的天主教》（增订本），（台北）光启出版社，1999 年。

60. 佟洵编：《基督教与北京教堂文化》，中央民族大学出版社，1999 年。

61. 李小白：《信仰·利益·权力——基督教布教与日本的选择》，东北师范大学出版社，1999 年。

62. 林仁川、徐晓望著：《明末清初中西文化冲突》，华东师范大学出版社，1999 年。

63. 许明龙：《欧洲 18 世纪"中国热"》，山西教育出版社，1999 年。

64. 于本源：《清王朝的宗教政策》，中国社会科学出版社，1999年。

65. 顾卫民：《中国与罗马教廷关系史略》，东方出版社，2000年。

66. 韩承良：《忠烈英魂：方济会中华殉道圣人小传》，（香港）香港天主教方济会，2000年。

67. 天主教台湾地区主教团宣圣委员会主编：《中华殉道圣人传》，（台）天主教教务协进会出版社，2000年。

68. 徐海松：《清初士人与西学》，东方出版社，2000年。

69. 晏可佳：《中国天主教简史》，宗教文化出版社，2001年。

70. 余三乐：《早期西方传教士与北京》，北京出版社，2001年。

71. 李向玉：《澳门圣保禄学院研究》，（澳门）澳门日报出版社，2001年。

72. 高智瑜、马爱德主编：《栅栏——虽逝犹存：北京最古老的天主教墓地》，（澳门）澳门特别行政区政府文化局、美国旧金山大学利玛窦研究所，2001年。

73. 吴伯娅：《康雍乾三帝与西学东渐》，宗教文化出版社，2002年。

74. 叶高树：《清朝前期的文化政策》，（台北）稻乡出版社，2002年。

75. [法]樊国梁：《燕京开教略》，辅仁大学天主教史料研究中心编：《中国天主教史籍汇编》，（台北）辅仁大学出版社，2003年。

76. 顾卫民：《中国天主教编年史》，上海书店出版社，2003年。

77. 阎宗临著，阎守诚编：《传教士与法国早期汉学》，大象出版社，2003年。

78. 罗　渔：《中国天主教——河南省天主教史》，（台北）辅仁大学出版社，2003年。

79. 张先清：《官府、宗族与天主教——明清时期闽东福安的乡村教会发展》，博士论文，厦门大学，2003年。

80. 许明龙：《黄嘉略与早期法国汉学》，中华书局，2004年。

81. 孙尚扬、[比]钟鸣旦：《一八四○年前的中国基督教》，学苑出版社，2004年。

82. 何炳棣：《读史阅世六十年》，（香港）商务印书馆，2004年。

83. 顾裕禄：《中国天主教述评》，上海社会科学院出版社，2005年。

84. 刘鼎寅、韩学军：《云南天主教史》，云南大学出版社，2005年。

85. 黄一农：《两头蛇：明末清初的第一代天主教徒》，（台湾）国立清华大学出版社，2005年。

86. 文庸、乐峰、王继武主编：《基督教词典》，商务印书馆，2005年。

87. 崔维孝：《明清之际西班牙方济会在华传教研究（1579-1732）》，中华书局，2006年。

88. 徐宗泽：《明清间耶稣会士译著提要》，上海书店，2006年。

（二）译著

1. [法]裴化行：《天主教十六世纪在华传教志》，萧睿华译，商务印书馆，1936年。

2. [德]利奇温：《十八世纪中国与欧洲文化的接触》，朱杰勤译，商务印书馆，1962年。

3. Fr. Manuel Teixeira：《耶稣会士于澳门开教四百周年》，徐牧民译，（澳门）Tai Wah Book Co. 1964.

4. [英]赖诒恩：《耶稣会士在中国》，陶为翼译，（台中）光启出版社，1965年。

5. 冯作民编译：《清康乾两帝与天主教传教史》，（台中）光启出版社，1966年。

6. [法]穆启蒙编著：《天主教史》，侯景文译，（台北）光启出版社，1975年。

7. [法]P. Octave Ferreux C.M，《遣使会在华传教史》，吴宗文译，（台北）华明书局，1977年。

8. [法]穆启蒙：《中国教友与使徒工作》，侯景文译，（台北）光启出版社，1978年。

9. [法]史士徽：《江南传教史》，天主教上海教区史料编写组译，上海译文出版社，1983年。

10. [德]德礼贤：《中国天主教传教史》，上海书店，1989年，据商务印书馆1934年版影印本。

11. [法]艾德蒙·帕里斯：《耶稣会士秘史》，张茹萍、勾永东译，罗结珍校，中国社会科学出版社，1990年。

12. [葡]潘日明：《殊途同归：澳门的文化交融》，苏勤译，（澳门）澳门文化司署，1992年。

13. [法]佩雷菲特：《停滞的帝国——两个世界的撞击》，王国卿等译，三联书店，1993年。

14. [法]安添朴、谢和耐等：《明清间耶稣会士和中西文化交流》，耿昇译，巴蜀书社，1993年。

15. [葡]施白蒂：《澳门编年史》，小雨译，（澳门）澳门基金会，1995年。

16. [法]费赖之：《在华耶稣会士列传及书目》（二册），冯承钧译，中华书局，1995年。

17. [法]荣振华：《在华耶稣会士列传及书目补编》（二册），耿昇译，中华书局，1995年。

18. [法]费赖之：《明清间在华耶稣会士列传（1552-1773）》，梅乘骐、梅乘骏译，天主教上海教区光启社，1997年。

19. [瑞典]龙思泰：《早期澳门史》，吴义雄等译，章文钦校注，东方出版社，1997年。

20. [法]沙百里：《中国基督徒史》，耿昇、郑德弟译，中国社会科学出版社，1998年。

21. [韩]李宽淑：《中国基督教史略》，社会科学文献出版社，1998年。

22. [美]约翰·麦奎利：《二十世纪宗教思潮》，何菠莎译，（香港）基督教文艺出版社，1998年。

23. 燕鼐思：《中国教理讲授史》，田永正译，河北信德室，1999年。

24. [美]孔飞力：《叫魂——1768年中国妖术大恐慌》，陈兼、刘昶译，三联书店，1999年。

25. [荷]金普斯、麦克罗斯基：《方济会来华史（1294-1955）》，李志忠译，香港天主教方济会，2000年。

26. [法]伯德莱著：《清宫洋画家》，耿昇译，山东画报出版社，2002年。

27. [比]钟鸣旦著：《杨廷筠：明末天主教儒者》，香港圣神研究中心译，社会科学文献出版社，2002年。

28. [法]谢和耐:《中国与基督教：中西文化的首次撞击》增补本，耿昇译，上海古籍出版社，2003 年。

29. [英]麦格拉思:《基督教概论》，马树林、孙毅译，北京大学出版社，2003 年。

30. [法]雅克玲·泰夫奈:《西来的喇嘛》，耿昇译，山东画报出版社，2003 年。

31. [美]史景迁:《中国纵横——一个汉学家的学术探索之旅》，夏俊霞等译，上海远东出版社，2005 年。

32. [美]史景迁:《利玛窦的记忆之宫——当东方遇到西方》，陈恒、梅义征译，上海远东出版社，2005 年。

33. [美]罗德尼·斯塔克:《基督教的兴起：一个社会学家对历史的再思》，黄剑波、高民贵译，上海古籍出版社，2005 年。

34. [美]史景迁:《胡若望的困惑之旅——18 世纪中国天主教徒法国蒙难记》，吕玉新译，上海远东出版社，2006 年。

35. [美]魏若望:《耶稣会士傅圣泽神甫传：索隐派思想在中国及欧洲》，吴莉苇译，大象出版社，2006 年。

（三）西文著作

1. Le R. P. Broullion, *Missions de Chine, Mémoire sur L'etat actuel de la Mission du Kiang-Nan*, Paris,1855.

2. Adrien Launay, *Histoire des Missions de Chine, Mission du Se-Tchoan*, Paris, 1920.

3. Thomas J. Campbell, S.J., *The Jesuits(1534-1921), A History of the Society of Jesus from its Foundation to the Present Time*, The Encyclopedia Press, London, 1921.

4. Kenneth Scott Latourette. *A history of Christian missions in China*, New York: The Macmillan company, 1929.

5. Mgr. NOËL Gubbels,O.F.M. *Trois Siècles d'Apostolat Histoire du Catholicisme au Hu-Kwang depuis les origines 1587 jusqu'à 1870*, Imprimeur "Franciscan Press", Wu-chang, Hupeh, 1934.

6. D'Elia, Pascal M., S. J., *The Catholic Missions in China, A Short Sketch of the History of the Catholic Church in China from the earliest records to our own days*. Shanghai : Commercial Press, 1934.

7. Warren and Hering, *A Study of Roman Catholic Missions in China(1692-1744)*, reprinted from the new China review 1920-1, 1940.

8. [法]白　晋:《康熙帝传》, [日]后藤末雄译, 株式会社生活社, 1941 年。

9. [日]佐伯好郎:《支那基督教の研究》, 春秋社松柏馆, 1943 年。

10. Willeke, Bernward H., OFM, *Imperial Government and Catholic Missions in China during the Years 1784-1785.* The Franciscan Institute St. Bonaventure, N.Y.1948.

11. Cary-Elwes Columba, *China and the Cross, Studies in Missionary History*, Longmans, Green and co. 1957.

12. Louis Wei Tsing-sing: *Le Saint-Siege et la Chine de PieXI à nos Jours*, Paris, 1968.

13. J. J. M. de Groot, *Sectarianism and Religious Persecution in China*, (台北) 成文出版社, 1970 年重印。

14. [日]矢沢利彦编:《イエブヌ会士中国书简集》(雍正编), 平凡社, 1971 年。

15. Minamiki, George, S. J., *The Chinese Rites Controversy: From its Beginning to Modern Times.* Chicago : Loyola University Pr., 1985.

16. Joseph Dehergne, S. J., &Dr. Donald Daniel Leslie., *Juifs de Chine*, Institutum Historicum S. I. Roma, 1985.

17. Fr.Manuel Teixeira, *The Church in Macau*, in R. D. Cremer (ed.), *Macacu: City of Commerce and Culture*, Hong Kong, University of East Asia Press Ltd. , 1987.

18. Tromslations by Dondd F. St. Sure; Edited With introductions and summar by Ray R. Nou. *100 Roman Documents concerning the Chinese Rites Controversy*, Ricci Institute for Chinese-Western Cultural History, U. S. F.,1992.

19. Cummins, J.S., A *Question of Rites – Fria Domingo Navarrete and the Jesuits in China*, Cambridge University, 1993.

20. David E. Mungello ed: *The Chinese Rites Controversy, Its History and Meaning*, Institut Monumenta Serica, San Francisco, 1994.

21. Daniel H. Bays, *Christianity in China: from the Eighteenth Century to the Present.* The Board of Trustees of the Leland Stanford Junior University.1996.

22. Standaert, Nicolas (ed.), *Handbook of Christianity in China, Volume one: 635-1800*, Leiden,Brill, 2001.

23. Eugenio Menegon 的博士论文, *Ancestors, Virgins, and Friars: the Localization of Christianity in Late Imperial Mindong(Fujian, China), 1632-1863*, University of California, Berkeley, 2002.

三、论文

（一）中文

1. 《中国圣教掌故拾零》,《圣教杂志》1937 年第二十六卷第五期，第 284 页。

2. 徐宗泽:《雍乾嘉道时之天主教》,《圣教杂志》1937 年第二十六卷第七期，第 386-397 页。

3. 徐宗泽:《祝圣吴渔山司铎之罗文藻主教》,《圣教杂志》1937 年第二十六卷第八期，第 483-485 页。

4. 尧　山:《江西天主教传教史》,《圣教杂志》1937 年第二十六卷第十期，第 594-600 页。

5. 尧　山:《江西天主教传教史》(续),《圣教杂志》1937 年第二十六卷第十一期，668-673 页。

6. 方　豪:《清代禁抑天主教所受日本之影响》,《方豪文录》, 上智编译馆，1948 年，第 47-65 页。

7. 丁宗杰:《上海天主教教务发展史》,《传教碎锦》, 天主教教务协进委员会 1949 年第 10 期，第 1113-1117 页;《传教鳞爪》, 天主教教务协进委员会 1949 年第 11 期，第 1230-1237 页;《传教夜谈》, 天主教教务协进委员会 1949 年第 12 期，第 1393-1402 页。

8. 《苏州教区》,《敝帚一扫》, 天主教教务协进委员会 1949 年第 42-52 页。

9. 刘　健：《十七、八世纪中国礼仪问题对欧洲学人之影响》，《恒毅月刊》11卷1期，1961年8月，第14-15页。

10. 冯作民译：《清乾隆时代的中国天主教》（续三），《恒毅月刊》11卷1期，1961年8月，第17-20页。

11. 顾保鹄：《中国真福》，《恒毅月刊》11卷第7期，1962年2月，第16页。

12. 陈介夫、谢凡：《中华圣职培育简史》，罗光编：《天主教在华传教史集》，（台）徵祥出版社、光启出版社等，1967年。

13. 吴宗文：《遣使会在华传教史》，罗光编：《天主教在华传教史集》，（台）徵祥出版社、光启出版社等，1967年。

14. 方　豪：《拉丁文传入中国考》，《方豪六十自定稿》（上册），（台）台湾学生书局，1969年，第1-38页。

15. 方　豪：《同治前欧洲留学史略》，《方豪六十自定稿》（上册），（台）台湾学生书局，1969年，第379-401页。

16. 庄吉发：《清代教案史料的搜集与编纂》，《清代史料论述》（二），（台）文史哲出版社，1979年，第139-153页。

17. 陈　垣：《雍乾间奉天主教之宗室》，《陈垣学术论文集》第一集，中华书局1980年，第140-182页。

18. 陈垣：《从雍乾间奉天主教之宗室说到石老娘胡同当街庙》，《陈垣学术论文集》第一集，中华书局，1980年，第184-186页。

19. 陈　垣：《从教外典籍看明末清初之天主教》，《陈垣学术论文集》第一集，中华书局，1980年，第192-226页。

20. 陈　垣：《基督教入华史略》，《陈垣学术论文集》（第一集），中华书局，1980年。

21. 庄吉发：《清世宗禁教考》，《大陆杂志》第六十二卷，（台北）大陆杂志社1981年第6期，第26-36页。

22. 冉光荣：《清前期天主教在川活动与清政府的查禁》，《社会科学研究》1985年第4期，第64-65页。

23. 刑维贤译，张宝剑校:《马国贤神父回忆录:清宫服务十三年》,《承德师专学报》1986 年第 4 期，第 54-60 页。

24. 张　绥:《康熙时期对基督教的政策》,《宗教》1987 年第 2 期，第 37-46 页。

25. 边彤麟:《察哈尔西湾子教区》,《铎声》26 卷 5 期，1988 年 5 月，第 10-13 页。

26. 徐如雷:《简述鸦片战争前天主教来华各修会的矛盾》,《宗教》1989 年第 2 期，第 59-68 页。

27. 王永红:《略论天主教在西藏的早期活动》,《西藏研究》1989 年第 3 期，第 59-66 页。

28. 房建昌:《基督教在青海传播小史》,《青海师范大学学报》1989 年第 3 期，第 107-112 页。

29. 冯佐哲:《试论顺康雍三朝对西方传教士政策的演变》,《清代政治与中外关系》，中国社会科学出版社，1998 年，第 204-226 页。

30. 冯佐哲:《康熙、乾隆二帝与传教士关系比评》,《清代政治与中外关系》，中国社会科学出版社，1998 年，第 227-258 页。

31. 冯佐哲:《清宗室苏努举家信奉天主教》,《紫禁城》1990 年第 1 期，第 8-9 页。

32. 房建昌:《西藏基督教史》（上）（下）,《西藏研究》1990 年第 1 期，第 83-100 页。

33. 林治平:《基督教在中国本色化之必要性与可行性——从中国教会历史发展观点检讨之》,林治平主编:《基督教与中国本色化国际学术研讨会论文集》,（台北）宇宙光出版社，1990 年，第 107-133 页。

34. 张笃勤:《天主教在武汉地区的传播及影响》,《世界宗教研究》1994 年第 1 期，第 125-134 页。

35. 黄鸿钊:《澳门和天主教在远东的开端》,朱维铮主编:《基督教与近代文化》,上海人民出版社，1994 年，第 330-332 页。

36. 王美秀:《西方的中国基督宗教研究》,《世界宗教研究》1995 年第 4 期，第 132-139 页。

37. （台）黄一农：《明末清初天主教传华史研究的回顾与展望》,《新史学》第七卷第一期，1996 年 3 月，第 137-169 页。

38. 郭熹微：《中国基督教史研究》,《中国宗教研究年鉴》(1996)，中国社会科学院，1996 年，第 284-302 页。

39. 何绵山：《略论天主教在福建的传播》,《海交史研究》1997 年第 2 期，第 51-62 页。

40. 宝成关：《18 世纪清政府禁教政策的确立与实施》,《河北学刊》1997 年第 3 期，第 89-95 页。

41. 王庆成：《清代西教在华之环境——康雍乾嘉道朝，若干稀见文献考释》,《历史研究》1997 年第 6 期，第 40-52 页。

42. 张先清：《回顾与前瞻：20 世纪中国学者之明末清初天主教传华史研究》陈村富主编.《宗教文化》(第三辑)，东方出版社，1998 年，第 109-141 页。

43. 刘　建：《浅述基督教在华传布史研究的历史和现状》,《当代宗教研究》1998 年第 3 期，第 5-9 页。

44. 秦和平：《清代四川天主教史拾遗 (一)》,《西南民族学院学报》1998 年第 4 期，第 83-90 页。

45. 秦和平：《清代四川天主教传教史拾遗 (二)》,《西南民族学院学报》1998 年第 10 期，第 115-119 页。

46. 秦和平：《清代四川天主教传教史拾遗 (三)》,《西南民族学院学报》1999 年第 5 期，第 51-54 页。

47. 秦和平：《清代四川天主教传教史拾遗 (四)》,《西南民族学院学报》1999 年第 8 期，第 225-233 页。

48. 田玉才：《试论明末清初天主教在华传播对中国世俗人心的影响》,《四川师范学院学报》1999 年第 1 期，第 12-17 页。

49. 章文钦：《澳门与明清时代的中国天主教徒》,《澳门历史文化》，中华书局，1999 年，第 36-66 页。

50. 章文钦：《澳门与明清时代的中国天主教士》,《澳门历史文化》，中华书局，1999 年，第 67-98 页。

51. 章文钦：《清代澳门诗中关于天主教的描述》,《澳门历史文化》，中华书局 1999 年，第 311-335 页。

52. 雷雨田：《论广东在明末清初传教活动中的地位》,《广州师院学报》1999 年第 10 期，第 17-24 页。

53. 秦和平：《清代中叶四川天主教的传播概况以及官绅士民对其认识之认识》,《宗教学研究》2000 年第 1 期，第 70-77 页。

54. 郭熹微：《黄一农及其明清天主教传华史研究》,《世界宗教研究》2000 年第 2 期，第 151-155 页。

55. 顾卫民：《中国天主教本地化的历程》,《基督宗教研究》第二辑，社会科学文献出版社，2000 年，第 286-315 页。

56. 郭卫东：《清朝禁教政策演变的若干问题》,《安徽史学》2000 年第 1 期，第 38-44 页。

57. 康志杰：《16 至 18 世纪湖北天主教特点分析》,《相遇与对话——明末清初中西文化交流国际学术研讨会论文集》，2001 年，第 113-123 页。

58. 张先清：《明清宗族社会与天主教的传播——一项立足于东南城乡的考察》,《相遇与对话——明末清初中西文化交流国际学术研讨会论文集》，2001 年，第 161-174 页。

59. 秦和平：《清代中叶四川天主教传播方式之认识》,《基督教研究》2002 年第 1 期，第 67-78 页。

60. 顾卫民：《清初顺康雍三朝对天主教政策由宽容到严禁的转变》,《文化杂志》中文版第 44 期，2002 年秋季刊，第 51-66 页。

61. 高峰：《关于天主教在清初数次被禁的几点思考》,《湖南大学学报》2002 年第 3 期，第 195-198 页。

62. 明秀丽：《天主教在贵州的早期传播》,《贵州社会科学》2002 年第 4 期，第 109-112 页。

63. 谭树林：《清初在华欧洲传教士与中国早期的海外留学》,《史学研究》2002 年第 6 期，第 25 页。

64. 中国第一历史档案馆：《嘉庆十六年严禁西洋人传教史料》,《历史档案》2004 年第 1 期，第 23-32 页。

65. 梁丽萍：《天主教耶稣会与基督宗教在中国社会的扎根》,《宗教学研究》2004 年第 1 期，第 92-112 页。

66. 周　轩：《清代教案与新疆流人》,《西域研究》2004 年第 3 期，第 45-54 页。

67. 康志杰：《关于湖北磨盘山神权社会的考察》,《世界宗教研究》2004 年第 3 期，第 84-92 页。

68. 钱国权：《天主教在华传播史的研究状况概述》,《甘肃社会科学》2005 年第 3 期，第 166-169 页。

69. 范正义：《20 世纪 80 年代以来基督教与民间信仰关系研究述评》,《福建师范大学学报》2005 年第 6 期，第 112-117 页。

70. 耿　昇：《17-19 世纪西方人视野中的澳门与广州》，耿昇、吴志良主编：《16-18 世纪中西关系与澳门》，商务印书馆，2005 年。

71. 赵春晨：《管中窥豹——16 至 18 世纪中国人的西洋观与澳门》，耿昇、吴志良主编：《16-18 世纪中西关系与澳门》，商务印书馆，2005 年，第 28-29 页。

72. 金国平、吴志良：《吴历"入嶨不果"隐因探究》，耿昇、吴志良主编：《16-18 世纪中西关系与澳门》，商务印书馆，2005 年。

73. 李长森：《澳门土生族群研究与十八世纪教区档案》，耿昇、吴志良主编：《16-18 世纪中西关系与澳门》，商务印书馆，2005 年，第 233-239 页。

74. 邹振环：《圣保禄学院、圣若瑟修院的双语教育与明清西学东渐》，耿昇、吴志良主编：《16-18 世纪中西关系与澳门》，商务印书馆，2005 年。

75. 李天纲：《严谟的困惑：18 世纪儒家天主教徒的认同危机》，刘家峰编：《离异与融合：中国基督徒与本色教会的兴起》，上海人民出版社，2005 年，第 3-30 页。

76. 王成勉：《政教关系——研究基督教在华史的重要途径》，吴梓明、吴小新主编：《基督与中国社会》,（香港）香港中文大学出版社，2006 年，第 1-18 页。

77. 狄德满：《基督教与现代中国社会历史——东西方学术理路的态度变迁》，吴梓明、吴小新主编：《基督与中国社会》,（香港）香港中文大学出版社，2006 年，第 19-42 页。

（二）译文

1. [加拿大]赵玉明：《国籍司铎之模范——四川宗徒李安德》，李盎博译，《圣年大庆》，天主教教务协进委员会 1950 年，第 24-33 页。

2. P. D'Elia S. J.,《初期耶稣会士培植中华圣职之努力》，施安堂译，罗光编：《天主教在华传教史集》，（台）徵祥出版社、光启出版社等，1967 年。

3. [德]郎汝略：《山东、济南修院简史》，赵庆源译，《恒毅月刊》第 24 卷第 11 期，1975 年 6 月，第 29-30 页。

4. [德]郎汝略：《山东、济南修院简史》（续），赵庆源译，《恒毅月刊》第 24 卷第 12 期，1975 年 7 月，第 27-28 页。

5. [德]郎汝略：《山东开教史》（续），赵庆源译，《恒毅月刊》第 24 卷第 6 期，1975 年 1 月，第 18-22 页。

6. [美]A·W·恒慕义主编：《清代名人传略选·胤禛》，林毓辉译，杜文凯编：《清代西人见闻录》，中国人民大学出版社，1985 年，第 300-302 页。

7. [美]卫思韩：《荷兰方面关于耶稣会传道团在中国的资料（摘要）》，谢中凡译，《中国史研究动态》1987 年第 10 期。

8. 沙法利：《在中国传教区的意大利方济会士》，韩承良译，《纪念孟高维诺总主教来华七百周年国际学术会议文集》，（台北）思高圣经学会出版社，1995 年，第 129-143 页；原文载该书 105-127 页。

9. 安道林：《西班牙方济会士与中国传教区》，韩承良译，《纪念孟高维诺总主教来华七百周年国际学术会议文集》，（台北）思高圣经学会出版社，1995 年，第 275-287 页；原文载该书 257-274 页。

10. Robert Entenman：《18 世纪四川的中国籍天主教神职人员》，顾卫民译，《当代宗教研究》1998 年第 2 期，第 39-45 页；原文载林治平主编：《基督教与中国本色化国际学术研讨会论文集》（台北）宇宙光出版社，1990 年，第 171-254 页。

11. [葡]文德泉：《关于澳门土生人起源的传说》，夏莹译，（澳门）《文化杂志》中文版第 20 期，1994 年第 3 季度，第 59-95 页。

12. [荷]许理和：《十七——十八世纪耶稣会研究》，辛岩译，《国际汉学》（第四辑），大象出版社，1999 年，第 429-447 页。

13. [比]钟鸣旦：《基督教在华传播史研究的新趋势》，马琳译，《国际汉学》（第四辑），大象出版社，1999 年，第 477-520 页。

14. [比]钟鸣旦：《文化相遇的方法论：以十七世纪中欧文化相遇为例》，刘贤译，吴梓明、吴小新编：《基督教与中国社会文化：第一届国际年青学者研讨会论文集》，（香港）香港中文大学出版社，2003 年，第 31-80 页。

15. Robert Entenman：《十八世纪四川的基督徒贞女》，顾卫民译，北京天主教与文化研究所编：《天主教研究论辑》（第 1 辑），宗教文化出版社，2004 年，第 159-174 页。

（三）西文

1. Treutlein, Theodore E., *Jesuit Missions in China during the last years of Kang His, in the Pacific Historical Review, Volume X*, 1941. pp.435-446.

2. C. R. Boxer, *The Problem of the Native Clergy in Portuguese India 1518-1787, in History Today*, Vol XVII, November 1967.

3. C. R. Boxer, *The Problem of the Native Clergy in the Portuguese and Spanish Empires from the Sixteenth to the Eighteenth Centuries*. In *The Mission of the Church and the Propagation of the Faith*, Cambridge, 1970.

4. Cummins, J. S., *Palafox, China and the Chinese Rites Controversy, in Jesuit and Friar in the Spanish expansion to the East*, Variorum Reprints, 1986, pp. 89-122.

5. Lin Jinshui（林金水）, *Recent Developments in Chinese Research on the Jesuits Missionaries*, in Jerome Heyndrickx(ed), *Philippe Couplet S. J.(1623-1693), The Man Who Brought China to Europe* (Monumenta Serica Monograph Series, 32), Nettelat: Steyler Verlag, 1990, pp.211-223.

6. Nicolas Standaert, *New Trends in the Historiography of Christianity in China, Catholic Historical Review* 83,4(1997), pp. 573-613.

7. Erik Zurcher, *From Jesuits Studies to Western Learning*, in W. Ming and J. Cayley(eds), *Europe Studies China: Papers from an International Conference on the History of European Sinology*, London: Han Shan Tang Books, 1995, pp.264-279.

8. Robert Entenmann, *The Problem of Chinese Rites in Eighteenth-Century Sichuan,* in Stephen Uhalley, Jr. and Xiaoxin Wu., *China and Christianity: Burdened Past, Hopeful Future,* The Ricci Institute for Chinese and Western Cultural History, Armonk, N. Y., 2001. pp.127-136.

9. [法]沙百里：*The Chinese priest Andrew Li (1692-1775) apostle of Sichuan and the Support he received from French missionaries in Macao*，耿昇、吴志良主编:《16-18世纪中西关系与澳门》，商务印书馆，2005年，第184-207页。

附录一：禁教时期华籍耶稣会神职人员情况表（1723-1795 年在华）（包括澳门人）[1]

姓 名	外文名	生卒年月	籍贯	身 份	入教缘由	进修情况	传教情况	其 他	页 码*
刘蕴德，字素公	Blaise Verbiest	1628 年——殁年未详	湖广	神父，曾任北京钦天监副职，派往山西采矿	与传教士接触频繁，蒙人诬陷撤职后皈依	1684 年入会，1688 年 8 月 1 日罗文藻主教为之晋司铎，1703 年 月 15 日发助理司铎三愿	屡奉道长命，作有益于耶稣会之旅行。1690 年自南京赴湖广寻觅万其渊神父，并赴武昌探视穆迪我神父，旋赴广州为新到之诸神父作向导，并为罗文藻主教所管教区领取经费。1692 至 1697，1698 至 1701 年间，任来上海，南京传布宗教。		A 书 402-403，C 书 462-464

1 据[法]费赖之：《在华耶稣会士列传及书目》，冯承钧译，中华书局，1995 年，[法]费赖之：《明清间在华耶稣会士列传（1552-1773）》，梅乘骐，梅乘骏译，天主教上海教区光启社，1997 年；[法]荣振华：《在华耶稣会士列传及书目补编》，耿昇译，中华书局，1995 年，以及高智瑜，马爱德主编：《栅栏：北京最古老的天主教墓地》，（澳门）澳门特别行政区政府文化局，美国旧金山大学利玛窦研究所，2001，年制成。

* 此处《在华耶稣会士列传及书目》以 A 代替，《明清间在华耶稣会士列传（1552-1773）》以 C 代替。

清代禁教时期华籍天主教徒的传教活动（1721～1846）

中文名	外文名	生卒	籍贯	身份	备注一	入会情况	传教活动	备注二	资料来源
霍（佚其名）		1726年后殁		神父		疑在1720年入耶稣会	1727年曾随樊守义神父往米子近畿诸教区中。		A书683，C书804
罗如望	Rocha, Jean de	1645年—1729年4月12日殁于澳门		助理修士		1672年3月19日进入初修院，据1691年记载，他在暹罗住院共6年，1685年2月2日发世俗助理愿	1705年和1712年在澳门。		B书554
张儒良	Sjulien Gonzaga	1651年2月17日—1730年3月2日殁于广州	江西	助理修士		1679年6月21日于杭州进入初修院，从敂铎泽神父修行，是传道员；1687年左右由伊大仁（Della Chiesa）主教向他授低级神品	1688年在松江任传道员；1691年至1707年间在湘潭为樊西元，聂若望二神父伴侣，1712年前在湖广湘潭		A书390-391，B书278，C书449
鲍济各	Xavier, Francisco	1734年5月15日逝世于澳门圣·若瑟学院	澳门	初学修士					B书745
龚尚实 字观若	Pierre-Thomas da Cruz	1666年12月18日—1745年或1746年殁于南京省	浙江杭州	神父	孤儿，无人照顾，柏应理神父抚育	柏应理神父携之至澳门，学习拉丁文。1686年9月29日于澳门进入初修院，1694年由澳门主教约翰·德卡扎尔（Joao de Cazal）领受神父	传教南京、松江、上海等地甚久，1694年作为传教士在江南上海，1699至1701年间尚在上海。1700和1713年间在松江，1719和1725年在福建的福州，1728年曾访被遣发之宗室，诸王子边孙。1729年还福建，曾下狱。1734年至1735年间重	曾助利国安利神父撰有《炼灵通功经》	A书413-414，B书165-166，C书474-476

附录一：禁教时期华籍耶稣会神职人员情况表（1723-1795 年在华）（包括澳门人）

姓名	西文名	生卒年	籍贯	身份	入会·神品	传教经历	备注	资料来源
					神品，1709 年 2 月 2 日于上海，白该住院会长孟义（Enm. Mendes）主持发宗教团理愿	还江南传教。		
何天章，字起文	François-Xavier a Rosario	1667 年——1736 年 5 月 11 日殁于北京	澳门	神父	1686 年 9 月 28 日于澳门进入初修院；1691 年 3 月于广州伊大二主教主持领受神父神品；17C0 年 11 月 1 日于绛州发宗教助理愿，由会长艾逊爵主持	1689 年派往传教区，1691 年 1 月 16 日借张方济（Nogueira）神父一起到达。后到达南京，与张安当神父同处数月。1652 和 1695 年到达山西绛州。1701 年派至山西。与艾逊爵神父同传教于绛州、太原，管领大堂十六所，小堂基众。1717 年曾劝化 Ku-lo?村，全村人入教。1718 年被总督驱逐出境，而走京师。1718 年 2 月 12 日到达北京帮助丁苏努家族，后又到达鞑靼地区，1725 年 3 月到达广州并被流放，1727 年在山西右卫，1729 年在辽东，1730 年在北京患病，1731 年在河南，然后又于 1731 年 6-8 月间到达绛州，又于 1731 至 1735 年间复还山西，又劝化二百人入教。	父欧洲人，母华人（又说其父华人，为华人）	A 书 412-413，B 书 574-575，C 书 473-474
杨	Théodore Yang	1667 年——1751 年殁于北京		辅理修士			冯承钧疑其为杨达。	A 书 1052，C 书 1210

清代禁教时期华籍天主教徒的传教活动（1721～1846）

中文姓名	拉丁姓名	生卒	地点	身份	经历	传教活动	备注	资料来源
杨达，字通明	Yang, Thomas	1668年——1751年11月23日殁于北京		助理修士	1751年11月23日在弥留之际发其宗教誓愿	长期以来为法国神父们服务，80岁的布道员		A书915-916，B书750-751，C书1076-1077
郭天庞，字若汗	Jean Pacheco	1668年3月8日——1724年后殁	澳门	神父	在澳门入修院，1694年晋司铎	在广州及附近执行职务数年，1725年被逐后，徙居遥罗。	一说日本人	A书459，C书531-538
贾方济	Calado, Francisco	1735年埋葬于北京墓地滕公栅栏的耶稣会士	澳门					B书99
周若瑟（I）	Joseph Tcheou	1671年——1762年4月29日殁于北京	北京	辅理修士	1735年2月7日入耶稣会，1745年于北京发世俗助理愿	居北京堂近三十年，1745年在传教区	似曾服务于法国传教会	A书766，B书662-663，C书905
罗秉中，字修正	Mathieu Lo	1681(5)年——1746年12月16日殁于北京	北京	神父	1731年3月8日或1739年11月于北京进入初修院；1730年12月在澳门由北京主教（净礼派的弗朗索瓦·奥古斯丁派教徒）主持领受神品仪式；1741年12月8日于北京发其宗教助理愿，其誓辞以	在教妇女在私宅集会时，有时或须派人访问，则常遣秉中住	隶法国传教会。	A书755，B书375，第729书，C书891-892

附录一：禁教时期皇籍耶稣会神职人员情况表（1723-1795 年在华）（包括澳门人）

汉名、字号	拉丁文和汉文写成	生卒	籍贯	神职	事迹	参考
樊守义，字利和	Louis Fan	1682 年 6 月 13 日（或 18 日）——1753 年 2 月 28 日殁于北京	山西绛州	神父	康熙四十六年十二月初发，康熙四十七年八月抵澳门登岸，四十七年八月抵葡萄牙，次年至罗马，就学于都灵，后就学于罗马，1709 年在罗马入耶稣会，研究神学，于欧洲毕业司铎，于 1730 年领受神父品；1730 年 2 月 2 日于北京发宗教助理愿。 1719 年偕艾逊爵出发，康熙五十九年六月十三日至广州。抵华后，传教近畿，山东一带。雍正年间和乾隆初年每于山东一带赴西宁慰问苏努全家，归途则访问苏努之神父之巨金任赠。1725 年在苏努第十三子教区。1735 年终为苏努第十三子及其他四十人授洗。苏努亲王为苏努之幼女授洗。苏努亲王为其家庭的布道神父。后任来于直录，辽东一带鼓励教民。1724 年为壮年人 298 人，儿童 315 人授洗，聆告解 1260 次，儿童 1246 次。1743 年在正定，已而赴威县。 记途中所见为华人《身见录》为华人第一部游欧记也。	A 书 680-683，B 书 208-209，C 书 802-804
仇伯都	Pierre K'ieou	1686 年 5 月 1 日——1705 年 8 月 10 日殁于江南	浙江绍兴	神父	1733 年 8 月 14 日于北京进入初修院；1738 年 7 月 6 日，主向主教（Bx Sanz）主持领受神父品；1744 年发宗教助理愿。 江南传教士	A 书 764，B 书 333，C 书 902
陈多禄（录）	Tch'en, Pierre 又作 Chin	1688 年 11 月 30 日——1768 年 8 月 12 月 23 日	苏州	神父，行医为业	1734 年 3 月 3 日进入初修院；1740 年于澳门领理愿。 在北京受数徒朋友劝导入教。 先在湖广，1739 年在江西，是医师，于诊治疾病之余，兼为灵魂之救病。1743 年在江西临	A 书 764-766，B 书 333，C 书 660-661

中文名	外文名	生卒	籍贯	身份	受神品	传教活动	备注	参考
	又写作 Schin; Xin; Petrus Sina				受神父神品：1745 年 9 月 8 日在苏州山脚下的圣母玛利亚堂的小教堂中，由邓类斯神父主持发宗教助理愿	江，1746 年教案时，曾为费若瑟神父伴侣，并曾赴澳门报告教务情况。1748 年在无锡和宁波。1759 年在苏州教案，教案即由此而触发。		C 书 902-904
程儒良	Julien Tch'eng	1693 年—1764 年 1 月 5 日殁于南京传教区	中国人	神父	1729 年人耶稣会，1741 年 2 月 2 日于北京发教助理愿，并进入南京学院	1734 及 1739 年时居京师，适教案，西士不能任之处皆由儒良为之，1743 年在辽东，1746 年同在江南：苏州，松江，上海和崇明。	中国神父"著名的人"物"	A 书 754，B 书 746，C 书 891
许立正，字秉元	Ignace Hiu	1697 年—1757 年 7 月 29 日殁于北京		初学修士	1757 年人耶稣会，在临终前的病床上发宗教愿。	在北京担任详解经言教理工作长达 23 年之久。		A 书 933，B 书 312，C 书 1098
谭若望	Alvares, João	1698 年可能诞生于澳门	可能为澳门人	助理修士	1718 年进入初修院	1762 年 7 月 25 日于绿岛被捕。		B 书 22
沙儒略（口纱微）	Julien Xavier	1699 年—1753 年后殁	福建	神父	1729 或 1723 年 3 月 24 日入会，1735 年晋司铎，1744 年 2 月 2 日发助理神职愿	晋铎后，即往来满族地区传教，经其授洗者壮丁 89 人，儿童 253 人，聆告解 1127 次，授圣体 880 次。1743 年奉命传教辽东，既而又往辽东、宁古塔，慰问谪放之教民。		A 书 753-754，C 书 890-891
杨方济	Vincent, Fiançois	1704 年 12 月 3 日，而更可能是 1714 年 12 月 3 日——1785 年之后	南京省	神父	1737 年 7 月 15 日，在澳门进入初修院学习；1753 年之前领受神父神品	1751 年和 1753 年在中国传教区，后到广东，1763 年在北京，1766 年 9 月 24 日居北京公园，1771 年在广东，1777 和 1785 年在广州		A 书 773-774，B 书 729-730，C 书 914

中文名	西文名	生卒	籍贯	职	入会情况	传教情况	出处
吕若瑟	Luis（Ludovicus），Joseph	1704 年 12 月 27 日——1761 年 5 月 8 日殁于囚把他作为囚犯而解往里斯本的船上		助理修士	1728 年 1 月 5 日进入于中国副省誓进入初修院 1738 年 2 月 2 日发过誓理愿	1740 年左右，作为中国司库助理而住在印度的韦勒姆住院	B 书 392
高若望（尚德，字怀义）	Jean-Étienne Kao（Ko）	1705 年 11 月 30 日——可能为 1766 年 7 月 24 日殁于北京	直隶宣化	神父	1731 年 3 月 8 日进入耶稣会。1733 年 8 月 14 日进入初修院；1738 年领受副执事神品，1741 年 12 月 8 日于北京晋宗教助理愿，为生教辅佐人	1734 年为胥孟德神父至木盘山伴侣。1739 年 11 月在永平府，1745 年在京师，次年遣其至广州、澳门。盖其传教之前领受神品之故也。后传教于京内及近畿。1750 年领洗近 2450 次，授圣体 2042 次，儿童 181 人。1754 年领洗者壮丁 133 人，儿童 197 人。	隶法国传教会。	A 书 756-757，B 书 330-331，C 书 893
张玛诺（1）	Tchang, Emmanuel	1706 年——	江南	神父	1706 年由南怀仁主教主持举行领受神父神品		B 书 659
杜（口）兴福	Symphorien Duart	1708 年 11 月 12 日——于意大利逝世，他在 1775 年可能还生活在那里。	浙江杭州	修士	1749 年 2 月 1 日或 2 日入耶稣会，为生俗辅佐人	1754 年在澳门门任副祥，1762 年 7 月 5 日在澳门入圣·若瑟学院被捕，在 1767 年从圣·福连堡释放出来之后，被流放到意大利，后又重新要求前往中国。	A 书 872-873，B 书 196，C 书 1034-1035
孔裴理	Gonzaga, Philippe	1709 年——	交州人	助理修士	1730 年 10 月 27 日进入习修院；1741 年 2 月 2 日发世俗愿理愿		B 书 280-281

名字	外文名	生卒	籍贯	身份	经历	活动	著作	参考
马（口）保禄	Paul Machado	1709年——1769年12月17日殁于罗马附近的卡斯特尔甘多尔福	中国或交州人	助理修士	1728年5月23日进入初修院，1739年2月2日于澳门圣·若瑟学院发世俗助理愿	为在俗辅佐人，1739年至1767年9月6日被关押于圣·儒连堡，后转到意大利。		A书1053，B书394，C书1211
沈东行，字若瑟	Joseph Saraiva	1709年10月31日或12月5日——1766年12月17日殁于北京附近	江南松江娄县	神父	1733年10月31日于北京进入初修院，曾研究神学三年，1739年领受神父神品；1744年6月7日于保定府附近逐鹿县的刘附近发宗教助理愿	传教27年，1739年3月1日到达北京传教区，1746年在平时任圣若瑟任修院。	撰《易简蒗艺》三卷，1758、1768年，北京两年，次刊行	A书762-763，B书598，C书900-901
彭德望	Bapitista P'eng, Etienne 又作 Steph.Bapt.Pung	1711年1月5日——1771年2月27日殁于北京	北京	神父	可能是1733年10月31日入耶稣会，入京内新设之修院，1739年晋司铎，1744年发宗教助理愿，为在教辅佐人	1739年3月1日进入传教区，他先在江西，1749年在那里被捕，后又到湖南湘潭，1755年在福建，1758年在江南		A书762-53，B书52-53，C书900
贾迪我（口雅各）	Jacques Cardoso	1711年3月12日——1740年，1751年之前殁	安徽徽州	神父	1735年入北京修院，2月13日入耶稣会，1741年领受神父神品，晋司铎			A书766，B书107，第740书，C书905

附录一：禁教时期在籍耶稣会神职人员情况表（1723-1795 年在华）（包括澳门人）

中文名	拉丁名	生卒	籍贯	职务	简历	活动	资料来源
李(口)玛窦	Mathieu Xavier	1711 年 9 月 19 日——1752 年后殁	中国人	神父	据马国贤认为是 1733 年 10 月 9 日于澳门进入初修院；1737 年于澳门学院学习伦理神学；1737 年左右领受神父品；1744 年 8 月 15 日于澳门发宗教助理愿	1744 和 1746 年陈圣修神父在海南，1753 年在中国传教区，1771 年始终于广东	A 书 763，B 书 746-747，C 书 901
毛类（雷）斯（口玛诺）	Emmanuel de Moraes	1711 年 11 月 11 日——1746 年 9 月 20 日殁于澳门	澳门	神父	1731 年 8 月 14 日进入初修院，1734 年领受神父品；1744 年 3 月 25 日于常熟发宗教助理愿	1735 年传教湖广，1745 年到达江南	A 书 757，B 书 447，第 731 书，C 书 894
费若瑟	Ferreira, Joseph	1713 年 5 月 11 日——		修士	1713 年 10 月 31 日进入初修院，但 1731 年的日本人的名册认为他是初学修士，因此应读读是 1731 年进入初修院。		B 书 223
陈圣修，字寄北	Jean-François Regis	1713 年 9 月 25 日——1776 年 8 月 7 日殁于北京	广东顺德	神父	1732 年 9 月 7 日进入初修院；1738 年左右于澳门领受神父品；	终其身以传教为职志，1751 年在广东传教，他在 1764 年共有 2043 名基督徒。此人后又到北京。据基志铭记载，他曾两次被	A 书 757，B 书 532，C 书 894

中文名	拉丁名	生卒	籍贯	职务	传教活动	参考文献
艾若望（若翰）	Jean Simonelli	1714 年 2 月 25 日——1785 年 2 月殁于北京狱中	广（江）西	助理神职神父	1743 年 3 月 19 日于澳门进入初修院；1754 年领受神父神品。1744 年 8 月 15 日于澳门发宗教助理愿。捕和受刑。1748 年 1 月 28 日于江西被捕，以金钱取保获释；被押解至澳门，于 1749 年 11 月 28 日到达。1754 年在传教区，1770 年在广州任司库，北京葡籍神父财务员；1779 年在广州，其署名为 Semonety，1785 年由于宗教信仰问题而被下狱并被押解至北京。	A 书 846，B 书 631-632，C 书 1001
孙觉人，字若瑟，铎音	Joseph de Aguiar	1714 年 11 月 25 日——1752 年 1 月 1 日殁于北京	江苏常熟	神父	1742 年 9 月 21 日入耶稣会，曾研究拉丁文四年，1751 年研究神学院毕，晋授司铎。晋铎后传教北京。	A 书 843，B 书 7，C 书 998
许方济	François da Cunha	1715 年 12 月 13 日——1765 年 2 月 27 日殁于里斯本狱中	江苏丹阳	读书修士	1740 年 11 月 2 日（或 20 日）入耶稣会，1753 年修业完毕，"他晋升圣职神品"，然不愿神父司铎。曾任诸传教士向导凡三年，为南京主教南怀仁之讲说教义人，1762 年作为耶稣会士而在澳门被捕。	A 书 837-838，B 书 166-167，C 书 991-992
张玛诺（II）	Tchang Emmanuel	1716——1774 年	江南	神父		B 书 659

附录一：禁教时期皇籍耶稣会神职人员情况表（1723-1795 年在华）（包括澳门人）

中文名	拉丁名	生卒	地点	职务	说明	出处
新张玛诺（尚玛诺）	Silva Tchang (Sintranus), Emmanuel de	1716 年 12 月 15 日——1774 年之后	南京	神父	1733 年 10 月 31 日进入初修院；1744 年领受神父神品，1751 年 6 月 11 日在湖广省会武昌发宗教助理愿，由南怀仁（Laimbeck hoven）神父主持。曾习拉丁文三年，神学二年	也被称为 Sintranus，于 1740 年葡开澳门前往葡萄牙。1743 年或 1744 年返回，1745 年在湖北，1766 年居北京若瑟堂，1771 年在江南	A 书 763-764，B 书 618-619，C 书 901
许方济	Cuinh, François Xavier	1717 年 3 月 18 日，殁于中国副省的交州	交州	神父	1747 年 8 月 14 日进入初修院，.754 年左右领受神父神品，1753 年，他研究了伦理神学，1762 年 8 月 5 日于交州浙门发宗教助理愿		B 书 166
龙安国	Barros António de	1717 年 4 月 14 日——1759 年 5 月 28 日，殁于科软	澳门	神父	1737 年 9 月 7 日进入初修院，1748 年 6 月 30 日于交趾支那的巴利亚（Bà-ria）发宗教助理愿	曾在交趾支那，作为传教士返回那里	B 书 58
刘保禄	Paul Lieou	1717 年 10 月 8 日（或 10 日）	直隶宣化	神父	派往法玉、罗学略易大王学校 1747	1749 年 12 月 19 日与钱德明和康神父于洛里昂乘维尔福利克	A 书 907-908，B 书

中文名	拉丁名	生卒/日期	地点	身份	经历	传教活动	备注	参考
					年 10 月 31 日于巴黎进入初修院，1750 年回国	斯号船出发，1750 年 7 月 27 日到达中国。先到湖广，然后又到北京，他从那里出发（1772 年）视察了乌兰哈达（今满洲的赤峰）的基督徒，以法国传教区传教事务委之，其区域延至赤峰。1772 年始每年赴赤峰为远滴塞外之教民举行圣事，如是者数年		371-372，C 书 1068-1069
孟达义（蒙□斯唐）	Stanislas Monteiro	1718 年 12 月（或 1719 年 1 月 1 日）——1741 年殁	山西太原	读书修士	1738 年 7 月 13 日进入初修院，1741 年正在学习伦理神学			A 书 827，B 书 445，C 书 980
彭若翰	P'eng (P'ong), Jean	1719 年——1770 年之后	北京	神父	可能是于澳门领受神父神品；1751 年时，他完成了 2 年伦理神学学习	1745 年到达南京，他在那里与其叔父一起工作	彭德望的侄子	B 书 489
管玛尔	Marc Ribeiro	1719 年 3 月 16 日——1774 年后殁于苏州	苏州	神父	1742 年 9 月 21 日进入初修院；曾习拉丁语、神学各四年，1753 年领神父神品，可能由南怀仁（Laimbeckhoven）主教主持；1758 年 2 月 2 日于北京发宗教助理愿	传教处所大致在扬子江南江苏省境以内，1754 年到达江南崇明，后又到湖广。1762 年在苏州，1763 至 1765 年曾赴崇明，每次在此岛内建立教堂一所，主教委之为副牧师。1772 至 1773 年间赴崇明，聆告解 1200 次，领洗者 1000 人，新建教堂三所，由于他执着中国礼仪的原因而被遣返，南怀仁主教把他留下以作为小教堂之神父	入耶稣会前曾习绘画，作过多幅宗教内容的画像	A 书 843-844，B 书 445，C 书 541，C 书 998-999

中文名	拉丁名	生卒年月	籍贯	身份	入教	入会晋铎	在华活动	资料来源
薛而凡（口若翰）	Jean de Sylva	1719 年 8 月 15 日——1753 年后殁	北京	神父		1738 年入耶稣会，1746 年晋司铎	1754 年还在内地省区传教	A 书 810，C 书 958
蓬仁伍	Silva P'eng（João, da）	1720 年秋历七月六日，公元 8 月 10 日——	北京	神父		1738 年 7 月 13 日进入初修院；1746 年领受神品，1758 年 9 月 14 日于北京发宗教助理愿	1746 年在传教区，1748 年左右在江南	B 书 622
周若瑟（II）	Tcheou, José		澳门	神父			1767 年在北京南堂工作，1771 年在南京工作，于 1775 年攻到了解散修会的文件	B 书 663
陈若瑟	Tch'en José	1722 年——	澳门	神父		1766 年，由莽怀仁主教授神品		B 书 660
姚若翰	Jean-Baptiste Yao	1722 年——1796 年殁于苏州	徽州歙县	神父，青年时在江西饶州经商	受传教士劝导入教	1763 年在北京入修院，入耶稣会，南怀仁主教为之剃顶，授以小四品，研究神学毕，于 1765 年晋司铎	派赴河南、北京、江苏，日夜工作，每日告解 16 次，从 1775 年起往江南，1781 年赴崇明赈灾，散施基旦，并开辟新教区四所，1787 年为南怀仁主教举行终傅圣事。1790-1792 年在江苏创建了海门传教区。	A 书 960-961，B 书 751，C 书 1128-1130
苏多默（口多玛）	Thomas Suares	1722 年 12 月 8 日——1753 年后殁	北京	神父		1740 年 10 月 31 日入耶稣会，曾研究拉丁语四年，神学二年，1751 年顷晋授司铎		A 书 837，C 书 990

姓名	拉丁名	生卒	地点	身份	出身	入会时间	事迹	备注	参考
南（沙）（□）达德	Thaddée Xavier		北京	修士		1740 年 11 月 1 日入耶稣会			A 书 838，B 书 747-748，C 书 992-993
尚（□）西满	Simon dos Santos		山西	读书修士		1740 年登录为初学修士，1741 年入耶稣会			A 书 841，B 书 194，C 书 995
崔保禄	Paul Soeiro	1724 年——1795 年 12 月 4 日殁于北京	山西	神父		1749 年 2 月 1 日或 6 月 29 日于澳门进入初修院；1754 年领受神父神品	1754 年到达北京，在耶那里工作了 41 年		A 书 872，B 书 640，C 书 1033-1034
刘道路，字多默	Théodore Lieou	1726 年 12 月 30 日——1796 年 6 月 14 日殁于北京	北京	神父		1748 年 10 月 29 日于巴黎进入初修院 1760 年 2 月 2 日于北京发宗教助理愿	1753 年 12 月 29 日偕王尼阁（Roy）神父于洛里昂乘孔德号船出发，1754 年 8 月 15 日到达澳门。1760 年在北京，1767 年在湖广，后又到江西，1778 年到达北京，在 1784-1785 年教案期间入狱。	冯承钧疑为刘多默。	A 书 870，958-959，B 书 372-373，C 书 1032、1127
康斐理	Philippe-Stanislas Kang	1727 年 5 月 30 日——1750 年 6 月 24 日殁于前往中国途中的海上		修士	教徒家庭出生	1740 年赴法国，为路易大王王学校培植华生五人之一，研究法文，拉丁文，1748 年 10 月 29 日在巴黎进入初修院。	1749 年 12 月 29 日与钱德明和刘保禄在洛昂乘维尔福利兑斯号出发回国	遗有拉丁文《记行诗》200 多首	A 书 906-907，B 书 327-328，C 书 1067-1068

附录一：禁教时期各籍耶稣会神职人员情况表（1723-1795 年在华）（包括澳门人）

姓名	拉丁名	籍贯	在华时间	神职	事迹	资料来源
蓝方济	Ignace-Xavier Law	直隶	1727 年 8 月 23 日——1796 年 7 月 30 日殁于北京	神父	幼赴法国学习，1748 年 10 月 29 日进入巴黎学院；习哲学一年，1753 年神学二年，1753 年 5 月 28 日左右于法国，由瓦来的主教区努瓦荣地区晋受神父品；1760 年 4 月 3 日于湖广发宗教助理愿。与王尼阁（Roy）神父一起返回中国，1754 年 8 月 15 日或 16 日到达澳门，同年被派赴湖广，1756 年在河南的安阳，1759 年左右右夜召赴京，管理法国传国传教会所属教区，1775 年在北京还发现过他	A 书 924-925，B 书 351-352，C 书 1088-1090
费若瑟	Félix, José	澳门	1727 年 8 月 30 日——		1749 年 12 月 7 日进入初修院，1753 年在马尼拉学习哲学	B 书 211
曹貌禄	Maur Ts'ao	广东广州	1728 年 10 月 18 日——1760 年左右，其墓在湖广的燕子崖	神父	1740 年赴法国，就学于四易大王学校，1748 年 10 月 29 日于巴黎进入初修院；研究哲学一年，神学二年，1753 年由拉瓦丰塔日（Fontaie）主持领受神父品；1759 年 3 月。1754 年 8 月 15 日到达澳门，1756 年派往在湖广各城山中辅助石若翰神父，既而辅助河弥德神父管理教区，是当时最盛之教民，除北京外，教民之众为他区所不及	A 书 927-928，B 书 684，C 书 1092-1093

中文名	外文名	生卒年	地点	职务			出处
邹(口)若瑟	Joseph Correa	1729 年 9 月 1 日或 9 日——1786 年 8 月	澳门	神父	26 日任素园口发宗教助理愿 1749 年 2 月 1 日入耶稣会，1753-1754 年研究神学，1754 年左右领受神父神品，1768 年 2 月 14 日于江南松江发世俗助理愿	1755 年传教各省，1756 年到达江南	A 书 871，B 书 148，C 书 1033
高若翰	Etienne, Jean			中国同铎职务		1731 年任法国耶稣会士的"中国司铎职务"	B 书 204-205
陶	Tao			神父	1740 年赴法国，留学路易大王学校，晋司铎后，于 1754 年 8 月 15 日回国	回国后赴湖广，与嘉类思神父为伴	A 书 925-926，C 书 1090-1091
高仁 (类思)	Kao (他一般均署名作 Ko), Aloys (Louis)	1732 年 1 月 19 日——可能为 1795 年之后殁于北京	北京	神父	高若瑟和赵济利亚的儿子，家庭信奉	与杨德望同任派往法国，1759 年 3 月 10 日于巴黎进入初修院；1763 年 5 月 28 日于巴黎由克里斯托夫·德·博蒙 (Mgr Christophe de Beaumont) 主教领受神父神品；曾传教湖广若干时，1785 年在湖广	遗著《关于 Paw 先生的〈有关埃及和中华民族的研究〉一书的几点意见》与杨德望合写的《乾隆武功记略》以及 A 书 975-978，B 书 328-330，C 书 1144-1146

中文名	拉丁名	生卒	地点	职务	发愿	生平简历	遗著信件	出处
杨执德，字德望	Etienne Yang	1733 年 2 月 8 日——疑住 1798 年殁于江西	北京	神父	1766 年 5 月 9 日在北京发宗教劝谕誓愿	1751 年派往法国。先攻毕业备学校学习法文、拉丁文等。1759 年 3 月 10 日入耶稣会。壬路易大王学校之神学。1762 年 12 月 18 日为天主教副祭。1763 年 5 月 28 日由巴黎大三教博蒙（Christophe de Beaumont）授任为神父，1764 年初毕业、学习理化、博物等学，最后携品与国务大臣之训令回国。1765 年 2 月 1 日乘什瓦泽尔的公爵号船，偕高类思神父作为世俗神父（当时耶稣会已在法国被撤销）而从洛里昂出发，同年 7 月 2 日到达澳门。7 月 29 日在广州，11 月 17 日左右离开。1766 年 2 月 2 日到达北京。176? 年又重新成为耶稣会士。路易十六于 1776 年 11 月 30 日任命他为广州法国传教区的司库（经理员），这一职务于 1784 年 1 月 25 日转移到新会长罗广祥（Raux）的身上；1785 年重新到达江西，于 1787 年 5 月在江西临江府的北浦被捕，1789 年在北京和鞑靼地区传教区。	遗著有与高仁神父合写的《战争胜利记》及两人自 1763 年至 1798 年同写的 85 封信件等。一些信件等。	A 书 970-975，B 书 749-750，C 书 1141-1144
苏若翰	Sousa, João de	1735 年 9 月 14 日——	澳门	神学院修士		1749 年 12 月 7 日过入初修院；1753 年在马尼拉学习哲学		B 书 642-643
游玛诺	Pereira, Manuel	1739 年 4 月 27 日逝世于澳门的圣若瑟教堂	澳门	助理修士				B 书 496

姓名	拉丁名	生卒/日期	地点	身份	入会/领职	事迹	参考文献
刘保禄，字开铁	Paul Lieou	1742年8月7日——1791年4月21日殁于北京	湖广	神父	1763年9月30日（葡萄牙副省）入耶稣会	1784年于湖广被捕，被判处终生流放和处于奴役地位，在皮肤上刺金印	A书959-960，B书372，C书1128
侯鈺，字已修	Jean-Baptiste Heou	1744年——1773年2月14日殁于北京	北京	神学院初学修士	研究拉丁文后，应入修院，会得肺病，于1773年2月14日在北京逝世，他在这一天发宗教愿和逝世		A书1041-1042，B书306，C书1200-1201
贾克兴，字弘业	Paul Kia	1749年——1774年3月14日殁于北京	北京	修士	曾研究拉丁文后，将入修院，1774年3月14日于临死前发宗教愿		A书1042，B书332-333，C书1201
罗明尧	Lo, Pqul			神父	1731年加入法国传教区	是一位与法国传教区的耶稣会士们一道工作的中国神父	B书375-376
鲍天秋，又称林天秋	Madeira Pao, Jacques（Diego）		北京	神父	1749年之前领受神父神品	1745年在南京；避难到浙江，1747年12月26日在那里被捕并受审讯，似乎使他的身体衰弱了。他告发了黄安多，救免了他的叛教罪行，重新由南怀仁主教推荐前任海南岛工作，1768年在海南岛，1772年3月28日在广州	B书395-396
鲍纳爵	Xavier Pao, Inácio		澳门	神父		又称林天秋神父，是耶稣会士，海南传教区的澳门门人	B书745-746

中文名	西名	职	生卒/埋葬	情况	出处
沈方济	Sen, Francisco	神父		1785 年，前葡萄牙耶稣会士神父的同库是一位以此名相称的中国人，也是北京的神父们的司库，他无前住在广州以南的顺德传教区	B 书 610-611
宋玛窦	Song, Matthieu	神父		他于 1768 年 4 月 24 日签署了由南不仁（Laimbeckhoven）主教阁下主持发愿的誓辞，其署名为"耶稣会士天玛窦神父"	B 书 640-641
陈达德	Tch'en, Thaddée Xavier	神父		1746 年 12 月间是北京主教索智能的世俗神父和管理小教堂的神父。但在 1766 年记载说他"第二次被驱逐出了耶稣会"，"一个叛教的人"。	B 书 661
周（邹）		神父	亡于 1725 年 1 月或 2 月间，埋葬于江西饶州	可能就是下一条目中的周(或谈)若翰	A 书 1061-1062, 662
周（或谈）若翰	Tcheou（或 T'an?）, Jean		1735 年 10 月 30 日卒于江西传教区		B 书 662

附录二：曾到湖广传教的华籍神父[1]

姓名	教名	修会	籍贯	生年	入会	晋铎	到达中国	湖广传教	卒年	卒地
李安德	P. André Ly	P. Séc.	陕西	1692		1725		1732-34	1774	四川
	P. Paul Sou (hong-siao)	C. M.	广东	1692		vers1721		1734-39	vers1766	澳门
高若望	P. Jean Etienne Kao	S. J. f.	中国	1705	1731			1734-35	1766	北京
	P. Emmanuel de Moraes	S. J. p.	中国	1711	1731			1735	1754	
徐	P. Etienne Siu	C. M.	四川	vers 1694		Vers1721		1739-46 1756-62	Sprès1762	湖广
刘多默	P. Thom. J. Baptiste Lieou	S. J. f.	中国	1726	1748	175.		1750-52	1796	北京

1 Mgr. Noel Gubbels, O. F. M., *Trois Siècles d'Apostolat, Histoire du Catholicisme au Hu-kwang depuis les origins 1587 jusqu'à 1870,* Imprimeur "Franciscan Press" Wu-chang, Hupeh, 1934. pp.388-403.

清代禁教时期华籍天主教徒的传教活动（1721～1846）

赵多明	P. Dominique Tchao	S. Fam.	四川	1717	1738	1747	1751	1751-54	1754	常德
赵西满	P. Simon Tchao	S. Fam.	湖北	1722	1738	1747	1751	1751-78	1778	Si-sha-ho
曹貌禄	P. Maur Ts'ao	S. J. f.	中国	1728	1748	1753	1754	1756-60		
蓝方济	P. Xavier Lan	S. J. f	中国	1727	1748	1753	1754	1756-	1796	北京
	P. Thomas Yen-ki-i	P. Séc.	福建	1721		1758		1762	1795	成都
蔡若祥	P. Pierre Ts'ai	S. Fam.	福建	1739	1761	1767	1767	1767-84		果阿
高类思	P. Alois Kao	S. J. f.	中国	1733	1759		1766	176?	1780	北京?
刘恺弟	P. Philippe Lieou	S. Fam	湖南	1752	1770	1775	1775	1775-85	1785	I-li
	P. Louis Ko	P. Séc.	中国					1775-96	1796	茶园沟
李汝林	P. Michel Li	S. Fam.	Chih-li	1754	1773	1781	1783	1783-1801	1802	广州
贺明王	P. Nicolas Ho	S. Fam.	四川	1759	1773	1784	1785	1785-1827	1827	
严宽仁	P. Vincent Yen	S. Fam.	福建	1757	1777	1784	1792	1792-94	1794	天门
李	P. Joseph Li	C. M.	江南		1789	1792		1795-96	1827	江南
张金	P. Jean Tchang	C. M.	Chih-li		1790	1796		1799-1821	1828	吴锡
张	P. Jouventin Tchang	C. M.	中国		1794	1799		1800-03	1803	茶园沟
王	Fr. Paul Wang	C. M.	中国		1789			1802	1810	北京
宋	P. Paul song	C. M.	河南	1776	1800			1803-39	1854	河南
何童	P. Ignace Ho (T'ong)	C. M.	北京	1781	1805	1808		1808-19	1844	I-li
沈	P. François Chen	C. M.	中国		1806	1808		1808-20	1825	I-li
郑	P. Antoine Tcheng	C. M.	中国		1806	1807		1809	1835	江西

艾	P. Stanislas Ngai	C. M.	湖北	1784	1811	1817		1817-39	1849	河南
潘路加	P. Luc P'an	S. Fam.	广东	1772	1795	1806	1817	1817-18		
唐多尼	P. Antoine T'ang	S. Fam.	广东	1785	1802	1822	1823	1823-30	1830	天门
严甘霖	P. Dominique Yen	S. Fam	福建	1784	1795	1806	1823	1823-32	1832	武昌
钟理珍	P. Joseph Tchong	S. Fam	广州	1783	1802	1822	1826	1826-51	1851	香港
王	P. André Wang	C. M.	Chih-li		1823	1826		1826-38	1844	Yung-pin-fu
陈良	P. Léon Tch'en	S. Fam.	山西	1835	1821	1830	1831	1831-32		山西
白	P. Jean Pe	C. M.	中国			1830		1832-39		
杨	P. André Yang	C. M.	中国	1803	1836			1836-39	1869	北京
李	P. Joseph Li	C. M.	中国	1802			1830	1836-39	1854	江西
汪振亭	P. Paul Wang	S. Fam.	广州	1784	1802	1822	1823	1838-67	1867	武昌
郭约安	P. Jean Ko	S. Fam.	山西	1805	1824	1833	1834	1839-40	1884	山西
任万有	P. Valentin Yen	S. Fam.	山西	1810	1828	1838	1839	1839-52	1852	Mien-yang
唐承贵	P. Augustin T'ang	S. Fam.	甘肃	1810	1828	1838	1839	1839-61	1861	茶园沟
田广益	P. Fr. Xavier T'ien	S. Fam.	山西	1809	1828	1838	1839	1839-85	1885	衡州
王永安	P. Jean Wang	P. Séc.	山西	1819		1844		1844-48	1848	武昌
郭发琪	P. Joachim Ko	P. Séc.	湖南			1846		1846		衡州
李乾元	P. Mathieu Li	P. Séc.	山西	1824		1848		1848-57	1875	太原府
刘廷宝	P. Paul Lieou	P. Séc.	山西	1823		1848		1848-64	1873	太原府
张保禄	P. Paul Tchang	S. Fam.	山西	1804	1821	1830	1831	1850-61	1861	Hong-kong

清代禁教时期华籍天主教徒的传教活动（1721～1846）

罗振锐	P. Dominique Lo	P. Séc.	湖南	1820	1849		1849-74	1874	湖南
龚崐仑	P. André Kong	P. Séc.	湖北	1824	1850		1850-63	1863	In-ch'eng
陈若翰	P. J. Baptiste Tch'en	P. Séc.	湖北	1826	1850		1850-71	1871	汉阳
王文元	P. Paul Wang	P. Séc.	湖北	1827	1851		1851-90	1890	老河口
彭玉嵩	P. Mathieu P'eng	P. Séc.	湖北	1828	1852		1852-88	1888	King-chow
罗达理	P. Stanislas Lo	P. Séc.	湖南	1823	1852		1852-90	1890	衡州
向日新	P. Sylvestre Siang	P. Séc.	湖北		1853		1853-59	1859	Sui-chow
贺广富	P. Marc Ho	P. Séc.	湖北		1854		1854-61	1861	Sui-chow
鄂文进	P. Jacques Yen	P. Séc.	湖北	1830	1855		1855-1901	1901	武昌
陈方济	P. François Tch'en	P. Séc.	广东	1823	1856		1856-1917	1917	汉口

后　记

　　六年研究生生涯转眼即逝，虽然在三年多的资料收集和半年多的写作之后，终于匆匆完成了这篇论文，但心里却没有如释重负之感，暴露出来的诸多问题和不足让人感到失望和沉重，颇有挂一漏万之嫌。若是再假以时日的话，应该可以写得更为满意一点。由于水平有限，错误和疏漏之处在所难免，这些均应由本人负责。如果本文还有些许可取之处，那完全是得益于老师、同学和朋友们的指导与帮助。

　　本文是在导师陈伟明教授的指导下完成的，导师丰富的学术理论、开阔的思维方式，使我受益匪浅。没有陈老师的悉心指导，我是难于顺利完成这篇论文的写作任务的。

　　六年来，硕士研究生阶段的导师张廷茂教授给了我莫大的关心，能够进入中国天主教史研究领域，从华人主体对天主教的反应来探讨东西方文化的交流与融合，是与张老师的影响分不开的。感谢张老师的无私关爱和谆谆教诲，一直帮我留意收集有关该课题的资料，对本文的写作提出了许多宝贵的意见。

　　毕业在即，回顾这几年在暨南大学的学习生活，历史系和古籍所的许多老师无论是在学习或生活上都给予了我诸多的教诲和帮助，在此我衷心感谢历史系纪宗安教授、崔丕教授、郭声波教授、吴宏歧教授、刘正刚教授、冼剑民教授、勾利军教授、赵善德教授、王元林教授、李志学教授、徐林副教授、刘永连副教授等老师在百忙之中为本文提出许多意见和建议；感谢邱树森教授、汤开建教授、张其凡教授、范立舟教授、陈才俊副教授、吴溢球副教授、陈广恩副教授等老师在我的求学之路上给予的鼓励与鞭策。

感谢澳门大学、香港中文大学崇基学院神学院，尤其是黄晓峰博士、刘月莲博士、卢龙光教授、温伟耀教授、邢福增教授，让我在赴澳门大学、香港中文大学参加"葡萄牙语言暨文化暑期班"、基督教暑期密集课程的同时，得以有机会在澳门大学图书馆、澳门档案馆、澳门图书馆、香港中文大学图书馆、香港大学图书馆、浸会大学图书馆、香港圣神研究中心等处收集中外文资料。特别感谢我的同学谢珂、顾琪、罗卫平，在我赴北京查资料的过程中给予我极大的帮助和支持，使我得以顺利完成在北京大学图书馆、中国人民大学图书馆、国家图书馆的资料收集工作。特别感谢王华艳同学，在法国攻读的忙碌日子里帮我收集相关外文文献。

感谢 2004 级的同窗彭蕙、吴宁、秦素菡、文娟、向军、陈勇，同门李琴、侯波、邢照华、朱俊芳、肖应云、汤后虎、卢金玲等同学这几年来在生活和学习上给予的关心和支持。

感谢先生陈红斌，不仅在精神和生活上全力支持我，还帮助我从国家图书馆查阅资料，在论文完成阶段给以技术和修辞上的协助。

最后，感谢我的父母，是他们给予我无尽的理解和支持，使我的学业得以顺利完成。

2007 年 5 月

《基督教文化研究丛书》

主编：何光沪、高师宁

（1-7 编书目）

初　编　（2015 年 3 月出版）

ISBN：978-986-404-209-8　　　　　　定价（台币）$28,000 元

册　次	作　者	书　名	学科别（／表示跨学科）
第 1 册	刘　平	灵殇：基督教与中国现代性危机	社会学／神学
第 2 册	刘　平	道在瓦器：裸露的公共广场上的呼告——书评自选集	综合
第 3 册	吕绍勋	查尔斯·泰勒与世俗化理论	历史／宗教学
第 4 册	陈　果	黑格尔"辩证法"的真正起点和秘密——青年时期黑格尔哲学思想的发展（1785 年至 1800 年）	哲学
第 5 册	冷　欣	启示与历史——潘能伯格系统神学的哲理根基	哲学／神学
第 6 册	徐　凯	信仰下的生活与认知——伊洛地区农村基督教信徒的文化社会心理研究（上）	社会学
第 7 册	徐　凯	信仰下的生活与认知——伊洛地区农村基督教信徒的文化社会心理研究（下）	
第 8 册	孙晨荟	谷中百合——傈僳族与大花苗基督教音乐文化研究（上）	基督教音乐
第 9 册	孙晨荟	谷中百合——傈僳族与大花苗基督教音乐文化研究（下）	
第 10 册	王　媛	附魔、驱魔与皈信——乡村天主教与民间信仰关系研究	社会学
	蔡圣晗	神谕的再造，一个城市天主教群体中的个体信仰和实践	社会学
	孙晓舒　王修晓	基督徒的内群分化：分类主客体的互动	社会学
第 11 册	秦和平	20 世纪 50－90 年代川滇黔民族地区基督教调适与发展研究（上）	历史
第 12 册	秦和平	20 世纪 50－90 年代川滇黔民族地区基督教调适与发展研究（下）	
第 13 册	侯朝阳	论陀思妥耶夫斯基小说的罪与救赎思想	基督教文学
第 14 册	余　亮	《传道书》的时间观研究	圣经研究
第 15 册	汪正飞	圣约传统与美国宪政的宗教起源	历史／法学

二　编 （2016 年 3 月出版）

ISBN：978-986-404-521-1　　　　　定价（台币）$20,000 元

册　次	作　者	书　名	学科别（／表示跨学科）
第 1 册	方　耀	灵魂与自然——汤玛斯·阿奎那自然法思想新探	神学／法学
第 2 册	劉光順	趋向至善——汤玛斯·阿奎那的伦理思想初探	神学／伦理学
第 3 册	潘明德	索洛维约夫宗教哲学思想研究	宗教哲学
第 4 册	孙　毅	转向：走在成圣的路上——加尔文《基督教要义》解读	神学
第 5 册	柏斯丁	追随论证：有神信念的知识辩护	宗教哲学
第 6 册	李向平	宗教交往与公共秩序——中国当代耶佛交往关系的社会学研究	社会学
第 7 册	張文舉	基督教文化论略	综合
第 8 册	趙文娟	侯活士品格伦理与赵紫宸人格伦理的批判性比较	神学伦理学
第 9 册	孙晨薈	雪域圣咏——滇藏川交界地区天主教仪式与音乐研究（增订版）（上）	基督教音乐
第 10 册	孙晨薈	雪域圣咏——滇藏川交界地区天主教仪式与音乐研究（增订版）（下）	
第 11 册	張　欣	天地之间一出戏——20 世纪英国天主教小说	基督教文学

三　编　（2017 年 9 月出版）

ISBN：978-986-485-132-4　　　　　　　定价（台币）$11,000 元

册　次	作　者	书　名	学科别 （／表示跨学科）
第 1 册	赵　琦	回归本真的交往方式——托马斯·阿奎那论友谊	神学／哲学
第 2 册	周兰兰	论维护人性尊严——教宗若望保禄二世的神学人类学研究	神学人类学
第 3 册	熊径知	黑格尔神学思想研究	神学／哲学
第 4 册	邢　梅	《圣经》官话和合本句法研究	圣经研究
第 5 册	肖　超	早期基督教史学探析（西元 1~4 世纪初期）	史学史
第 6 册	段知壮	宗教自由的界定性研究	宗教学／法学

四　编　（2018 年 9 月出版）

ISBN：978-986-485-490-5　　　　　　　定价（台币）$18,000 元

册　次	作　者	书　名	学科别 （／表示跨学科）
第 1 册	陈卫真 高　山	基督、圣灵、人——加尔文神学中的思辨与修辞	神学
第 2 册	林庆华	当代西方天主教相称主义伦理学研究	神学／伦理学
第 3 册	田燕妮	同为异国传教人：近代在华新教传教士与天主教传教士关系研究（1807~1941）	历史
第 4 册	张德明	基督教与华北社会研究（1927~1937）（上）	社会学
第 5 册	张德明	基督教与华北社会研究（1927~1937）（下）	社会学
第 6 册	孙晨荟	天音北韵——华北地区天主教音乐研究（上）	基督教音乐
第 7 册	孙晨荟	天音北韵——华北地区天主教音乐研究（下）	基督教音乐
第 8 册	董丽慧	西洋图像的中式转译：十六十七世纪中国基督教图像研究	基督教艺术
第 9 册	张　欣	耶稣作为明镜——20 世纪欧美耶稣小说	基督教文学

五　编　（2019 年 9 月出版）

ISBN：978-986-485-809-5　　　　　　　定价（台币）$20,000 元

册　次	作　者	书　　名	学科别（／表示跨学科）
第 1 册	王玉鹏	纽曼的启示理解（上）	神学
第 2 册	王玉鹏	纽曼的启示理解（下）	
第 3 册	原海成	历史、理性与信仰——克尔凯郭尔的绝对悖论思想研究	哲学
第 4 册	郭世聪	儒耶价值教育比较研究——以香港为语境	宗教比较
第 5 册	刘念业	近代在华新教传教士早期的圣经汉译活动研究（1807～1862）	历史
第 6 册	鲁静如 王宜强 编著	溺女、育婴与晚清教案研究资料汇编（上）	资料汇编
第 7 册	鲁静如 王宜强 编著	溺女、育婴与晚清教案研究资料汇编（下）	
第 8 册	翟风俭	中国基督宗教音乐史（1949 年前）（上）	基督教音乐
第 9 册	翟风俭	中国基督宗教音乐史（1949 年前）（下）	

六　编　（2020 年 3 月出版）

ISBN：978-986-518-085-0　　　　　　　定价（台币）$20,000 元

册　次	作　者	书　　名	学科别（／表示跨学科）
第 1 册	陈倩	《大乘起信论》与佛耶对话	哲学
第 2 册	陈丰盛	近代温州基督教史（上）	历史
第 3 册	陈丰盛	近代温州基督教史（下）	
第 4 册	赵罗英	创造共同的善：中国城市宗教团体的社会资本研究——以 B 市 J 教会为例	人类学
第 5 册	梁振华	灵验与拯救：乡村基督徒的信仰与生活（上）	人类学
第 6 册	梁振华	灵验与拯救：乡村基督徒的信仰与生活（下）	
第 7 册	唐代虎	四川基督教社会服务研究（1877～1949）	人类学
第 8 册	薛媛元	上帝与缪斯的共舞——中国新诗中的基督性（1917～1949）	基督教文学

七　编　（2021 年 3 月出版）

ISBN：978-986-518-381-3　　　　定价（台币）$22,000 元

册　次	作　者	书　名	学科别（／表示跨学科）
第 1 册	刘锦玲	爱德华兹的基督教德性观研究	基督教伦理学
第 2 册	黄冠乔	保尔．克洛岱尔天主教戏剧中的佛教影响研究	宗教比较
第 3 册	宾静	清代禁教时期华籍天主教徒的传教活动（1721～1846）（上）	基督教历史
第 4 册	宾静	清代禁教时期华籍天主教徒的传教活动（1721～1846）（下）	基督教历史
第 5 册	赵建玲	基督教"山东复兴"运动研究（1927～1937）（上）	基督教历史
第 6 册	赵建玲	基督教"山东复兴"运动研究（1927～1937）（下）	基督教历史
第 7 册	周浪	由俗入圣: 教会权力实践视角下乡村基督徒的宗教虔诚及成长	基督教社会学
第 8 册	查常平	人文学的文化逻辑——形上、艺术、宗教、美学之比较（修订本）（上）	基督教艺术
第 9 册	查常平	人文学的文化逻辑——形上、艺术、宗教、美学之比较（修订本）（下）	基督教艺术